编委会

主　编：严功军

副主编：刘玉梅　陈汝平　张　庆

编　委：(按姓氏笔画排序)
　　　　代　彬　李小青　余晓梅　林移刚
　　　　赵永峰　胡桢梅　徐　陶

主　编　严功军
副主编　刘玉梅　陈汝平　张　庆

新文科教学改革研究
（第1辑）

四川大学出版社
SICHUAN UNIVERSITY PRESS

图书在版编目（CIP）数据

新文科教学改革研究. 第1辑 / 严功军主编. — 成都：四川大学出版社，2024.6
ISBN 978-7-5690-6904-4

Ⅰ. ①新… Ⅱ. ①严… Ⅲ. ①高等学校－文科（教育）－课程改革－研究 Ⅳ. ①G642.0

中国国家版本馆 CIP 数据核字 (2024) 第 101209 号

书　　名：	新文科教学改革研究（第1辑）
	Xinwenke Jiaoxue Gaige Yanjiu(Di-yi Ji)
主　　编：	严功军

选题策划：刘一畅
责任编辑：刘一畅
责任校对：庄　溢
装帧设计：墨创文化
责任印制：王　炜

出版发行：四川大学出版社有限责任公司
　地　址：成都市一环路南一段24号（610065）
　电　话：（028）85408311（发行部）、85400276（总编室）
　电子邮箱：scupress@vip.163.com
　网　址：https://press.scu.edu.cn
印前制作：四川胜翔数码印务设计有限公司
印刷装订：四川煤田地质制图印务有限责任公司

成品尺寸：148mm×210mm
印　　张：11.25
插　　页：2
字　　数：311千字

版　　次：2024年6月 第1版
印　　次：2024年6月 第1次印刷
定　　价：68.00元

本社图书如有印装质量问题，请联系发行部调换

版权所有 ◆ 侵权必究

扫码获取数字资源

四川大学出版社
微信公众号

目 录

《习近平谈治国理政》"三进"课程中的思政融入模式研究
——以"大学生职业生涯发展规划与就业指导"课程为例
……………………………………………… 包淑萍 / 1
新文科建设背景下教育学本科人才培养的困境与突破
……………………………………… 陈大娟　柏思宇 / 11
新文科建设思路下"广告创意"课程建设与创新教材改革研究
………………………………………………… 陈若溪 / 20
立德树人视野下研究生导师德育角色研究…… 程　波　刘　茜 / 31
新文科建设背景下高校劳动教育课程体系构建研究…… 董竞飞 / 39
新文科背景下北京冬奥精神与体育课程思政的融合发展
………………………… 范金刚　刘佳宝　李红梅 / 49
党的二十大精神融入课程思政的实践路径
——以"国际物流管理"课程为例 ………… 何容瑶 / 59
红岩精神融入课程思政的价值、现状及路径
………………………… 申艳婷　刘丽群　张　奉 / 67
新文科背景下比较文学专业研究生课程实践教学新探
——以"莎士比亚专题研究"课程为例 ………… 胡　鹏 / 77
新文科视域下高校课程思政与思政课程协同育人建设
……………………………………… 胡义强　肖　洋 / 83

"四模块""双跨":新文科背景下"广告策划"社会实践
　　课程的建设……………………………………黄　蜜/ 92
新文科背景下经济学全英课程智慧教学模式研究
　　………………………………黄　森　毕　婧　刘爱琳/103
新文科背景下国学经典融入外交学专业课程思政的理论与实践
　　……………………………………………姬喻波/110
基于扎根理论的大学英语混合式教学学生满意度影响因素探究
　　……………………………………………赵华雪/120
新文科背景下新专业建设的逻辑重构与实施路径研究
　　……………………………………………林　川/132
新文科视域下摄影教学实践模式创新探究
　　——以四川外国语大学摄影教学实践为例
　　………………………………………刘利刚　郑　洁/143
技术哲学视域下大学新文科教育的文理整合向度
　　——当前大学文科教育的技术异化批判…………吕　鹏/153
新文科背景下高校外语教材建设研究
　　——以阿拉伯语教材的建设为例………潘　雷　单思明/164
新文科建设背景下"管理学原理"通识课教材建设思路探索
　　……………………………………………裴　琳　王　毓/172
新文科背景下"新"经济类人才培养模式与路径研究
　　……………………………………………彭　程/181
新文科背景下影视类专业实践课程改革与创新
　　——以"电影节展策划与研究"为例……………丁　钟/191
法语跨文化教学与乡村振兴
　　——以大渡口石盘村石文化为例
　　………………………………唐　果　齐　鑫　笱程亮/201

目 录

新文科背景下课程思政在外语专业课程教学中的融合
　　——以某高校研究生专业课程"语义学"为例 … 王天翼/206
新文科背景下高水平应用研究型高校创新创业教育改革研究
　　……………………………………………… 鲜京宸/213
新文科背景下"一带一路"法治人才培养论析 ……… 唐海涛/221
新文科背景下 TBL 教学法在工商类课程教学中的应用研究
　　………………………… 谭　亮　胡晓青　余爱玲/230
新文科建设背景下外语专业双创教育改革思考 ……… 曾　静/240
新文科背景下融入思政的全英课程教材建设探索与实践
　　——以"国际市场营销（英语）"为例
　　………………………………………… 徐　亮　汪世珍/246
新文科背景下应用研究型本科院校英语专业听力课教学探索
　　……………………………………………… 徐婷婷/256
新文科背景下跨境电商人才培养专业集群发展模式研究
　　——以四川外国语大学国际工商管理学院为例
　　……………………………………………… 徐小斌/263
新文科视域下课程思政创新的路径设计研究 ………… 徐新鹏/272
新文科背景下国际经贸复合型人才交叉专业培养实践探索
　　——以四川外国语大学"国际经济与贸易＋商务英语"
　　教改班为例 ………………………… 许　劲　哈　冰/280
全球胜任力为导向的实践型涉外人才培养体系的创新与实践
　　——以四川外国语大学为例 … 席桂桂　郑瑞珺　吴雨彤/288
新文科背景下外贸人才闭环培养模式探索
　　——以四川外国语大学电子商务外贸校企合作实践基地为例
　　……………………………………………… 赵　阳/297
新文科背景下外语类创新创业人才培养模式研究 …… 周　伟/302

新文科建设背景下"国际商务谈判"教学改革创新研究
.... 邹思晓/309
计量史学视角的"计量经济学"课程思政理论与实践探索
.... 邹小勤　刘晓薇　许　劲/316
"一带一路"背景下重庆市高校"复语＋专业"人才培养模式
　　及路径研究
　　——以四川外国语大学重庆非通用语学院为例 …… 张幼斌/325
四川外国语大学通识教育3.0的探索与创建 …………………
.... 赵秀芬　张　庆/336
混合式教学模式在"基础俄语＋俄语语法"课程教学中的应用
　　研究 陈俐妤/347

《习近平谈治国理政》"三进"课程中的思政融入模式研究

——以"大学生职业生涯发展规划与就业指导"课程为例[*]

包淑萍

(四川外国语大学国际关系学院　重庆　400031)

摘　要：《习近平谈治国理政》"三进"课程具有丰富的思政元素，但因课程开设的现状和特点，"课程"与"思政"容易互相割裂，陷入"各自为政"的局面。本文以四川外国语大学"大学生职业生涯发展规划与就业指导"课程近两年来的教育改革实践为基础，探索并建立《习近平谈治国理政》"三进"课程思政融入模式，从任务、内容、方法和评价体系入手充分挖掘显性和隐性思政元素，从"知识目标""技能目标"和"思政目标"三个维度完成教学目标，达成"就业技能＋综合素养"的同步提升，建立更为科学的思政融入模式。

关键词：《习近平谈治国理政》；"三进"课程；思政融入模式

---

[*] 本文系四川外国语大学"三进"课程思政专项《习近平谈治国理政》'三进'课程中的思政融入模式研究——以'大学生职业生涯发展规划与就业指导'课为例"（项目号：SJ223016）的阶段性成果。

截至 2023 年 6 月,《习近平谈治国理政》共发行四卷,收录了党的十八大以来,习近平总书记围绕治国理政发表的系列重要讲话、谈话、演讲、致辞、指示、贺信等,全面系统地回答了新时代背景下中国发展的重大理论和现实问题,是马克思主义中国化的最新成果,是中国特色社会主义理论体系的重要内容。书中汇集了包括党的执政理念、政务信息、中国数据、地方概览、中国精神、中国关键词、中国政策、中国文化、中国发展等众多适合进行思想政治教育的素材。

"大学生职业生涯发展规划与就业指导"课程(以下简称"大学生职业生涯规划课"),是四川外国语大学(以下简称"学校")主要针对大一和大三学生开设的通识课,除了培养就业能力和传授求职技巧,本课程还以培养当代大学生的社会责任感、国家认同感、国际理解力,引导大学生形成人文底蕴、科学精神、职业操守等为目标。

党的十八大以来,习近平总书记围绕"培养什么人,为谁培养人"作出了一系列重要论述。2016 年,在全国高校思想政治工作会议上,习近平总书记更加明确地提出,要把思想政治工作贯穿教育教学全过程,使各类课程与思想政治理论课同向同行,形成协同效应。大学生职业生涯规划课积极响应习近平总书记的号召,制定了教学目标,试图将相关思政内容融入课程,同步提升学生的综合素养。

一、"三进"课程的思政融入明确了思想政治教育的任务

2019 年底,中宣部组织开展了《习近平谈治国理政》多语种版本进高校、进教材、进课堂(以下简称"三进")试点工作,四川外国语大学积极响应,面向本科生和研究生开设了各类型的"三进"课程,取得了非常好的效果。随着学校对课程思政

工作的高度关注，这一工作未来必将得到深入推进、持续开展。

（一）引导大学生树立正确的世界观、人生观和价值观

将《习近平谈治国理政》的相关精神贯彻于大学生职业生涯规划课，可以引导大学生树立正确的世界观、人生观和价值观，建立大学生群体中国特色社会主义的思想认同、理论认同、情感认同，增强对中国特色社会主义的道路自信、理论自信、制度自信和文化自信。思想政治教育的一个重要任务就是"巩固全党全国人民团结奋斗的共同思想基础"。学校通过"三进"课程，发挥思想政治教育的思想引领作用，帮助学生补足精神之钙，把握思想之舵，从而增强其政治责任感和历史使命感。

（二）培育和践行社会主义核心价值观

培育和践行社会主义核心价值观是思想政治教育的重要内容。党的十八大报告提出，要大力加强社会主义核心价值体系建设，倡导富强、民主、文明、和谐，倡导自由、平等、公正、法治，倡导爱国、敬业、诚信、友善，积极培育和践行社会主义核心价值观。社会主义核心价值观从国家、社会、个体三个层面，集中体现了国家治理的基本价值内涵，即从价值目标维度提出建设一个什么样的国家，从价值取向维度提出建设什么样的社会，从价值准则维度提出培育什么样的公民。《习近平谈治国理政》围绕社会主义核心价值观的重大意义、科学内涵、精神实质和实践要求提出了许多新思想、新观点、新论断、新要求，指出："人类社会发展的历史表明，对一个民族、一个国家来说，最持久、最深层的力量是全社会共同认可的核心价值观。核心价值观，承载着一个民族、一个国家的精神追求，体现着一个社会评

判是非曲直的价值标准"①;"一个国家的文化软实力,从根本上说,取决于其核心价值观的生命力、凝聚力、感召力"②。

大学生职业生涯规划课以培育和践行社会主义核心价值观为教育目标,尤其重视个体在职业生涯中追求爱国、敬业、诚信、友善的道德准则和价值目标。本课程旨在帮助大学生在实习实践、志愿服务、签约就业过程中将国家、社会和公民的价值要求融为一体,以此达到在实践中凝聚人心,建立和巩固共同的思想基础的目标。

二、"三进"课程的思政融入创新了思想政治教育的方法

《习近平谈治国理政》提出了很多富有创意的创新思想政治教育方法,将之应用于大学生职业生涯规划课中,对大学生的成长、成才有很大助益。

(一)实施榜样教育法

榜样的力量是无穷的,典型的示范作用是强大的。《习近平谈治国理政》多次提出"心有榜样",要求学习英雄人物、先进人物、美好事物,在学习中养成好的思想品德追求。③

在大学生职业生涯规划课中,学校一改以往的灌输式教育法,创新性地应用榜样教育法,注重发挥学生的主体性,通过灵活多样的方式,如邀请知名校友、优秀校友,尤其是在基层工作的校友,以讲座、沙龙等形式讲述自己的故事,鼓励大学生走近榜样、学习榜样,投身到祖国最需要的地方,将小我融入大我,

---

① 习近平. 习近平谈治国理政 [M]. 北京:外文出版社,2014:168.
② 习近平. 习近平谈治国理政 [M]. 北京:外文出版社,2014:163.
③ 习近平. 习近平谈治国理政 [M]. 北京:外文出版社,2014:182.

树立家国情怀、报效祖国的抱负与使命。

作为扎根于川渝地区的外语外贸院校，学校抓住了成渝地区双城经济圈建设这个机遇，将学生的就业与地方经济发展深度融合，同时助力重庆市内陆开放高地建设，鼓励学生脚踏实地、砥砺奋斗，提升实力，助力地方经济高质量发展。

（二）注重进行启发式教育

启发式教育强调在生动活泼的教学活动过程中，激发学生的学习热情，调动他们的主动性，并在此基础上引导学生进行积极的思维活动，促进学生对知识的掌握，融会贯通，举一反三，实现学生学习的主动性和创造性的结合。

在大学生职业生涯规划课中，我们从小处着眼，使思想政治教育发挥应有的作用，做到润物细无声。提高教育的针对性、实效性和感召力，科学设计课堂各个环节，尤其是讨论和互动环节，做到"目标要细化，态度要细致，措施要细密"。关注当今的热点、焦点问题，对学生进行引导和教育，发挥思想政治教育春风化雨的奇效。例如，可将中美贸易战、俄乌冲突、新冠疫情等全球关注的问题作为思想政治教育的学习素材，教师可引导学生在讨论分析上述问题时学习《习近平谈治国理政》的相关内容，理解中国梦，把握人类命运共同体的科学内涵，让大学生保持客观、理性的认识，学会在复杂的情势中明辨是非。鼓励学生大胆思考，加强对学生求异思维的培养，引导学生辩证、全面地看待问题，以在未来就业中更好地应对困难与挫折。

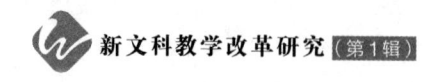

三、"三进"课程的思政融入丰富了思想政治教育的内容

（一）融入"三进"教育相关内容

我们以大学生职业生涯规划课课程大纲中的若干知识版块为出发点，从《习近平谈治国理政》中选取学生容易理解、教师易于施行的思政教育元素作为课程的章节，每个章节下均设置"知识目标""技能目标"和"思政目标"（详见表1），以帮助学生达成"就业技能＋综合素养"的同步提升。

表 1 教学设计案例

课程章节	自我认知——价值观	就业相关政策讲解及相关概念解析
《习近平谈治国理政》中收录的相关文章	1.《发扬五四精神，不负伟大时代》 2.《用新时代中国特色社会主义思想铸魂育人》	1.《把乡村振兴战略作为新时代"三农"工作总抓手》 2.《推动共建"一带一路"高质量发展》
知识目标	1. 了解职业价值观内涵 2. 掌握不同阶段的价值观核心内容	1. 了解与就业相关的政策 2. 逐一把握就业相关概念
技能目标	1. 学会用价值观测评工具自我测评 2. 用五步法澄清个人价值观	1. 在实践中灵活运用相关政策 2. 掌握基层就业的方法与途径

续表

课程章节		自我认知——价值观	就业相关政策讲解及相关概念解析
思政目标	行为目标	将小我融入大我，树立家国情怀及报效祖国的抱负与使命感	1. 建立投身"三支一扶"和"大学生志愿服务西部计划"的抱负并做相关准备 2. 将个人发展与国家需要结合起来
	思想目标	1. 脚踏实地，砥砺奋斗，提升实力，助力地方经济高质量发展 2. 自食其力、自立自强，拒绝"啃"老，靠自己所学知识服务社会	1. 助力重庆市内陆开放高地建设 2. 助力"一带一路"建设

（二）全方位提升能力与素养

我们对《习近平谈治国理政》中的思政元素进行了细致的分类，并在此基础上设计了以下三个方面的思政教学主题：

一是将理想信念教育与到基层建功立业结合起来。引导学生深入基层，跟上时代步伐，结合外语专业优势，了解新兴职业发展状况以及创新创业和基层就业相关政策，将个人理想与社会主义共同理想结合起来。

二是将职业精神教育与社会主义核心价值观结合起来。引导学生在简历撰写、面试技巧等内容的学习中体现诚实守信、实事求是的道德品质。学生学会自我调节，正视挫折，砥砺奋斗，敢于吃苦。

三是将劳动法律教育与依法治国理念结合起来。引导学生在学习《劳动法》《劳动合同法》等就业权益保护相关的法律的过程中，培养法律思维、加强法律意识，树立社会主义法治观念。

总体而言，大学生职业生涯规划课宏观上对低年级学生重在职业启蒙和价值观引领，对高年级学生重在职业定位和职业能力提升，从而优化并巩固其已经基本形成的择业观和就业观。本课程对大学生建立职业价值观、塑造职业格局、提升职业能力产生了重要的影响。

四、构建"三进"课程多维、立体、系统的教学评价体系

教学评价是教学质量得以保证的重要环节。构建多维、立体、系统的教学评价体系对于客观了解课堂效果，及时调整教学内容与进度有着非常重要的作用。大学生职业生涯规划课的教学评价包括课堂任务评价、课后作业评价和课外活动评价三个部分。课堂任务评价是即时性的，课后作业评价和课外活动评价是延时性的。上述教学评价活动贯穿教学全过程，能够对学生起到引导、纠正、鼓励等多种作用。评价活动的主体有教师、学生和企业导师等。下面，我们重点介绍一下课后作业评价和课外活动评价的开展情况。

首先，介绍一下课后作业评价。为保证学生高质量完成课后作业，及时了解学生学习效果。我们指导学生组建了创新实践小组，设立创新创业、基层就业、实习实践、国际组织、志愿服务等主题，引导学生开展实习实践工作，并要求他们进行总结和提升，形成实践报告并发表。教师将进行全程指导，并邀请企业导师对学生提交的报告进行评比，评比结果最终会纳入学生平时成绩。

此外，我们也积极组织了形式多样的课外活动，以检验学生的学习效果。例如，2022年上半年，我们组织了以介绍新职业为主题的微视频大赛，同学们纷纷报名，发来比赛视频近60个。同学们围绕建设制造强国、数字中国，发展绿色经济和依法治国等主题，介绍了新出现的职业。上述课外活动可以帮助学生了解

最新的就业形势，为以后的职业选择做一些准备，向新的职业领域迈进，找到新的职业发展和技能提升方向，也有利于推动我国相关产业向更高水准、更广领域发展。

为了解"三进"课程思政融入的整体效果，笔者在 2021 年 6 月，即课程结束之际，面向选课学生实施了问卷调查，共发出问卷 112 份，有效回收 109 份，有效问卷回收率为 97％。经分析得到如下结果（见表 2）。

表 2　2021 年 6 月大学生职业生涯规划课课程满意度调查情况

调查题目	非常不同意	不同意	不确定	同意	非常同意
1. 通过学习，我不仅了解了就业市场，也更好地理解了当代中国				66％	34％
2. 通过学习，我对到基层就业有了更理性、更客观的认识				71％	29％
3. 通过学习，我学会更多地关注时事、关注国事				70％	30％
4. 通过学习，我懂得就业时不仅要考虑自身发展，还要考虑国家需要			9％	60％	31％
5. 通过学习，我更有信心面对就业时面临的挫折			11％	70％	19％
6. 这门课程对我的"三观"形成有良好的导向作用			6％	55％	39％
7. 这门课程对于我践行社会主义核心价值观，培养高尚品格有导向作用				81％	19％
8. 这门课程不仅让我掌握了一些知识和技能，也坚定了我的理想信念			12％	70％	18％

表2显示，绝大多数学生对"三进"课程思政融入模式下的大学生职业生涯规划课满意度较高，认为本课程不仅帮助他们掌握了一些知识、技能，对他们坚定理想信念，培养高尚品格，践行社会主义核心价值观也产生了非常重要的导向作用。本课程将思政教育理念内化于心、外化于行，激发了学生自主学习的兴趣，提高了学生对时事政治的关注度和兴趣。同时，我们也应看到，部分学生的满意度不高，自述在本课程的学习中收获和成长不多。此外，本课程在课程设置内容的趣味性、上课形式的灵活性、课程效果评价体系的多维性方面还有很多探索的空间。

总之，我们在"三进"课程思政融入模式的实践探索中发现了其重要价值，即"三进"课程思政融入模式对于三观（世界观、人生观、价值观）形成期的大学生具有相当积极的导向作用，能够帮助大学生成长与成才。作为人民教师，我们在认识到"三进"课程思政融入模式之重要价值并为其感到光荣的同时，也意识到其面临的挑战与困难，例如大学生职业生涯规划课教学内容与思政内容的融合程度如何做到天衣无缝；如何根据课堂具体情况对精心设计的思政元素因势利导、灵活调整等。为解决上述问题，任课教师需持续提高对《习近平谈治国理政》的熟悉、理解程度，形成较高政治素养和坚定的政治站位，不断提高、历练自己。

作者简介：

包淑萍，女，1978年生，硕士，讲师。主要研究方向：思想政治教育。

新文科建设背景下教育学本科人才培养的困境与突破

陈大娟　柏思宇

(四川外国语大学国际教育学院　重庆　400031)

摘　要：新文科建设时代的到来既对传统教育学本科人才培养造成了一定的冲击，同时也是人才培养制度变革的重大机遇。当前，传统教育学本科人才培养还存在诸如人才培养目的与新文科建设要求不匹配，人才培养定位与新文科建设之理念相背离，人才培养模式单一、不适用于新文科复合型人才培养模式等困境。为突破这些困境，教育学本科人才培养可从三大方面着手改革：明确人才培养目的，既为硕博阶段培养人才，也为基层教育事业储备人才；更新人才培养定位，为多元化市场培养复合应用型人才；创新人才培养模式，实现外部交叉与内部融合齐头并进。

关键词：新文科；教育学本科；人才培养；困境；突破

一、新文科建设与教育学本科人才培养

2018年8月，中共中央指出"高等教育要努力发展新工科、新医科、新农科、新文科"（简称"四新"建设），正式提出了

"新文科"这一概念。① 2019年4月29日,教育部、中央政法委、科技部、工业和信息化部等部门在天津联合召开"六卓越一拔尖"计划2.0启动大会,标志着国家"四新"建设工程正式开启。② 由此,新文科从概念提出走向正式实施。

1. 适应新全球化趋势

2008年国际金融危机爆发后,出现了第二次世界大战以来持续时间最长的逆全球化,也暴露了传统全球化在发达国家主导下的诸多弊端。③ 作为世界第二大经济体、第一大贸易国,中国挺身而出,为世界作出理念贡献、机会贡献、制度贡献,成为推动实现"新全球化"的先行者、实践者、引领者。世界多极化、社会信息化、文化多样化等深入发展,新科技革命和产业变革正在重构人类的生产方式、生活方式和价值理念。在此基础上,新时代、新形势呼唤高等文科教育的创新发展。着力提高文科专业学生的全球视野、国际交往能力和全球就业能力,是全球新格局对文科发展的新要求。新文科只有顺应新全球化趋势,打开国门,面向世界,跨界融通,吸收借鉴,推陈出新,才能赢得广袤生存空间。

2. 抓住融合发展机遇

相对于传统文科而言,新文科是以全球新科技革命、新经济发展、中国特色社会主义进入新时代为背景,以交叉与融合、协同与共享为主要途径,把新技术融入哲学、文学、语言等课程中,着眼于实现传统文化的创造性转化创新性发展的新任务,为

---

① 黄启兵,田晓明."新文科"的来源、特性及建设路径[J].苏州大学学报(教育科学版).2020(8):75.

② 段莫,高怡楠.教育学本科人才培养的目标定位与模式创新——基于新文科建设的视角[J].教师教育学报,2020(9):112.

③ 陈旭,刘行.批判与重构:人类命运共同体视野中的新经济全球化[J].经济问题.2022(9):22.

学生提供综合性的跨学科学习。① 其中，新文科建设尤其注重学科融合与科技融合，还抓住了中外文化融合的机遇。近年来，作为前沿科学研究与创新型、复合型人才培养重要动能，学科融合受到党和国家的高度重视。在新的社会经济背景下，"智能+"时代已经开启。科学技术介入新文科的发展已成必然，新文科的创新发展需要最前沿的科学技术支持，因此，科技融合也是必然之举。在新全球化的引领下，我们与世界各国正处于和平、开放、包容、相互借鉴、共同进步的国际态势中，只有抓住中外文化融合的机遇，才能增添新文科的生命力，提高新文科的开阔性和发展性。

3. 满足教育领域需求

新文科建设犹如一盏明灯，为高等教育的发展指明了道路。首先，新时代我国高等教育的质量因为新文科建设得到了一定的提升，通过对大量不适应社会发展新趋势、新挑战的传统文科专业进行改造、升级，引导越来越多的高校脱离传统文科研究，转向与社会发展结合更紧密的新文科研究，从而使得高等教育发展面临的主要任务由数量上的增长转向内涵上的提升。② 除此之外，高等教育研究的视域也随之逐渐扩大，研究视角从"学科内"发展到"院校内"，再到"全景化"。在新文科建设的背景下，现代高等教育的研究特性也经历了从单一性、封闭性、零散性、标准性与科学性等，到半封闭性、多学科性、交叉性与应用性等，再到开放性、协同性、复杂性与创新性等的转变。③

---

① 中华人民共和国教育部. 新文科建设工作会在山东大学召开[EB/OL]. (2020-11-03) [2021-01-10]. http://www.moe.gov.cn/jyb_xwfb/gzdt_/s5987/202011/t20201103_498067.html.
② 段禹，高怡楠. 教育学本科人才培养的目标定位与模式创新——基于新文科建设的视角[J]. 教师教育学报，2020 (9)：113.
③ 李婧芸，段世飞. "新文科"建设背景下高等教育学学科的知识生产[J]. 高教探索. 2022 (4)：46.

二、新文科建设背景下教育学本科人才培养所面临的困境

人才培养是我国高等教育的根本任务,也是对教育学本科提出的核心要求。截至 2019 年,全国开办教育学类本科专业的高校为 462 所,共设置 1020 个本科专业,其中教育学专业为 137 个。① 面对如火如荼的新文科建设,传统教育学本科人才培养方案的劣势逐渐突显。当下要想与时俱进地突破传统教育学本科人才培养之道,必先明确传统教育学本科人才培养所面临的困境。

(一)人才培养目的与新文科建设要求不匹配

人才培养目的的设置,是为了解决"为谁培养人"的问题。新文科建设旨在培养中国特色社会主义事业合格建设者和可靠接班人,希望高校为党育人、为国育才。而传统教育学本科人才培养目的的重心却逐渐下移。20 世纪初,教育学本科专业刚刚设立时,其人才培养目的较为清晰,即为中等师范学校培养能够进行课程教学的师资。但到 21 世纪初,国家教育体系发生了从"老三级"(中专—专科—本科)向"新三级"(专科—本科—研究生)的转变,如今又面临新文科建设大势的冲击,社会对于教育的职业需求在不断拓展,需求层次也在不断提升。此等情况下,部分高校为了保证本科生就业率,将教育学本科阶段人才培养目的下移成重点培养少部分专业优势突出的学生往研究生方向发展,把"为党育人,为国育才"的目标任务转移至硕士、博士培养阶段;正是传统教育学本科人才培养目的重心下移,与新文科建设的要求越来越不匹配,才导致了教育学专业本科生"毕业

---

① 张斌贤,位盼盼,钱晓菲. 从学科发展大局重新审视教育学本科专业改革的意义与路径[J]. 大学教育科学. 2021(3):4.

即失业"等现象层出不穷。

（二）人才培养定位与新文科建设之理念相背离

人才培养定位的关键在于回答"培养什么样的人"的问题。对此，曹胜高认为，关键问题是要明确新文科的定位，不是组织形式的变化，而是教育内容的变革，旨在培养超越现有专业局限与学科局限，专业素养高、学术能力精、综合实力强、有创造视野的新人才。[①] 矛盾之处在于，一方面，新人才更有意向读研甚至读博，继续学术研究，而非投身基层教育事业。学校或者学院为了提高本科生的升学率，过分注重专业知识的灌输，忽视了培养学生的个人全面发展能力以及创新能力。另一方面，大多数教育学专业本科生的人才培养定位一味驻足于中小学教师这一狭隘的空间，局限于培养学生掌握与专业相关的知识与能力，为未来的就业做准备，而忽略了帮助学生寻求除教师之外的就业目标。以四川外国语大学教育学专业本科人才培养定位为例，该专业旨在培养能够熟练运用英语在各级各类教育部门从事教学、研究、管理工作的教育学专业人才。但现实情况是，并不是每一位教育学专业学生都擅长英语，也并不是每一位学生都对教师这个职业感兴趣。如果依然按照传统教育模式将全部学生引向预先计划好的统一框架之中，那就彻底与新文科建设的理念相背离了。

（三）人才培养模式单一、不适用于新文科复合型人才培养要求

人才培养模式的制定是为了解决"如何培养人"的问题。新文科建设提倡"课程融合"与"技术融合"，这无疑是对传统教

---

① 陈鹏. "新文科"要培养什么样的人才[M]. 光明日报，2019－05－20(8).

育学培养模式的一次冲击。事实上，教育学被认为仅是一门由心理学、社会学、历史学等成熟学科组成的"杂烩学科"，既没有建立起学生、学术、学科一体综合发展的学科体系，也没有真正做到融会贯通。同时，各院校的相同专业在课程建设中常习惯用相似的课程体系，导致专业建设缺乏校本化、地方化的特色，从而造成专业人才培养模式单一，缺乏创新性。新文科建设要求建立的人才培养模式的另一个核心要义在于技术赋能，即借助信息技术、智能技术、网络技术来打造高度个性化、现代化、信息化的专业建设体系。① 比如在国外新文科建设中就出现过"数字人文"（Digital Humanities）的复合专业形态，而我国教育学本科专业领域却尚未出现类似数字人文教育②，其重要原因之一就是我国新文科建设主体缺乏技术素养。在我国教育学本科专业建设中，建设主体就是专业教师队伍，而目前来说其技术素养整体相对薄弱，以致教育学专业跟不上技术时代的发展。一方面，教育学本科专业课程的任教老师大多毕业自本专业，毕业自非教育学专业教师人数占比较低，所以，该专业的授课教师大多未专门接受过与信息技术相关的技能培训；另一方面，有的授课教师知识视野较为狭窄，局限于理论知识范畴，对将智能信息技术引入课堂存在排斥心理。

---

① 龙宝新. 论新文科理念指引下的教育学专业建设［J］. 内蒙古师范大学学报（教育科学版）. 2022（1）：6.

② 龙宝新. 论新文科理念指引下的教育学专业建设［J］. 内蒙古师范大学学报（教育科学版）. 2022（1）：5.

三、新文科建设背景下教育学本科人才培养的突破之道

（一）明确人才培养目的，既为硕博阶段培养人才，也为基层教育事业储备人才

其一，为硕博阶段培养人才。随着时代的进步和发展，社会对人才的学识、学位要求也逐步提高。近年来，我国部分师范类高校已经开始关注教育学专业的"本—硕—博"连贯培养方式，这意味着教育学本科阶段的人才培养目的可以明确为给予学生成为硕士博士的机会。但是优秀专业人才的培养具有长期性和艰巨性，这对导师来说是一个巨大的挑战，尤其在新文科背景下，导师需要平衡好"高质量人才的加速培养"与"高质量人才培养的长期性、艰巨性"的矛盾。在不改变现有本、硕、博招生和培养制度的前提下，导师最好在大三下学期开始寻找培养对象，并着手实施本科阶段以及硕士、博士阶段的连续性人才培养计划，使本科生在进入硕士阶段前涉猎有关教育学的深层研究。除此之外，导师最好将本科阶段的课程与部分硕士、博士阶段的课程交叉融合，在此基础上进行硕博人才优质、快速培养的多渠道探索。

其二，为基层教育事业储备人才。习近平总书记强调必须重视教育事业，把基层教育工作放在首位。为基层教育岗位培养人才，也是适应时代需要、助力区域教育事业的可持续发展。在新文科建设背景下，越来越多的基层教育单位开始注重教师是否拥有丰富的工作经验与解决实际问题的能力。因此，对于大学毕业就从事基层教育工作的这部分学生，高校除了帮助其完成教育学相关课程的学习，还需要为其创建丰富多样的第二课堂实践活动并对接优质校外实习基地，帮助他们更好地开展实习实践。

但是，需要注意的是，明确人才培养目的并不是替学生规划

好他们的人生,也不是要求他们必须从事某种行业或者必须考研考博。高校制定的教育学专业人才培养方案只要能够帮助学生掌握专业知识与技术能力、拥有灵活应用知识经验的技巧、继续教育生涯,或者获得相应的硕士与博士学位,就是大有成效。

（二）更新人才培养定位,为多元化市场培养复合应用型人才

在新文科建设理念的指引下,为了适应社会与市场对人才培养的更高要求,教育学专业本科生的人才培养定位需细化为人才类型、社会角色以及教育素质等方面,该专业本科生除了要具备教育学本科专业知识基础,还要满足社会需要的多元化、高素质、创新型、复合型人才要求。与此同时,新文科时代的来临也促进了一大批新兴教育市场业态的逐渐显现,教育学专业人才培养定位也必须与时俱进,即跳出培养中小学教师这一局限,重点培养新时代具备多维素养的复合型教师以及新型教育行业的高端人才,例如教育经营管理者、学校教育咨询师、教育经纪人等。[1] 高校应明确现代社会经济发展的应用型、复合型人才类型短板及相关职业对应用型、复合型人才需求的数量规模和质量规格,结合本校可开发的教育教学资源,准确定位本校的人才培养目标并逐一细化,才能因材施教,使之具有可操作性。[2] 以四川外国语大学教育学专业为例,在新文科建设背景下,学校将教育学专业的人才培养定位为"适应我国社会转型期国际化教育人才培养需要,富有国际视野和创新精神,能传播、弘扬中国教育话

---

[1] 习近平. 同舟共济创造美好未来——在亚太经合组织工商领导人峰会上的主旨演讲(二○一八年十一月十七日,莫尔兹比港)[EB/OL].（2018-11-17）[2021-06-15]. http://www.gov.cn/gongbao/content/2018/content_5346491.htm.

[2] 邹彩屏. 试论高职复合型技术专业建设[J]. 职教论坛,2007（8）:39-41.

语声音，能够熟练运用英语在各类学校、培训机构、教育科学研究机构、教育行政部门等从事教学、研究、管理工作的复合型教育学专业人才"。

（三）创新人才培养模式，外部交叉与内部融合齐头并进

从教育学专业本科课程的角度来看，可以从外部交叉与内部融合两方面入手创新其人才培养模式。外部交叉即鼓励学生辅修第二专业，最好是与教育学本科专业的研究对象、研究范式有交叉的相邻学科，例如心理学、哲学、社会学等；内部融合是指教育学本科专业的课程不仅要改变文理分科的传统观念，而且心理学、历史学、政治学等课程不能只是单纯的糅合，各教各的内容，而是要跨越传统的学科边界，将专业必修课程有机结合，形成统一的教学体系，相互贯通，相互融合。除此之外，特殊时期的教学实践也提醒着我们，"互联网＋"、人工智能等新兴科技融入专业课程教学体系，是教育学本科人才培养模式改革发展的必经之路。

当然，课程的交叉与技术的融合也对该专业授课教师提出了更高的要求。因为它不仅考验教师的学科综合素养，还对教师的信息技术素养有一定要求。因此，各院校需建立有效的激励机制和人才引进制度，探索"线上＋线下"师资队伍培养模式，将学科素养和综合能力纳入教师考核范围，建立一支高素质的跨学科师资队伍。

作者简介：

陈大娟，女，1991年生，硕士，讲师。主要研究方向：外语教育教学、教育管理。

柏思宇，女，2002年生，本科。主要研究方向：教师教育、第二课堂活动设计。

新文科建设思路下"广告创意"课程建设与创新教材改革研究[*]

陈若溪

(四川外国语大学新闻传播学院 重庆 400031)

摘 要：广告创意作为广告学专业重要的核心理论，其相关课程需满足学生理论学习与实践学习的双重需求，教学难度高，创新任务重。在新文科建设要求下，"广告创意"课程必须实现实践教学的特征，基于思维训练、创意延展、洞察执行三个层面完成知识体系构建。本文通过对"广告创意"课程的教学改革以及创新教材的使用，研究在课程教学中更全面系统整合理论和实践的途径，探讨帮助学生有效训练广告创意思维并掌握创意主要方法和相关技能的手段，实现教学过程中从设计畅想到落地执行的创意孵化，从而做到广告创意与策略知识群构建的完善、适用。

关键词：广告创意；课程建设；教材改革

2019年3月10日，习近平总书记在参加十三届全国人大二

---

[*] 本文系2020年重庆市高等教育教学改革研究项目"'广告策划'社会实践金课建设教学模式改革与创新研究"（项目号：202331）的阶段性成果。

次会议福建代表团审议时强调,"要营造有利于创新创业创造的良好发展环境"。创新是"形势所迫",是应对百年变局的必由之路;创业是"大势所趋",是实现高质量发展的战略举措;创造是"时代必然",是凝聚力量实现中国梦的重大选择。为响应国家新文科建设和课程思政号召,广告学专业要围绕"厚基础、宽专业"的人才培养目标展开创新性教学改革。

一、"广告创意"课程设置与教材使用现状

新媒体时代的传播环境正在经历前所未有的变革,广告行业内创意的内涵和外延也都发生了巨大的变化。广告创意策略是广告学教学内容中非常重要的专业知识群,是立足行业、促进发展的核心驱动力,对广告创意策略与执行能力的培养与实践是广告学专业教学的重点任务。但创意并不是只有广告学才需要,它在市场营销、服务管理、商业运作、艺术创作、视觉传达、媒介技术、建筑设计、产品设计、文创发展、艺术教育等很多领域都发挥着重要作用。国外对"广告创意"课程的应用非常广泛,市场传播、艺术设计、文化产业、产品工程、艺术教育等学科领域都有涉及,其课程主要以专业创意能力培养与创意思维训练两种方式为主。就国内而言,"广告创意"课程更倾向于专业学科能力的培养,集中应用在广告学这一学科的本科教学中,而其他学科在开展教学工作时则很少涉及独立的创意课程,或者仅仅对学生进行基本的创意思维训练。国内现有课程大致可分为以下四类:

第一类是理论型课程。其课程结构以理论讲学为主,把创意上升到哲学高度,用哲学观去解释、指导、探究创意表现的规律性问题,重视对创意理论及其发展过程、实战及其操作流程的总结,对学科研究与教学的理论支持明显。此类课程选择的教材多为国外经典教材的译本,注重理论构架,多与策划、设计等广告执行环节结合起来加以阐述。典型教材有:《广告创意与文案》

（［美］费尔顿著、陈安全译，中国人民大学出版社，2005年版）；《广告策划与创意》（崔银河著，中国传媒大学出版社，2007年版）；《广告创意学》（金定海等著，高等教育出版社，2008年版）；《广告创意》（丁邦清等著，中南大学出版社，2017年版）；《广告：创意与文案》（［美］威廉·阿伦斯等著、丁俊杰等译，人民邮电出版社，2012年版）；《广告创意与策划》（王启凤等主编，西南交通大学出版社，2013年版）等。

  第二类是案例型课程。其课程结构以理论为基础，集时下经典优秀的案例作品为主要教学内容，分别进行介绍、分解、剖析。在广告创意学习与实践过程中，对优秀作品的学习与模仿相当关键，而此类课程可以引导学生很好地查找和整理经典案例，剖析其创意思路，学习其创意表现手段，从而实现创意的深发。典型教材有：《世界广告经典案例——经典广告作品评析》（胡晓云主编，高等教育出版社，2004年版）；《世界广告案例精解》（陈培爱编，厦门大学出版社，2008年版）；《全媒体整合广告策略与案例分析》（朱江丽著，中国人民大学出版社，2016年版）等。

  第三类是个人及行业经验型课程。此类课程讲授者多为业界经验丰富的一线设计师和创意者，而课程结构也会根据讲授者在行业中的积累与见解进行相应调整，从而促进教学内容更有效深入地与业界接轨，并呈现出较高的实践性。国内很多高校的"广告创意"课程教师皆比较重视此类课程的建设，他们在开展教学时倾向于将业界经验与相关著作结合使用，为学生提供参考书目。参考书目中的著作权人多为行业人员、知名企业以及双师型人才，他们有着非常丰富的从业经验与众多的实际案例执行成果。此类书籍侧重于介绍下列两类内容，一是创意人的经历、经验，基于参与过的案例介绍创意流程与方法；二是创意人的工种、职务，立足自己着手的项目环节或服务内容，有针对性地介绍执行方法与思维逻辑。参考书目不完全拘泥于广告行业，还包括文案、设计、产品、媒介、文创、商业智慧等内容。典型教材有：《创意撩人》（江绍雄著，中国传媒大学出版社，2005年版）；《打开创意的脑》（［澳］韦恩·罗特林著、刘盈君译，中国市场出版社，2008年版）；《如何成为创意人——4A公司创意部解密》（成锐编著，中国建筑工业出版社，2008年版）；《够了！创意》（［美］里奇·戈尔德著、王卓译，中国人民大学出版社，2009年版）；《奥美广告创意52条法则》（［美］里奇·史蒂夫·兰斯等著、张旭等译，东方出版社，2012年版）；《创意猎手》（［美］美安迪·博因顿等著、秦其伦译，商务印书馆，2013年版）；《创意笔记本1－5》（［日］高桥宣行著、刘谨毓等译，中信出版社，2014年版）；《设计生存手册：创新设计思维》（［英］尼尔·伦纳德等著、王玥然译，中国青年出版社，2014年版）；《广告创意心理学》（林染编著，北京工业大学出版社，2015年版）；《创意思考》（［日］西岛知宏著、郑翠婷译，台湾东贩股份有限公司，2017年版）等。

第四类是实践（实训）型课程。此类课程重在创意思维的训练与引导，结合具体的操作环节进行创意思维实训。一些设计类院校会专门开设此类课程，或者结合摄影摄像、创意策略、设计制作等内容，突出思维训练与开发，与专业相关课程相配合。此类课程则多以拆分创意流程中的每个步骤并对其进行针对性训练的形式展开，以小话题、小任务的任务制和训练制方式进行教学，让学生通过每一步任务的完成构建出完整的创意思维逻辑。此类课程教学内容或教学设计在国外比较多，国内几乎没有应用。典型教材有：《体验设计——创意就为改变世界》（［日］日本电通体验设计工作室著，中国传媒大学出版社，2015年版）；《想·做·设计》（吴学夫主编，社会科学文献出版社，2007年版）等。

总体来说,"广告创意"课程的教学需要突出创意的实践性特征,其中创意思维的训练尤为重要,相关教材也应该重视创意广泛的适用性、突出的实践性以及思维训练的针对性。从国内当前"广告创意"课程的教学内容设置与教材使用的情况来看,授课教师虽然对相关理论梳理严谨,但在实践训练和教材应用方面还缺少思维训练与专业强化,所以,打造一本适应"广告创意"课程教学宗旨、突出实践训练的教材是很有必要的。

二、"广告创意"课程改革理念与创新目标

随着各类新技术的开发与普及,消费者对产品服务的需求、对媒介的利用场域与方式甚至对传播内容的兴趣点都发生了巨大的变化,"广告创意"课程的舞台越来越大,其重要性也越发突显。广告、设计、传播都已不再是传统教科书上所教的按部就班的文字创作和图片拼凑,而是需要建立在更深刻的文化认知、更精准的用户洞察、更大胆的思维方式、更丰富的媒材整合等基础之上。"广告创意"课程要教会学生的不仅仅是做广告,而是如何创新,如何提高生活品质。在国家大力提倡文化创意的今天,如何培养出有文创思维、创新能力,同时能够洞察商业机会、理解用户体验、扎实专业技能的创意人,是"广告创意"课程亟须解决的问题,因此,"广告创意"课程教学框架与内容设计的创新迫在眉睫。

就广告学专业的创意课而言,教师的教学理念要跳出内容创意的传统框架、突破单一形式的思维限制、打破固有的广告逻辑,在教学时不能拘泥于广告的传统逻辑与内容要素的训练,必须在更加多元的思维拓展、更加广阔的灵感获取、更加灵活的执行操作等方面,从宏观的创意思维能力和实践执行能力等层面着手,全面革新教学内容与框架。课程需要从思维训练、创意延展、洞察与执行三个方面出发,着力实现对学生的创意思维实

训，创新教学思路、充实教学内容、丰富教学手段，通过"讲授—实训—再讲授—再实训"的逻辑逐步完成对学生创新能力与认知能力的提高，培养适应新环境、新需求、新思维的综合性创意人才。"广告创意"课程的改革理念和目标具体如下：

首先，课程改革要立足于广告专业，并针对当下综合性创意人才培养的需求，有效地将逻辑、形象、人本、成本等四个方面的思维融入创意教学，基于思维训练、创意延展、洞察执行三个方面完成知识体系构建。要拓展教材内容，丰富综合性创意人才培养内容与方向，使学生更全面系统地理解创意学习的内涵与外延，认知创意学习的前瞻性与发展性。

其次，课程改革要结合实际，针对当下应用型人才的培养目标，提升课堂教学与教材设计的实战体系与训练机制，扎实推进实务训练与技能教学，使学生能够更好地实现理论联系实际，实现从书本到实务的转变，更好地完成广告创意实践。

再次，课程改革要立足于"互联网＋"理念，针对广告创意学习内容的特殊性，开发全新的线上应用体系，通过实训项目资料库、O2O（Online to Offline）创意知识与案例链接让学生跳出课本，延展课外学习的内容，丰富课外学习的技术，从而更好地开展创意知识的积累与研究。立于足"互联网＋"理念，教师能够将理论与知识更好地融合进案例，融合进训练，提高广告创意教学的质量。

最后，课程改革要立足于过程管理要求，针对创意学习方式的特殊性，开发并使用创新教材与课堂实践衍生系统。创新教材在满足理论学习、知识学习、案例学习等传统广告创意教学的需求之上，增加思维学习、实训创作、项目执行等模块，并通过创意训练随身册与创意任务记录本的应用，更好地帮助学生在学习中做到有据可依、有思可记，管理和完善自己的学习路径。立足于过程管理要求，教师能够更好地了解学生的训练情况与过程，有针对性地解决学生遇到的问题，优化教学管理方式，有效检验与整理教学成果。

三、"广告创意"课程框架与教材结构设计

基于思维训练、创意延展、洞察执行三个方面的有机组合，"广告创意"课程需结合经典理论建立课程框架和教材结构，通过"创意理论的阐述""创意思维的建立""创意问题的解决"等内容模块组成核心内容主线，并通过"创意训练的实施"模块的设置实现对上述内容模块的落实。

教学中，需重点突出创意思维实训的应用与指导，丰富创意知识链接的形式，整合课内外教学资源，完成线上线下交互学习，开发教材及教学延伸，设计创意训练随身册和创意任务记录本以辅助教师教学与学生自学。其中"创意思维的建立"模块主要包含创意设计思维训练、综合媒材应用训练两个内容，"创意问题的解决"版块包括广告创意训练、产品开发训练、文创设计训练等内容，涉及脑科学研究、创意思维、艺术设计、产品与媒介、文创与商业设计、品牌传播与广告设计等领域，详见图1。

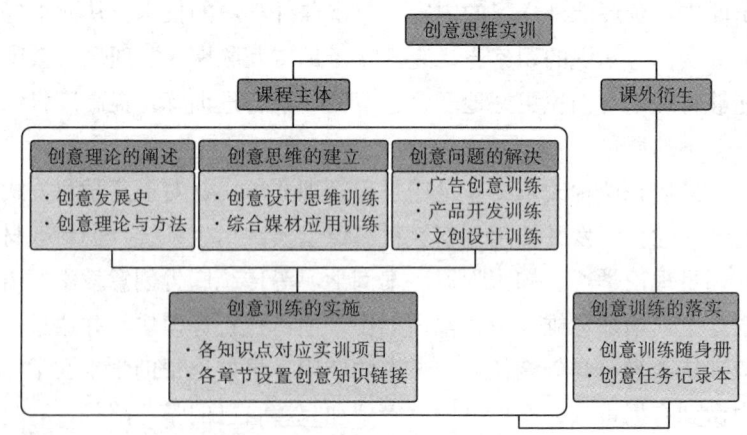

图1 "广告创意"课程框架图

三大内容模块像大块积木一样组合，共同构建出"广告创意"课程教学的主体，教师可根据实际情况调整时间配比和教学难度。"创意训练的落实"模块则作为小块积木，穿插于各个大积木之间，将理论讲不到的、思维拓展必要的、实训操作细化的内容拆散、补充进各个教学环节中。具体课程框架和教材结构的设计理念如下。

（一）创意理论的阐述

在课程最开始的三至四周，主要的教学形式为理论学习。这一阶段主要的教学内容分为创意的意识、创意的历史与创意的专业知识三个部分。旨在介绍创意发展的相关理论源流，梳理与阐述历史上经典的创意理论与方法，帮助学生树立正确的创意观，完成对广告创意学基本理论、基础知识的学习。

（二）创意思维的建立

第五至六周的教学内容主要为思维训练，分为创意设计思维训练与综合媒材应用训练两个部分。

创意设计思维训练部分以思维方式的学习、创意思考的引导为核心，通过内在感官力、属性把控力、思维发散力、逻辑思考力等四个层面所构成的思维训练系统，解决教学中思维突破与创意引导的问题。

综合媒材应用训练部分包含综合创意应用过程中艺术、装置、空间、音响、视觉、媒材等多视野、多层次的训练，综合绘画与雕塑、装置与材料、建筑与空间、声音与时间、文字与图像等五个部分，突出培养学生提高跨界延展力、媒材整合力、设计执行力，解决创意内容扩充与储备的问题。

（三）创意问题的解决

第七至十周的教学内容主要为实践训练，分为广告创意训练、产品开发训练、文创设计训练等三个部分。

广告创意训练部分的主要内容为商业设计与广告创意训练。重点突出在商业设计目标导向与广告语汇专业导向下创意设计的应用与实战，根据创意流程逐步完成对学生任务解读力、概念突破力、内容传达力的培养，解决广告实战任务的创意应用问题。

产品开发训练部分的主要内容为产品策略创意与产品设计训练。目的是在产品设计的专业视域下，融合产品工程的重要环节，重点突出产品策略的创意设计与产品文化概念的执行训练。

文创设计训练部分的主要内容为文化要素研究与创意衍生设计训练。综合现阶段文创产业发展的表现，从文化研究、视觉设计、产品整合等三个方面展开讨论，考察创意对文化衍生力的支持与刺激，通过模拟项目实训提高学生对文化创意的研究能力、衍生能力与执行能力。

（四）创意训练的实施

此模块穿插于上述三个模块的教学过程中，在教材编写时也会被设置在每章节的"创意知识链接"部分，关联图1中的课程主体与课外衍生两大部分。

课程主体部分创意训练的实施包括各知识点对应实训项目资料库的建立与应用以及结合线上优质资源进行的O2O创意知识与案例链接。实训项目资料库是在教学实施过程中讲义总结和实训任务项目清单试用的基础上，为了构建以实训为核心的教学拓展体系，有系统、有逻辑、有目标地展开创意实践教学，由结合专业特色有针对性地设计二十余项实训项目所组成的资料库。创意知识链接是在数字化教学理念下针对实践性学习的广度与深度进行创新开发的学习机制，针对书本知识传播篇幅受限的问题开发O2O线上线下互动学习机制，对应每个教学单元和重点知识的学习，学生可以教材为基础和入口，通过扫描二维码进入，完成线上线下互动学习。这种方式可以方便学生在课下学习重要的案例资料，拓展创意学习的维度，挖掘自主学习的深度。

教学衍生品包括创意训练随身册与创意任务记录本，以辅助教学过程与教材使用，完成实践记录与灵感积累。创意训练随身册是延展教材训练内容的创新形式，把教材中分散于各章节知识点的训练项目和创意练习任务集中到统一的一本小册子上，让学生可以更集中地了解训练任务，随时随地开展练习而不用拘泥于课堂时空和教学进度，自由地根据自身条件、环境、媒材开展创意设计。创意任务记录本多与课堂教学、课下训练配套使用，让学生能够相对集中地记录自己的创意学习过程与训练路径、平时在碎片化时间所积累的创意点和生活发现，为创意设计提供线索与资料，完善创意设计过程。通过记录，学生可以培养关注生活细节的习惯，教师也可以提高在教学流程管理与教学效果评估方面的效率。

结　语

基于数字时代的新特征和文化创意的新要求，"广告创意"课程需要跳出固有的教学内容设计体系与教材编写思维。内容上，"广告创意"课程需要通过对创意方法的整合与实训，综合创意内容，延展创意领域，在教学中帮助学生形成综合创新意识，建立创新认知；结构上，"广告创意"课程需要在理论与方法的教学之上，着重增加实训版块，使理论学习与实训有机结合，着重培养广告学专业学生在创意领域的综合思维能力与跨界执行能力；形式上，"广告创意"课程创新教材在设计标题、图文、装帧方式、衍生产品等时都要服务于创意教学，让学生在使用该教材的过程中充分感受创意的魅力,最终实现创新教学内容、拓展人才培养的领域,创新教学模块、增强教学实践的效果,创新教学形式、丰富教学资源的运用,创新教学附件、完善教学指导的流程这"四个创新"的教学改革目标与教材迭代任务。

作者简介:

陈若溪,女,1987年生,硕士,讲师。主要研究方向:广告创意学,创意传播。

立德树人视野下研究生导师德育角色研究

程 波 刘 茜

(四川外国语大学马克思主义学院 重庆 400031；
江苏经贸职业技术学院 南京 211100)

摘 要：在立德树人的视野下，德育在导师对研究生的教育过程中发挥着重要作用。分析立德树人视野下研究生导师德育的深刻内涵，指出其进行德育的光荣使命与重要意义，从而有效发挥研究生导师的作用，对培养符合新时代要求的研究生具有十分重要的意义。

关键词：立德树人；德育；角色

党的十八大报告把立德树人确定为教育的根本任务。党的十九大报告提出：要全面贯彻党的教育方针，落实立德树人根本任务。党的二十大报告再次明确教育的目标：我们要办好人民满意的教育，全面贯彻党的教育方针，落实立德树人根本任务，培养

---

* 本文系国家社会科学基金项目"新媒体视域下高校思政课实践教学模式与规律研究"(项目号：20VSZ046)、教育部人文社会科学研究项目"中国共产党人精神谱系融入高校思政课教学研究"(项目号：22JDSZK087)、四川外国语大学研究生教育教学改革研究项目"《习近平谈治国理政》在马克思主义理论硕士研究生专业课教学中的'三进'模式探索"(项目号：yjsjg202218)、四川外国语大学教学改革研究项目"《习近平谈治国理政》在'马克思主义基本原理专题研究'课程中的'三进'模式探索"(项目号：SJ223004)的阶段性成果。

德智体美劳全面发展的社会主义建设者和接班人,加快建设高质量教育体系,发展素质教育,促进教育公平。在我国研究生的培育过程中,导师肩负着无可替代的重大责任,在实现立德树人根本任务中处于核心地位,是对研究生进行德育的重要角色。立德树人视野下研究生导师的德育蕴含着丰富的内涵。研究生导师在引导学生进行学习、科研的同时也被赋予了对研究生进行德育的光荣使命,其德育作用的有效发挥对培养学术能力强、道德水平高、全面健康发展的研究生具有重要的意义。

一、立德树人视野下研究生导师德育的内涵

从党的十七大提出"育人为本,德育为先"的教育理念到党的十八大把立德树人确立为教育的根本任务,再到党的十九大和二十大明确要把立德树人根本任务落实,以及习近平总书记在全国高校思想政治工作会议上指出"要坚持把立德树人作为中心环节,把思想政治工作贯穿教育教学全过程,实现全程育人、全方位育人,努力开创我国高等教育事业发展新局面",都充分体现了党对立德树人的重视程度。所谓立德,就是要坚持德育为先,通过正面教育的方式来引导人,让人在德育的熏陶下,受到启发与激励。所谓树人,就是坚持以人为本的理念,通过合适的教育来塑造人格魅力,促使人得到改变与全面发展。立德树人要求让学生先成人后成才,研究生导师不仅要传授科学知识,培养学生的学术与科研能力,更要注重对学生思想道德的培育,将时代发展的要求和社会主义核心价值观融入对研究生的教育中,帮助研究生树立正确的人生观、世界观和价值观,成长为德智体美劳全面发展的新时代合格的建设者和接班人。

立德树人的根本任务是回答当今时代的发展需要什么样的研究生人才,如何去培养研究生,研究生的成才是为了谁等问题。而研究生导师是研究生培育的中坚力量,亦是对研究生开展德育

的不二人选。在传统观念中，研究生导师以教书育人为己任，为国家培养一批又一批栋梁之才。在新时代立德树人的视野下，研究生导师除了要传授知识，还要严格学术规范，更要将德育贯穿于对研究生的培养当中，引导他们学习社会主义核心价值观，树立远大理想信念，做到爱国、敬业、不懈追求真理、勇攀科学高峰，形成崇高的道德境界与高尚品质。导师作为榜样人物，在学术创新、学术道德、学术研究等方面对研究生起到了潜移默化的作用。同时，导师也应该尽自己所能地在生活上关心、帮助研究生，密切关注研究生心理健康情况，成为其成长成才道路上的领路人，用自己的人格魅力和强烈的责任心为国家培育栋梁之才。

二、立德树人视野下研究生导师德育的光荣使命

研究生导师开展德育是新时代立德树人这一根本任务赋予的光荣使命。2018年，教育部强调，要全面贯彻党的教育方针，把立德树人作为研究生导师的首要职责，为实现"两个一百年"奋斗目标、实现中华民族伟大复兴的中国梦，培养德才兼备、全面发展的高层次专门人才。导师是研究生学习生涯的重要领路人与指导者，主要肩负着引导研究生树立理想信念、培养创新能力、培育学术道德，保证其心理健康的光荣使命，发挥着重要的作用。

（一）引导研究生正确理想信念的树立

引导研究生树立正确的理想信念是导师进行德育的基础。导师积极引导研究生坚持党的领导，坚持党的指导思想与方针政策，坚定对中华民族伟大复兴的中国梦和中国特色社会主义的信心与信念。坚定"四个自信"，大力弘扬民族精神、时代精神并培养艰苦奋斗的劳动精神，增强民族自尊心、国家自信心。在此基础上养成良好的思想政治素质，自觉提升自身的能力与道德修

养,增强社会责任感,树立起远大理想,坚定理想信念,为时代发展而不懈努力,为伟大中国梦的实现贡献自己的力量。

(二)加强研究生创新能力的培养

研究生是时代发展所需的创造者,培养其形成较强的创新能力是德育的主要任务之一。导师不仅要注重引导研究生实现科研理论上的创新,更要引导他们进行实践创新。学术能力是评价研究生的一个重要标准,导师在国家教育任务与方针的要求下引导研究生进行理论上的创新,指导学生积极关注社会热点与前沿问题,培养研究生形成思考问题的独特视角,在创新中提高学术水平。导师除了教授专业知识,还应注重引导研究生开展实践创新。马克思在论证实践与认识的关系时指出:"实践是认识的来源。"导师要想方设法调动研究生到实践中学习的热情,鼓励其参加各种学术会议与学术论坛,主动向学识渊博的老师、前辈请教,虚心与其他优秀研究生交流与学习。研究生只有深入实践,才能真正使自身学术水平与创新能力得到提高。

(三)注重研究生学术道德的培育

对研究生的学术道德进行培育是德育的关键。当今社会学术负面事件层出不穷,在此大环境下导师要求研究生严格遵守学术纪律、端正学术态度已成为立德树人的关键内容。导师除了在学习和科研上给予及时的引导,更重要的是提高研究生的学术道德感。在学习、科研中严格要求研究生,引导和督促他们树立正确的学术规范意识,提高其道德素养,形成良好的学术风气。在追求真理的过程中,遵守学术规范,遏制学术浮躁和学术不端,切实将自己锻炼为堪当民族复兴大任的接班人。

（四）引导研究生健康心理的形成

研究生健康心理的形成是导师德育的重要内容。面对繁重的学习任务，研究生不仅需要拥有良好的身体素质，更需要有过硬的身体素质。健康的心理是研究生成长成才的必备条件。导师平时除了在学习和科研方面给予指导帮助，也要时时关心研究生的心理健康。要在日常生活中多关心研究生，了解他们在学习、生活甚至情感上的困难和困惑，及时关注研究生的心理变化，疏导负面情绪，帮助他们形成热爱生活、积极向上、自信乐观、善于抗压的良好品质，为研究生的全面发展提供良好的保障。

三、立德树人视野下研究生导师德育的有效发挥

在新时代以立德树人为根本教育任务的视野下，研究生导师德育有着丰富深刻的内涵与光荣使命，对研究生的培养有着极其重要的意义。习近平总书记在全国高校思想政治工作会议上强调要坚持"四个统一"，即教书和育人相统一，言传和身教相统一，潜心问道和关注社会相统一，学术自由和学术规范相统一。因此，"以德立身，以德立学，以德施教"是促进研究生导师德育作用有效发挥的重要方法。

（一）教书和育人相统一

研究生导师德育的有效发挥要以教书育人为首要条件。教书是研究生导师最基本的工作，要学习、掌握好理论知识并随着时代的发展不断与时俱进，向研究生传授丰富的知识，引导其学习好、掌握牢学术理论，扩大知识储备。这是研究生导师践行职责的本质要求，也是促使研究生科学理论知识不断丰富的有力抓手。研究生导师不仅对研究生进行知识的传授，更要坚持将育人工作融入知识教育，对研究生进行自身素养与道德的教育，将德

育贯穿于研究生教育的全过程，让研究生"茁壮成长"，真正成为实现中国梦所需要的人才。研究生导师要坚持教书和育人的紧密结合，促进研究生学术能力与学术道德一道向良性发展，培养德智体美劳全面发展的新时代人才。

（二）言传和身教相统一

坚持言传和身教相统一是研究生导师德育有效发挥的基础。一方面，导师开展研究生德育工作时要加强自身专业知识的学习，提升道德素养，树立良好的政治信仰，坚定理想信念，将党的思想与教育方针以及爱国情、报国志、社会责任感等良好的道德修养内化于心。另一方面，导师除了通过课堂交流或课后谈话的方式向研究生进行知识的传授，还可以将知识、素养、道德品质等外化于行，通过自身实践活动展现出来，做到知行合一。导师与研究生之间存在着特别而又密切的联系，导师是研究生的领路人与指导者，其教育行为与人格魅力对研究生起着最直观的示范与影响作用，对研究生知识的学习、科研能力的提高、理想信念的坚定、思想品德的形成起着最为直接和关键的作用。

（三）潜心问道和关注社会相统一

潜心问道和关注社会的统一为研究生导师德育的有效发挥提供了正确指向。研究生导师全身心投入科研，努力寻求真理，努力钻研，认真对待并提升自己的学术素养与水平，达到较高的学术造诣，是潜心问道的根本体现。关注社会则表现为，导师要关注社会现实，不能与社会现实脱节。在钻研学术的时候不能脱离社会现实，关注的学术问题与话题要与社会热点与前沿问题接轨。紧跟时代发展的步伐，及时了解党和国家教育方针的变化，从实际出发，提高分析、探究社会现实问题的能力，如此才能更好地对研究生进行德育。

（四）学术自由和学术规范相统一

研究生导师德育有效发挥的关键在于实现学术自由和学术规范的统一。导师的基本工作是向研究生传授知识，指导科研工作的进行。潜心钻研学术，勇于创新，敢于突破，不拘泥于形式与条框，追求学术自由也是研究生导师的职责所在。而学术的自由是在严格遵守学术的规范与要求的前提下实现的。研究生导师要树立正确的学术态度，不投机取巧，坚决抵制学术败坏与学术造假的行为。只有切实遵守学术道德，才能以身作则，带领研究生严格遵守学术规范，最终实现学术的自由。坚持学术自由与学术规范相统一，既可以促进研究生导师职业素养与学术道德的提高，也是引导研究生更好地运用科学知识开展研究，提升学术水平的重要保证。

（五）建立健全评估考核机制

研究生导师德育需要在建立健全研究生导师评估考核机制的根本保障下得到有效发挥。学校要改变以科研为导向的导师考评制度，将导师对研究生的日常教学、学术指导、道德品质教育以及导师个人的科研成果发表纳入岗位考核指标体系中。考评制度要求导师积极关注德育工作，并且将相关考核结果纳入对导师的效绩评估、评优评先等各种体系之中，不再唯教学成绩和科研项目至上，从制度保障上促使研究生导师树立起立德树人的自觉意识，对德育的有效发挥起到良好的促进作用。

在新时代立德树人的视野下，导师肩负着对研究生进行德育的光荣使命。导师在做好教书育人这一项本职工作的基础上，注重对研究生德育的培养，以身作则引导学生关注社会现实问题，严格要求学生遵守学术道德规范，提高学生的道德素养与科研水平，培养德才兼备的研究生人才。

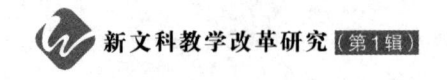

作者简介：

程波，女，1981年生，博士，教授。主要研究方向：马克思主义、思想政治教育。

刘茜，女，1995年生，硕士，助教。主要研究方向：马克思主义、思想政治教育。

新文科建设背景下高校劳动教育课程体系构建研究

董竞飞

(四川外国语大学国际金融与贸易学院　重庆　400031)

摘　要：新文科建设对传统的学科发展提出了新的要求,学科融合、专业交叉、课程模式改革势在必行。劳动教育以及劳动实践是大学生人才培养的重要环节,加强劳动教育,是新文科建设的重要内容。本文从新文科建设背景下劳动教育内涵与价值解析入手,在分析高校劳动教育现状与存在问题的基础上,重点探讨了顺应新文科建设要求及人才培养目标的高校劳动教育课程体系的构建,提出基于"校内+校外""独立课程+学科"的高校劳动教育课程体系构建理念,建立"通识教育必修课+专业实践核心课+综合实践必修课+劳动特色选修课"劳动教育课程群的目标,以期为新文科背景下高校劳动教育的发展提供借鉴。

关键词：劳动教育；课程体系；教学模式

---

* 本文系四川外国语大学教学改革研究项目"在线教学中探究式教学模式构建及其效果评价研究"(项目号：JY2146231)的阶段性成果。

引 言

据教育部统计数据，2022年，我国普通高等学校达2738所，在学总人数超过4430万人，总体规模跃居世界前列，高等教育毛入学率达到57.8%。我国高等教育进入世界公认的普及化阶段，将经历由"大"到"强"的转变。国家教育事业发展"十四五"规划纲要指出，要统筹规划、推动中国教育开放，注重中国教育对外交流与合作，扎实推进全球教育治理进入新时代。《新文科建设宣言》的发布标志着我国正式将新文科建设提上了日程。新文科建设在现有传统文科的基础上进行学科中各专业课程重组，促进学科间的交叉与融合，把现代信息技术融入哲学、文学、语言等课程中，通过对课程体系、教学模式进行转型、改造和升级，实现人才培养模式的全面发展。

2020年3月，中共中央、国务院印发的《关于全面加强新时代大中小学劳动教育的意见》指出，劳动教育是中国特色社会主义教育制度的重要内容，要求充分发挥劳动育人的功能，形成具有综合性、实践性、开放性、针对性的劳动教育课程体系。2020年7月，教育部印发《大中小学劳动教育指导纲要（试行）》，强调劳动教育是新时代党对教育的新要求，是中国特色社会主义教育制度的重要内容，是全面发展教育体系的重要组成部分，要求学校进一步紧扣教育目标、把握学段要求，对劳动教育进行整体设计、系统规划。劳动教育具有树德、增智、强体、育美的综合育人价值，是高等教学人才培养中必不可少的一环。高校劳动教育不仅关乎高等教育"培养什么人、怎样培养人、为谁培养人"这一根本问题，更与国家的富强以及民族的振兴紧密相连。构建高校劳动教育体系，是时代发展之需，也是新文科建设的题中应有之义。

基于此，研究新文科建设背景下的高校劳动教育显得尤为重要。劳动教育指的是为培养青年树立正确的劳动观点和劳动态度、养成良好的劳动习惯而开展的教育。开展劳动教育，既是实现中华民族伟大复兴的中国梦的必然要求，也是践行社会主义核心价值观的应有之义，还是满足大学生自由全面发展的现实需求，劳动教育的成功与否直接关系着社会主义建设者和接班人的劳动精神面貌、劳动价值取向和劳动技能水平。新文科建设背景下高校劳动教育课程体系的科学构建，既是高校积极响应社会需求的必要途径，又是高校培养高素质劳动者的必然要求。本文基于新文科建设的时代诉求，通过破解高校劳动教育中存在的困境，探究高校劳动教育课程体系的构建，为高校劳动教育的科学开展提供实践参考。

一、新文科建设背景下高校劳动教育内涵与价值解析

近年来，以人工智能、大数据、云计算等数字技术为支撑的新产业、新业态、新模式迅速发展，智能化、信息化的产业变革对大学生劳动的自觉性与自主性、创新性与智慧性提出了更高要求，培养德智体美劳全面发展的高素质人才，是广大高校当前的工作重点。劳动教育可以培养学生树立劳模意识，追求卓越职业素养。对高校而言，在新文科建设背景下解析劳动教育内涵及其价值，既有利于建立劳动教育课程体系的基础，也有利于进一步明确劳动教育体系的建构。

（一）劳动教育内涵

不同时代背景下的劳动教育具有不同的特征。对劳动者进行培养一直是教育的重要内容，不同时期劳动教育的内容都与时代发展紧密相关。中华人民共和国成立之初，百业待兴，劳动教育的内容与具体的农业、工业生产劳动实践相结合。在推进社会主

义建设事业时期，劳动教育更加注重劳动思想、劳动理念之培养，以引导广大劳动人民树立正确劳动价值观，实现劳动教育与思想转变及培育相结合。社会主义现代化建设时期，劳动教育以培养"四化"建设人才为主要内容。在人工智能高速发展的当下，劳动教育与实现民族伟大复兴的中国梦息息相关，劳动教育的内容多涉及智慧化社会建设相关内容。

新文科建设背景下高等教育的使命赋予劳动教育以新的时代内涵。就内容而言，当代劳动教育的核心是帮助大学生树立崇尚劳动的价值理念，形成诚实守法的劳动素养，培养奋斗奉献的劳动精神，提高创新创造的劳动能力。高校劳动教育的内涵应体现在劳动素养、劳动精神、劳动能力三个方面。具体而言，劳动素养是指个体在从事劳动过程中所形成的平日修养，是一种良好的劳动习惯和劳动品格，大学生应具备诚实守法、吃苦耐劳、努力拼搏的劳动素养。劳动精神是指个体在从事劳动过程中所形成的为个体所认同与追求的一种价值取向、思维方式、道德规范和精神气质的总和，大学生应具备勇于开拓、不断创新、追求卓越的劳动精神。劳动能力是指劳动者在掌握劳动技能、完成劳动目标的过程中所呈现出来的一种综合素养，是个体劳动知识、劳动理念、劳动素养、劳动精神等方面的体现。大学生要亲历劳动过程与实践，参与劳动、热爱劳动、守法劳动。

（二）劳动教育价值

劳动价值观是劳动者对劳动的根本看法，它直接决定着劳动者的价值判断和价值选择。新文科建设以坚持"立德树人"为目标，因此，培养德才兼备、全面发展的高素质劳动者，是劳动教育的价值所在。劳动教育是促进人全面发展的必要条件。引导大学生树立崇尚劳动的价值理念，就是要让学生认识到"劳动最光荣、劳动最崇高、劳动最伟大、劳动最美丽"，努力实现人才培养、科学研究和社会服务职能的协调发展。

在认识层面，劳动教育价值表现为由确定性到关系性的新思维、由五育并举到以劳育人的新视角，要求教师想尽办法激发大学生的劳动热情，助力其在为美好生活奋斗时充分释放自身力量、展现创新能力；在实践层面，劳动教育要求教师建构全面育人的课程目标、组建异质交互的课程主体、整合纵横交叉的课程资源、推进开放交融的课程体系，强化大学生对与提升综合素质相关的知识、技能、思维等的学习，引导其树立劳动意识，培养科学精神，提高创造性劳动能力，做到学、思、用有机结合，提升劳动技能。在目标层面，当代高校劳动教育旨在通过认识与实践层面的强化，树立劳动意识、培养劳动情怀，让大学生养成热爱劳动、崇尚劳动的习惯，学会尊重普通劳动者，在劳动体验中涵养德行、升华人格，充分发挥其价值导向，实现育人目标。

二、目前高校劳动教育存在的问题

随着社会的发展，开展劳动教育的社会环境发生了巨大变化。一方面，我国已全面建成小康社会，劳动由单纯的谋生手段转变为实现个人价值的重要途径，大学生急需重新认识劳动意义和价值；另一方面，社会上不尊重劳动者的现象时常发生，劳资矛盾、劳动者权益受损等问题层出不穷。面对当今社会对高素质人才的需求，高校劳动教育课程体系无法适应社会环境变化，亦无法实现培养德智体美劳全面发展人才的目标。经分析，高校劳动教育目前存在以下问题。

（一）劳动观念淡薄，劳动价值观不清

高校学生对马克思主义劳动观的了解程度普遍不高，对马克思主义劳动观的基本观点理解不透彻，对劳动教育内涵认识缺位，主动接受劳动教育的观念淡薄。高校往往将学生的劳动教育

等同于单纯的体力劳动,没有充分认识到劳动教育在创造知识、实践智慧、道德品质培育等方面独特而巨大的作用,也没有切实将劳动教育纳入教育教学实践,劳动教育在学校逐渐被边缘化。

(二)劳动教育课程重理论轻实践

受应试教育模式影响,社会各界"重知识轻劳动"。这种情况在高校也不例外。受此思维模式影响,高校劳动教育以课内教师系统讲授劳动理论知识为主,课外劳动实践来源有限、类型相对单一。学生在课堂进行理论知识学习的时间相对较长,参与劳动实践的机会相对较少。此外,劳动实践仅限于社区、传统手工业或机械制造业中的传统劳动项目,形式单一,缺乏系统性、全面性、创新性,与学生的生活实际关联不够紧密,对学生的吸引力不够强大,很难充分调动学生主动参与劳动的热情,无法实现新文科建设背景下劳动教育所要实现的让学生将动手实践与思维训练相结合,提升生活思维能力与创新能力的目标。

(三)劳动教育效果不理想

由于认识不清、定位不准、脱离现实等原因,劳动教育在学校被弱化,在家庭被软化,在社会被淡化。以高校为例,劳动教育的开展缺乏制度支持和精神支撑,教师在开展劳动教育的过程中存在劳动教育实践的价值取向偏差和异化,将劳动教育课程视为"送学分"的课程,认为其缺乏实际意义。而学生对劳动教育普遍认识不充分,学习动力不足,"走过场、重形式、轻落实"的问题比较突出。总而言之,无论学生还是教师,他们都没有从理念上、行动上、思想上、态度上将劳动教育落实到位,从而导致劳动教育效果不明显。

三、高校劳动教育课程体系设计

新文科建设背景下高校劳动教育是一项将理念认知、知识吸收、实践养成、品格内化深度融合的系统工程，要解决目前高校劳动教育中存在的问题，创新劳动教育模式与体系，实现德智体美劳全面发展的人才培养目标，最为重要的一环是设计科学合理的劳动教育课程体系，以多学科、跨专业融合为设计理念，突出课程体系效果评价，确保劳动教育课程群实现理论与实践的有机结合，保障人才培养目标的有效实现。

（一）高校劳动教育课程体系设计理念

新文科建设对高校人才培养工作提出了新的要求，高校需培养一批跨专业、复合型人才以满足市场需求。新文科背景下高校劳动教育课程体系设计是以实现劳动教育特定的系统功能为目标，按照一定秩序或规律，对劳动教育系统内事物进行相互关联、相互作用、相互协调的安排，使其成为一个有机整体的建制过程。因此，其设计理念为：通过多学科知识的融会贯通，引导学生运用跨学科思维解决实际问题，全面提高学生的创造力，实现德智体美劳全面发展。高校劳动教育要坚持以生为本，打破学科壁垒，结合课堂内外，创新课程形态，完善课程体系，充分实现课程育人的功能（如图1）。在课程形式、内容以及教学模式上进行创新，实现"校内＋校外""独立课程＋学科"相结合的教学模式，构建具有内生动力的劳动教育课程体系。

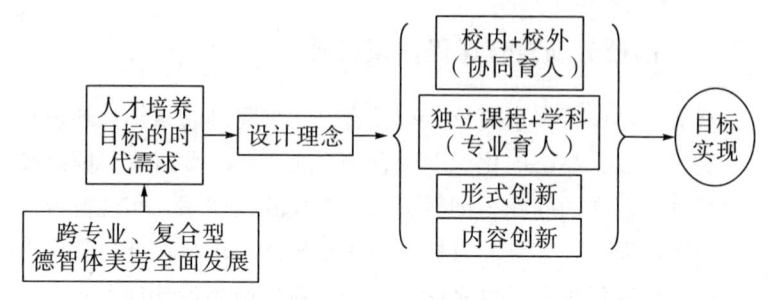

图 1　新文科背景下高校劳动教育课程体系设计理念

（二）高校劳动教育课程体系架构

新文科建设背景下，高校劳动教育课程作为实践劳动教育的重要载体，应以提升学生劳动素养为目标。在课程体系构建方面应明确劳动的特征，以课程化为根本，以多方位融入为支撑，开设劳动教育必修课，将劳动教育融入专业教育、创新创业教育、课外活动以及校园文化建设中，从而建立"通识教育必修课+专业实践核心课+综合实践必修课+劳动特色选修课"这一劳动教育课程群（如图 2）。高校劳动教育应注重与职业对接，突破家庭、企业或实习基地、社会服务界限，形成共享、共建、创新的劳动教育实践场所，使劳动教育课程体系的设计与新产业、新业态、新技术紧密结合，将延续经典内容、改造传统内容和引入新技术内容相结合，将规定性必修内容、选择性必修内容、开放性选修内容、非规定性内容相结合，构建理念先进、内容丰富、形式多样的劳动教育课程融合平台。

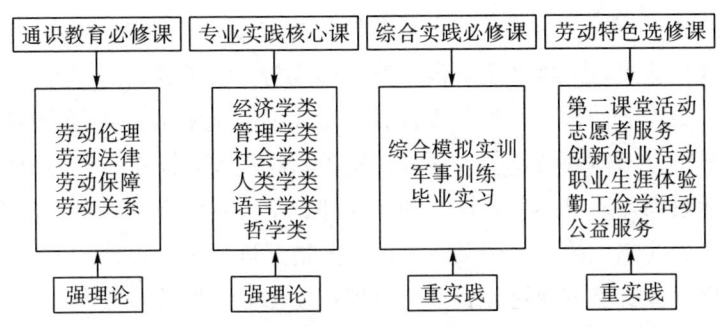

```
┌──────────────┐ ┌──────────────┐ ┌──────────────┐ ┌──────────────┐
│通识教育必修课│ │专业实践核心课│ │综合实践必修课│ │劳动特色选修课│
└──────┬───────┘ └──────┬───────┘ └──────┬───────┘ └──────┬───────┘
       │                │                │                │
┌──────┴───────┐ ┌──────┴───────┐ ┌──────┴───────┐ ┌──────┴───────┐
│劳动伦理      │ │经济学类      │ │              │ │第二课堂活动  │
│劳动法律      │ │管理学类      │ │综合模拟实训  │ │志愿者服务    │
│劳动保障      │ │社会学类      │ │军事训练      │ │创新创业活动  │
│劳动关系      │ │人类学类      │ │毕业实习      │ │职业生涯体验  │
│              │ │语言学类      │ │              │ │勤工俭学活动  │
│              │ │哲学类        │ │              │ │公益服务      │
└──────┬───────┘ └──────┬───────┘ └──────┬───────┘ └──────┬───────┘
┌──────┴───────┐ ┌──────┴───────┐ ┌──────┴───────┐ ┌──────┴───────┐
│   强理论     │ │   强理论     │ │   重实践     │ │   重实践     │
└──────────────┘ └──────────────┘ └──────────────┘ └──────────────┘
```

图 2　新文科背景下高校劳动教育课程群

根据图 2，新文科背景下高校劳动教育课程体系应包括四类课程，它们共同构成一个课程群。一是通识教育必修课，该类课程以马克思主义劳动理论为引导，强化劳动伦理、劳动法律、劳动保障、劳动关系等方面的理论知识，帮助学生树立正确的劳动价值观；二是专业实践核心课，该类课程结合经济学、管理学、社会学、人类学、语言学、哲学等专业核心课程，将劳动教育理念、思想、行为潜移默化地贯穿于专业课程教学，从而在新文科相关专业的劳动教育活动中突出专业素养与规范；三是综合实践必修课，该课程以各专业综合模拟实训、军事训练、毕业实习为主，重在劳动理论知识的运用，使学生在实践中感受劳动的价值与意义，养成热爱劳动的良好习惯；四是劳动特色选修课，该类课程包括丰富多样的第二课堂活动、志愿者服务、创新创业活动、专业竞赛、职业生涯体验、勤工俭学活动、公益服务等内容，重在提升学生的劳动兴趣，强化学生的劳动能力与水平。

（三）高校劳动教育课程体系效果评价

劳动教育是马克思主义关于"教育与生产劳动结合"经典论述的重要体现，也是培养劳动者价值取向和技能水平的重要保证。劳动教育课程体系的建设与实施是高校劳动教育功能实现的重要环节，也是高校劳动教育成败的关键。高校劳动教育课程体系的效果评价是对劳动教育质量的监督、分析、评定,包含对劳动教育理念、师资队伍建设、教学模式与方法等方面的评价。

高校劳动教育课程体系评价有如下三个特征:一是重结果,即要求突出体现劳动教育课程在实现新时代人才需求目标方面的实际效果,通过学生自评、师生互评、学生互评等方式对劳动理论知识的掌握情况、劳动技能的提升情况进行全面评价。二是重过程,即要求重视过程管理与监控,以保障结果的有效性,对学生的出勤率、课堂活跃度、实践参与度等进行考评;从课程内容设计、教学模式运用、教学方法创新、教学资源准备等方面对教师进行评价。三是重层次,即要求课程评价主体具有多元性,应该包括课程管理者、课程讲授者、课程学习者以及教学督导。总之,完善的课程效果评价可以促进劳动教育课程体系建设,从而提升劳动教育的有效性。

结 语

新文科建设是顺应新时代发展需要而进行的对专业、学科、人才培养的全面调整与改革,事关国家的未来。加强高校劳动教育,是对马克思主义"教劳结合"重要思想的重申,是对国家"五育并举"教育方针的落实。把握高校劳动教育的内涵和特征,构建高校劳动教育课程体系,通过拓展教育平台、完善顶层设计、精心组织实现,充分发挥劳动教育在促进学生全面发展中的作用,对推进新文科建设具有重要的价值与意义。

作者简介:

董竞飞,男,1977年生,硕士,副教授。主要研究方向:组织行为、跨国公司管理。

新文科背景下北京冬奥精神与体育课程思政的融合发展

范金刚[1]　刘佳宝[2]　李红梅[1]

（1. 四川外国语大学　重庆　400031；
2. 重庆电力高等专科学校　重庆　400053）

摘　要：北京冬奥精神是奥林匹克精神的中国式呈现，它向全世界充分展示了中国精神面貌，是中国人民宝贵的精神动力和精神财富。本文将体育课程与思政教育有机结合，探究将北京冬奥精神融入高校体育课程思政的时代价值与发展路径，并通过生动的实践行为引导学生将冬奥精神融入学习和生活实践，促进学生全面发展。

关键词：冬奥精神；奥林匹克教育；课程思政；体育课程思政

2022年4月8日，习近平总书记在北京冬奥会、冬残奥会总结表彰大会上发表重要讲话，指出：伟大的事业孕育伟大的精神，以伟大的精神推进伟大的事业。北京冬奥会、冬残奥会广大参与者珍惜伟大时代赋予的机遇，在冬奥申办、筹办、举办的过程中，共同创造了胸怀大局、自信开放、迎难而上、追求卓越、共创未来的北京冬奥精神。北京冬奥会和冬残奥会的成功举办，向世界充分展示了中国智慧、中国力量和中国精神。① 上述论述为高校体育教师指明了方向,让他们清楚地认识到,北京冬奥精神已然成为当代高校体育课程思政的最佳素材。

生于盛世,当不负盛世,高校体育课程思政只有跟随时代发展,结合学生需求,才能助力学生全面发展,为社会主义建设贡献一分力量。基于此,将北京冬奥精神融入高校体育课程思政势在必行。

一、相关定义

(一)奥林匹克精神和北京冬奥精神

奥林匹克精神是皮埃尔·德·顾拜旦提出的奥林匹克运动的核心内容,它成为人们行动的精神指南,助力全世界人民健康和谐发展。其内涵主要包括以下几个方面:第一,奥林匹克精神强调人通过自我锻炼、自我参与而拥有健康的体魄、乐观的精神和对美好生活的热爱与追求。第二,奥林匹克精神是一种"更快、更强、更高"的自我挑战精神,同时也是公平、公正、平等、自由的体育竞技精神。第三,奥林匹克精神是相互理解、友谊、团结和公平竞争的精神,它是一种和谐、自由、健康、积极的现代伦理。第四,奥林匹克精神是一种人生哲学,它将身体和精神方面的各种品质均衡地结合起来,并使之得到提高。第五,奥林匹克精神强调"大众"参与,即使"地位最低下的公民"也应该能够"享受"这种精神。李一宁在《奥林匹克运动与奥运精神》中对奥林匹克精神做了详细阐述,并将其细分为六点:顽强拼搏、

---

① 习近平在北京冬奥会、冬残奥会总结表彰大会上的讲话[EB/OL].(2022–04–08)[2023–01–27]. http://www.news.cn/politics/leaders/2022–04/08/c_1128544078.htm.

重在参与、公平竞争、团结友爱、和平共处、以人为本。[1]

奥林匹克精神的内涵是丰富多样的，它涵盖了健康的生活态度、积极的人生态度、公平公正的竞争、团结协作的精神以及对人类文明的贡献等多个方面。

北京冬奥精神是奥林匹克精神的中国式呈现，它不仅仅体现了运动员的奋斗和拼搏，更展现了中国人民的团结、自信和创新精神。2022年4月8日，习近平总书记在北京冬奥会、冬残奥会总结表彰大会上对北京冬奥精神进行了详细解读：胸怀大局，就是心系祖国、志存高远，把筹办、举办北京冬奥会、冬残奥会作为"国之大者"，以为国争光为己任，以为国建功为光荣，勇于承担使命责任，为了祖国和人民团结一心、奋力拼搏。自信开放，就是雍容大度、开放包容，坚持中国特色社会主义道路自信、理论自信、制度自信、文化自信，以创造性转化、创新性发展传递深厚文化底蕴，以大道至简彰显悠久文明理念，以热情好客展现中国人民的真诚友善，以文明交流增进世界各国人民友谊。迎难而上，就是苦干实干、坚韧不拔，保持知重负重、直面挑战的昂扬斗志，百折不挠克服困难、战胜风险，为了胜利勇往直前。追求卓越，就是执着专注、一丝不苟，坚持最高标准、最严要求，精心规划设计，精心雕琢打磨，精心磨合演练，不断突破和创造奇迹。共创未来，就是协同联动、紧密携手，坚持"一起向未来"和"更团结"相互呼应，面朝中国发展未来，面向人类发展未来，向世界发出携手构建人类命运共同体的热情呼唤。[2] 可见，这种精神是我们在实现中华民族伟大复兴的道路上不可或缺的动力和财富。

---

[1] 李一宁. 奥林匹克运动与奥运精神［J］. 体育与科学，2008（1）：1-2.
[2] 习近平在北京冬奥会、冬残奥会总结表彰大会上的讲话［EB/OL］.（2022-04-08）［2023-01-27］. http://www.news.cn/politics/leaders/2022-04/08/c_1128544078.htm.

（二）体育课程思政

韩宪洲在《深化"课程思政"建设需要着力把握的几个关键问题》中指出，课程思政是指充分挖掘、发挥各门各类课程所承载的思想政治教育功能，以习近平新时代中国特色社会主义思想为指导，以习近平总书记关于教育的重要论述为根本遵循，以立德树人为根本举措，以培养人德智体美劳全面发展为目标的新时代教育理念和新时代教育改革发展的重要途径。课程思政为高校思想政治教育注入了新的活力，使得思想政治教育不再是单一的理论课程。[1]

2020年5月28日，教育部印发了关于课程思政的纲领性文件《高等学校课程思政建设指导纲要》[2]，提出"把思想政治教育贯穿人才培养体系，全面推进高校课程思政建设，发挥好每门课程的育人作用，提高高校人才培养质量"的新要求，旨在进一步推动各高校落实立德树人根本任务。

根据上述资料，我们可以总结出体育课程思政的定义。体育课程思政是指充分挖掘、发挥体育课程思政功能，将体育课程与思政教育有机结合，通过生动的实践行为引导学生将正确积极的精神融入生活实践中，助力学生全面发展，为社会主义事业发展而奋斗。

2016年12月，习近平总书记在全国高校思想政治工作会议上发表重要讲话，指出各门课都要守好一段渠、种好责任田，使

---

[1] 韩宪洲. 深化"课程思政"建设需要着力把握的几个关键问题［J］. 北京联合大学学报（人文社会科学版），2019，17（2）：1—6.

[2] 教育部关于印发《高等学校课程思政建设指导纲要》的通知［EB/OL］. (2020－06－01)［2023－01－27］. http://www.moe.cn/srcsite/A08/s7056/202006/t20200603_462437.html.

各类课程与思想政治理论课同向同行,形成协同效应。① 2018年9月,习近平总书记在全国教育大会上强调"要树立健康第一的教育理念,开齐开足体育课,帮助学生在体育锻炼中享受乐趣、增强体质、健全人格、锤炼意志"。② 上述论述说明了将体育课同思想政治理论课结合,推动全国高校思想政治工作开展的必要性,让我们明白体育课程不仅能帮助学生强健体魄,更重要的是能帮助学生坚定意志、形成健康人格。

二、将北京冬奥精神融入体育课程思政建设的时代价值

(一)榜样力量引导学生树立正确价值取向

价值观是一个人思想意识的核心。2014年5月4日,习近平总书记在《青年要自觉践行社会主义核心价值观》中提出:"青年的价值取向决定了未来整个社会的价值取向,而青年又处在价值观形成和确立的时期,抓好这一时期的价值观养成十分重要。"2016年12月7日,习近平总书记在全国高校思想政治工作会议上强调,用社会主义核心价值观教育学生,引导他们扣好人生的第一粒扣子,是高校思想政治工作的使命所在。习近平总书记提出的"扣扣子"理论生动形象地强调了青年价值取向的重要性。榜样人物对学生的影响是深远而重要的。他们为学生提供了可学习的目标和模仿的对象,激励学生向他们看齐,

---

① 习近平在全国高校思想政治工作会议上强调:把思想政治工作贯穿教育教学全过程 开创我国高等教育事业发展新局面[EB/OL]. (2022−04−08)[2023−01−27]. http://dangjian.people.com.cn/n1/2016/1209/c117092−28936962.html.

② 习近平在全国教育大会上强调坚持中国特色社会主义教育发展道路 培养德智体美劳全面发展的社会主义建设者和接班人[EB/OL]. (2018−09−11)[2023−01−27]. http://edu.people.com.cn/n1/2018/0911/c1053−30286253.htm.

以榜样的行为和品质来要求自己。因此，在体育课程思政建设的过程中，应借助榜样人物的力量，引导学生树立积极的价值取向。

2022年北京冬奥会的赛场上出现了许多榜样人物。例如，想向世界展示自己最好能力的谷爱凌，她不断挑战自我极限，获得金牌，向世界展示中国的风采、女性的力量；尽自己最大努力实现梦想的花样滑冰运动员羽生结弦，他不畏失败，挑战超高难度动作，虽然与金牌失之交臂，但他勇于挑战极限的精神赢得了世人的尊重；坚持梦想的苏翊鸣，从演员到运动员，这位年轻的奥运冠军用行动和成绩向大家证明了努力才是成功的底色。教师在体育课中，可引入上述榜样人物的故事和成就，让学生了解他们的奋斗历程和优秀品质，从而激发学生的学习热情和向上心，实现课程思政的建设目标。

（二）家国情怀激励学生实现人生价值

家国情怀是一种价值观念和情感归属，强调个人对家庭、家乡和国家的一种责任感和认同感。2022年北京冬奥会短道速滑男子1000米的决赛中，武大靖助力队友任子威夺得冠军，让中国队再添一枚金牌。赛后采访环节，武大靖说："只要冠军是中国的，你我没关系！"在男子自由式滑雪空中技巧决赛中，齐广璞获得冠军，在场边的奥运老将、"中国钢铁侠"贾宗洋满含热泪，当被问到"即使那个（夺冠的）人不是你也没关系？"时，他说："对，没有问题，只要是中国就可以。"上述运动员的言行感动了很多人，所体现出来的家国情怀激励了无数青年。习近平总书记指出：爱国，是人世间最深层、最持久的情感，是一个人立德之源、立功之本。可见，北京冬奥精神中所蕴含的家国情怀是进行体育课程思政教育的绝佳素材，将家国情怀融入课程思政的教学内容和方法中，有助于培养学生的综合素质和社会责任感，促进学生的全面发展。

(三)"四个自信"助力学生拓展国际视野

北京冬奥会的成功举办是中国特色社会主义道路自信、理论自信、制度自信、文化自信的现实性呈现与物质成果，彰显了中国的综合国力，也展示了中国对全球体育事业的贡献。

北京冬奥会作为一次国际性的体育盛会，可以成为课程思政的重要素材。在北京冬奥会开幕式上，"二十四节气"倒计时，冰雪雕刻的"中国门""中国窗"，焰火"迎客松"，充满中国春节气息的服饰等让世界人民感受到了中国文化的源远流长；歌曲《让世界充满爱》、"马兰花"合唱团的小朋友们用希腊语唱响的奥林匹克会歌，以阳光自信、热情开放的姿态展现了对世界和平友爱的理解与支持。在闭幕式上，歌曲《我和你》再现了2008年北京夏季奥运会的精彩瞬间，歌曲《送别》表达了期待再次相聚的心情，展现了中国从"同一个世界，同一个梦想"到"一起向未来"的坚定和有容乃大的胸怀。教师可将北京冬奥会的相关知识融入课程教学中，结合思政教育的内容，引导学生树立正确的世界观、人生观和价值观，拓展学生的国际视野。

三、将北京冬奥精神融入体育课程思政建设的路径

(一)以人文教育营造体育课程思政氛围

体育教育担负着发展人的身体的首要任务，但如果看不到体育教育包含的人文教育价值，片面追求体育教育对人的生物性改造，将导致学生的畸形发展。萨马兰奇精辟地论述了奥林匹克运动在促进人的全面发展中的教育作用。他说："体育运动应当有助于人文教育，它的实践者或组织者以此去培养运动员的品质。通过人文教育，鼓励他们为克服困难去斗争，而不是遇到挫折、

困难或者不称心就畏缩，培养他们的勇敢精神；通过人文教育使他们懂得自我控制和秩序性的重要，去培养他们的节制能力；通过要求他们具有集体责任感，待人磊落诚实，培养他们的正义感；通过教育他们客观地实现与他人比较来评价自己优点和品质，去培养他们的谦虚……"可见，在体育教学中融入人文教育，有助于培养学生的团队协作精神、集体荣誉感和社会责任感等，这些品质与思政教育所强调的社会主义核心价值观相契合。

北京冬奥精神中的人文情怀体现在多个方面，开幕式、闭幕式上的"中国式浪漫"，被称为"最美名片"的志愿者团队，运动员和礼仪人员身上"与国家山河撞个满怀"的国风服饰等，无不充满人文情怀。教师在组织体育课时，挖掘北京冬奥精神中的人文情怀，结合体育运动特点创新教学手段，多元化扩展北京冬奥精神的育人渠道，不仅能为体育课程思政注入新的活力，推动其实现可持续性发展，还可以营造良好的学习氛围，让学生实现身体和精神上的"内外兼修"。

（二）以命运共同体凝聚体育课程思政发展共识

2021年7月，国际奥委会第138次全会投票表决，同意在奥林匹克格言"更快、更高、更强"之后，加入"更团结"，这不仅使奥林匹克格言有了新的呈现形式，也融入了新的价值理念。新格言的提出体现了命运共同体价值观，也反映出人类共同的心愿。北京冬奥会和冬残奥会的口号"一起向未来"是人类命运共同体价值观下奥林匹克精神的中国解读，展现了中国面对"世界百年未有之大变局"挑战时的姿态。对学生而言，将北京冬奥精神融入体育课程思政，能够帮助学生消除偏见、开阔视野，以开放包容的态度客观理性地认识和理解世界。对学校而言，将"面向中国发展未来，面向人类发展未来"的北京冬奥精神融入体育课程思政，能够扩宽学校发展格局，响应社会主义核心价值观的要求，为社会培养具有国际视野的青年人才。

（三）以运动实践展现体育课程思政教学优势

运动实践是体育课程思政建设进程中思想政治教育素材与体育课程相互配合和支持的重要桥梁。将北京冬奥精神具体化地融入学生的体育学习与锻炼实践，促使学生自觉将体育实践活动与北京冬奥精神联系起来，在日常生活中感知冬奥精神、运用冬奥精神。在实现"立德树人"的课程思政目标方面，体育课具有比较明显的优势，体育课中包含了大量的实践和互动环节，这为思政教育提供了丰富的机会。在体育活动中，学生们需要合作、沟通、遵守规则，这些环节都可以融入思政教育，培养学生的团队协作精神、沟通能力、纪律意识等。在体育课中融入北京冬奥精神既满足了体育课程与教学的现实需要，也符合学生全面发展的需求；不仅能引导学生自觉运用体育精神激励自己，实现自我全面健康发展，也能帮助学校实现体育教学的目标。

（四）以"家国一体"促进体育课程思政高质量发展

"家国一体"的理念在中华文化中源远流长，它强调家庭与国家之间的紧密联系，以及个人对家庭和国家的责任与担当。在体育课程思政高质量发展中，我们应当充分运用这一理念，将个人成长与家庭、国家的繁荣发展紧密结合，引导学生树立正确的价值观和使命感。北京冬奥会的成功举办，是中国特色社会主义制度优越性的集中体现，向世界宣告我们正在以"家国一体"的价值理念阔步于中华民族伟大复兴大道上。教师可结合北京冬奥会这一举世瞩目的体育盛事，强化家国情怀教育，通过弘扬中华体育精神、融合思政元素以及创新教学方式方法等途径，更好地引导学生树立正确的世界观、人生观和价值观，培养学生的综合素质和社会责任感，培育"爱党、爱国、爱家、爱自己"的新时

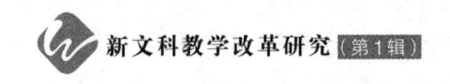

代学生，以推动人才培养的高质量发展。

结　语

新文科建设背景下，推动人才培养的高质量发展，是每一位教育工作者面临的首要任务。体育课程思政建设能够助推各高校实现高质量发展，提高各高校人才培养质量。北京冬奥精神是奥林匹克精神在中国文化语境下的具象化呈现，是进行课程思政教育的绝佳素材。习近平总书记为如何将北京冬奥精神融入学校体育课程思政建设指明了行动方向，强调按照立足中国、借鉴国外，挖掘历史、把握当代，关怀人类、面向未来的思路，着力构建中国特色哲学社会科学，在指导思想、学科体系、学术体系、话语体系等方面充分体现中国特色、中国风格、中国气派。简言之，学校体育课应充分发挥课程优势，创新开展课程思政教育，助力学生全面发展，为实现中华民族伟大复兴贡献力量。

作者简介：

范金刚，男，1988 年生，副教授，博士（在读）。研究方向：体育课程研究。

刘佳宝，女，1995 年生，硕士，助教。主要研究方向：体育教学与运动训练学。

李红梅，女，2002 年生，本科。主要研究方向：中国语言文学。

党的二十大精神融入课程思政的实践路径
——以"国际物流管理"课程为例[*]

何容瑶

(四川外国语大学国际工商管理学院 重庆 400031)

摘 要：课程思政是新时代加强和改进高校思想政治工作、加快完善高校思想政治工作体系的重要举措，是深入贯彻落实党的二十大精神，推进党的二十大精神入脑、入心、入行的有效渠道。当前有关"国际物流管理"课程思政的研究和实践十分有限，且存在实践手段生硬、效果考核不完善等突出问题。对此，本文结合党的二十大报告，阐述了将党的二十大精神与高校课程思政相结合的重要性，并探索了将党的二十大精神融入"国际物流管理"课程思政的具体路径。

关键词：党的二十大精神；课程思政；国际物流管理；实践路径

2020年10月，党的十九届五中全会通过《中共中央关于制

---

[*] 本文系四川外国语大学2022年教学教改研究项目"'大循环、双循环'新发展格局下'国际物流管理'课程思政教学设计研究"（项目号：JY2296243）的阶段性成果。

定国民经济和社会发展第十四个五年规划和二〇三五年远景目标的建议》，提出要加快构建以国内大循环为主体、国内国际双循环相互促进的新发展格局。2022年10月，党的二十大报告再次重申，高质量发展是全面建设社会主义现代化国家的首要任务。我们要坚持高水平对外开放，加快构建以国内大循环为主体、国内国际双循环相互促进的新发展格局，把实施扩大内需战略同深化供给侧结构性改革有机结合起来，增强国内大循环内生动力和可靠性，提升国际循环质量和水平，着力提高全要素生产率，提升产业链供应链韧性和安全性。

将党的二十大报告重申的"加快构建新发展格局，着力推动高质量发展"这一重要思想融入思政课程教学中，有助于青年学生了解新时代、新征程的使命和任务，形成助推国家永续发展的动能。思政教育的主要目标是培养建设型人才，将党的二十大精神有效融入课程思政，不仅能够让学生清楚了解国家对人才的素质要求，还能够强化对学生政治观、价值观的培养与建设，为促进国家综合国力有效提升奠定人才储备基础。

一、党的二十大精神与高校课程思政相结合的重要性

（一）丰富课程思政教学内容

中国共产党一直以来都非常重视人才的思想教育工作，且要求较为严格。思政课程是指思想政治教育理论课，具体是指高校运用马克思主义理论，教育指导青年学生形成正确的"三观"，提升其政治素养、法治意识和家国情怀的基础性课程。将党的二十大精神融入课程思政，可以积极推进思政课程内容的丰富和完善，能够增强思想引领，培养时代新人，为国家提供人才保障和智力支持。

（二）促进社会主义现代化人才培养

各个专业在党和国家的事业布局里都是不可或缺的。随着社会深入发展，国家对人才素质要求也有所改变，不仅要求人才具备一定的实践技能，也要求其具有较高的职业素养。党的二十大报告指出，我国要全面建成社会主义现代化强国，是一项伟大而艰巨的事业，前途光明，任重道远。将党的二十大精神融入课程思政，有助于培养建设型人才，强化学生政治观、价值观，从而深入贯彻实施科教兴国战略、人才强国战略、创新驱动发展战略，为促进国家实现综合国力有效提升奠定人才储备基础。

（三）帮助学生明确社会经济发展目标

党的十八大以来，我国经济建设取得巨大成就，成为世界第二大经济体、制造业第一大国。但我国人均国内生产总值仍未达到全球平均水平，远低于发达国家，在创新能力方面与发达国家仍有较大差距，一些关键核心技术还受制于人。将党的二十大精神融入课程思政，既能让学生认识到我国经济的快速发展得益于中国特色社会主义市场经济体制的建立，也能让学生明白当下和未来我国经济工作内容的重点和发展方向，激励学生为实现我国社会经济发展不断努力。

三、党的二十大精神融入"国际物流管理"课程思政的实践路径

美国心理学家、教育家杰罗姆·布鲁纳提出的"认知—发现"学习理论认为，任何学科知识都是具有结构的，学习是学生建构自己的知识体系的过程。学习者的认知结构主要由三部分内容组成，即感知类目、抽象概念和主观想象。学习就是对这些内容进行重新编排或体系重构，新的知识与原有认知相背离时，学

习者会对原有知识进行重新思考，以此促进原有认知与新知识之间的转化和顺应，确立新的认知结构。而发现学习是指在一定的学习情景下，根据教师授课内容和所提供的学习材料，学习者通过独立思考和自我探索后，自己去发现其中的知识、原理、概念并探究规律的一种学习方式。

"国际物流管理"是物流管理专业的必修课，是一门跨国、跨文化并具有全球化视野的综合管理课程。但目前大部分"国际物流管理"课程思政的课堂教学仍以教材为主要学习和讨论对象，课程思政相对薄弱。教师在课堂教学中亦会谈及时事，但与教学内容联系不大，针对性不强。下文将结合"认知—发现"学习理论讨论，将党的二十大精神融入"国际物流管理"课程的实践路径，探索"国际物流管理"课程知识与思政内容有机结合的最佳方法。

（一）深入学习党的二十大报告精神，高质量融入课程思政

课程思政必须坚持全局观念，既要对整体性问题进行全面把握，也要对具体性问题进行精细分析。因此，教师必须深入学习贯彻党的二十大精神，找出其中与国际物流管理相关的内容，将其与课堂知识有机结合，切忌生搬硬套和流于形式主义。教师在备课时需明确"党的二十大精神中的思政元素内容什么时候讲、怎么讲、讲哪些内容"的问题，在授课时将知识集中呈现给学生，合理运用各种教学方式引导学生将党的二十大精神内化于心，外化于行。

例如，党的二十大报告中提及如下内容，与国际物流管理息息相关：要推动战略性新兴产业融合集群发展，构建新一代信息技术、人工智能、生物技术、新能源、新材料、高端装备、绿色环保等一批新的增长引擎。要加快发展物联网，建设高效顺畅的流通体系，降低物流成本。教师可结合上述内容，为学生介绍科

技强国的重要性。在国际物流管理中,要想实现各环节之间的有序衔接,实现全链条的信息共享,缩短流程周期、提高物流效率,就必须以功能强大、信息传输和处理速度快的物流管理系统为支撑,而大数据、人工智能、物联网等高新技术的发展,为物流的国内国际双循环创造了有利条件。

(二)以课堂为抓手,高质量应用教学方法

课堂是开展思想政治教育的主要平台,也是课程思政建设的主阵地。为了将党的二十大精神与思政教学改革相结合,教师应创新教学手段和教学方法,丰富课程形态,让党的二十大精神在课堂中全面体现。教师应改变传统授课方式,可采用专题教学法,全面提高教学效率,使课程思政更加具有针对性。教师可选取党的二十大报告中与自己所授课程联系紧密的内容,分设为几大专题模块,开展课程思政。这样可以让学生深入了解党的二十大报告,提高思想觉悟。教师可引导学生观看与党的二十大相关的视频资料,通过情景构建丰富学生思政知识储备。教师还可以其他多种课堂手段辅助课程思政,如新闻讲解、角色扮演、课堂小游戏、案例教学、知识竞赛、辩论赛等,让学生对党的二十大报告的理解更加深入和透彻。

(三)党的二十大精神融入课程目标

党的二十大报告全面总结了我国在过去五年的工作和新时代十年的伟大变革。仔细阅读后可以发现,党的二十大报告中的许多内容并非第一次出现,如"国内大循环"与"国内国际双循环"在 2020 年中央财经委员会第七次会议上就已经提出。这些内容在党的二十大报告中被重申,说明它们是国家一直以来非常重视的发展方向,不仅对当下工作的开展具有指导意义,还会在未来的很长一段时间发挥指导作用。教师应将这些内容融入"国

际物流管理"课程的教学目标,甚至还可以将其写入教学大纲,在其指导下进行课程知识体系的动态化构建。

"国际物流管理"课程的教学目标是使学生在掌握国际物流管理中的基本理论、基本知识和基本技能的前提下,具备国际贸易背景下的物流运作管理和货代实践操作的能力,培养学生的综合物流管理素质。在党的二十大精神的指导下,该门课程的教学目标应不局限于此,而是力争将学生培养成了解社会主义市场经济体制、明确现代化产业体系结构、能够为区域经济协调发展和高水平对外开放做贡献的现代化建设人才。

(四)重设课程教学内容与考核评价标准

党的二十大报告体现了未来一段时期党和国家事业发展的目标任务和大政方针,指明了党和国家事业的前进方向。教师在教学与考核评价中应适当强调这些内容,如"高质量发展""高水平对外开放""区域协调发展"等,做到以社会主义核心价值观为基础,在价值传播中融聚知识。

从教学方面来说,教师应先明确党的二十大报告中与自己所授课程内容紧密联系之处,再以灵活、生动的形式将其呈现在教学内容中。

从考核评价方面来说,教师要设计具有价值导向的测试题,充分发挥测试内容的思政功能。在进行课堂即时评价时,如果发现学生的价值导向有偏差,要适时引导。考核评价应该分为三部分:第一部分是学生的平时作业,可在随堂测验或课后作业中加入与教学内容相联系的党的二十大报告精神。此外,还可要求学生结合党的二十大报告内容进行时事热点评析、文献综述等,培养学生分析实际问题的能力。第二部分是对实践活动的评价,如通过布置难易程度恰当的调查研究,鼓励学生围绕党的二十大报告的相关内容进行社会调查。第三部分则是文化课考试成绩的评定,教师可以在测试题中对党的二十大报告所提重要思想进行灵活体现。

(五)党的二十大精神融入课外实践

课外实践是学生应用理论知识的主要途径。在课外实践环节推进课程思政教学改革是深入贯彻"三全育人"理论的重要体现。党的二十大报告强调全面推进乡村振兴,坚持城乡融合发展,畅通城乡要素流动,统筹乡村基础设施和公共服务布局。上述理想的实现离不开城乡物流畅通,而要实现城乡物流畅通,首先需要完善城乡物流网,建立城乡高效配送体系,实现工业品下乡、农产品进城的双向畅通。物流基础设施是城乡高效配送体系的发展基础,熟悉其构成及使用方法可以帮助学生建立对城乡物流网的基本认知。教师可以利用实践周和寒、暑假,带领学生熟悉周边的乡村物流基础设施,加强了解。教师还可通过校企合作,与物流公司一起建立实习基地,为学生搭建课外实践平台。

课外实践不仅能辅助日常教学,还可以激发学生的创新创业意识和科学研究意识。将党的二十大报告中的重要思想与"国际物流管理"课程中的相关知识,如国际国内经营模式和数据等结合在一起,可以帮助学生提高科研能力,提供创新创业的新思路。

结 语

课程思政是旨在实现大学生的能力素质与思想道德素质双提升的系统性工程,推动课程思政提质增效,是为党育人、为国育才的应然之策。党的二十大将党治国理政的实践经验凝练与升华为具有指导意义的新思想、新理论、新观点、新策略,既引领着课程思政的教育理念和实践方向,又丰富了课程思政的思政元素与思政内容。

国际物流管理是国内物流管理的国际化延伸和拓展,是跨国界的、流通范围扩大的物的流通，其本质是利用国际化的物流网络、物流设施和物流技术，服务国际贸易和跨国经营，以促进区域经济的发展和世界资源的优化配置。国际物流管理的核心思想与党的二十大报告中重申的新发展格局建设完全契合。在学校开设的"国际物流管理"课程中，教师应该以党的二十大精神为指导，思考如何将国内物流大循环、国内物流与国际物流双循环这一理念贯彻于教学，尽力完成"立德树人"这一根本任务。

作者简介：

何容瑶，女，1987年生，博士，副教授。主要研究方向：国际物流管理。

红岩精神融入课程思政的价值、现状及路径*

申艳婷 刘丽群 张奉

(四川外国语大学马克思主义学院 重庆 400031)

摘 要：红岩精神是中国共产党人精神谱系的重要内容，是中华民族宝贵的精神财富。将红岩精神融入课程思政，不仅有利于传承红岩精神，而且有助于增强育人效果，坚定文化自信。调研发现，在融入课程思政过程中，学生对红岩精神的理解与掌握，部分教师对红岩精神的融入路径、融入点、融入方式等存在疑惑。本文从夯实理论知识、推进实践教学等方面入手，探讨红岩精神融入课程思政的价值、现状及路径，助力培养时代新人。

关键词：红岩精神；课程思政；价值；现状；路径

党的十八大以来，习近平总书记多次强调历史是最好的教科书，最好的老师，最好的清醒剂。要坚持发展中国特色社会主义，必须继续推进党史学习，传承党在长期革命中形成的革命精神。红岩精神是中国革命精神万花丛中的一束，是抗日战争和解放战争初期中国共产党人在革命实践中锤炼、培育和形成的崇高

---

* 本文系重庆市高等教育学会 2021—2022 年度高等教育科学研究课题"红岩精神融入高校课程思政路径研究"（项目号：CQGJ21B064）的阶段性成果。

革命精神。将红岩精神融入课程思政，能够丰富课程思政的教学资源，帮助学生把握正确的发展方向，引导学生形成正确的价值观。

一、红岩精神融入课程思政的价值

将红岩精神融入高校课程思政，有助于促进新时代大学生在传承、传播红岩精神的过程中加强对党史国史的了解和认知，形成正确的价值观，坚定理想信念，塑造内在精神，进而成长为堪当民族复兴大任的时代新人。

（一）有利于增强育人效果，实现民族复兴

马克思说过"理论一经群众掌握，就会变成物质力量"[1]。将红岩精神融入课程思政，有利于增强育人效果，实现民族复兴。一方面，有利于增强新时代中华民族的凝聚力。红岩精神的内容非常丰富，概括起来就是：爱国、团结、奋斗、奉献。其本质是爱国主义，将红岩精神融入课堂，能激发学生形成民族凝聚力、向心力。另一方面，有利于引导学生坚定理想信念。"中华民族伟大复兴，绝不是轻轻松松、敲锣打鼓就能实现的。"[2] 完成民族复兴大任是一项艰巨的任务，要经历漫长的过程，我们必须要有坚定的理想信念。用红岩精神对大学生进行理想信念教育，有利于他们坚定信心，推动中华民族伟大复兴。

（二）有利于传承红岩精神，培育社会主义核心价值观

革命先烈在将马克思主义同中国革命具体实际相结合的过程

---

[1] 马克思恩格斯选集（第1卷）[M]. 北京：人民出版社，2012：9.

[2] 习近平. 决胜全面建成小康社会 夺取新时代中国特色社会主义伟大胜利——在中国共产党第十九次全国代表大会上的报告 [N]. 人民日报，2017-10-28（001）.

中，凝结了蕴含着团结奋进、无私奉献、勇于牺牲等精神气质的红岩精神。正如习近平总书记所强调的①，坚持和发扬代表着党的光荣传统和优良作风的红岩精神，能够为培育和践行社会主义核心价值观提供丰厚营养。红岩精神蕴含着爱国、团结、奋斗、奉献等精神理念，与社会主义核心价值观具有内在一致性，是培育和践行社会主义核心价值观的重要精神资源。一方面，红岩精神为培育和践行社会主义核心价值观提供了生动载体。重庆作为红岩精神的发源地，拥有丰富的红岩旅游资源，如渣滓洞、白公馆、红岩革命纪念馆等；众多家喻户晓的文艺作品，如小说《红岩》、歌剧《江姐》等，也以重庆为背景。上述与红岩精神相关的景点及文艺作品，都是传播红岩精神的重要载体，为培育社会主义核心价值观提供大量的素材。另一方面，红岩精神为培育和践行社会主义核心价值观提供了榜样示范。培育和实践社会主义核心价值观是一项极端复杂和艰巨的系统工程，需要发挥榜样作用。红岩精神蕴含着革命先烈们的无私奉献和担当精神，他们为了民族独立和人民幸福，舍生忘死、勇往直前，坚定执行中央路线、方针、政策，努力维护统一战线，为争取民族独立和人民解放不懈奋斗。通过学习红岩精神，学生可以不断提升自己的思想境界和道德水平，在榜样的引领下践行社会主义核心价值观。

（三）有利于坚定文化自信，培养时代新人

习近平总书记在党的二十大报告中指出要"发展社会主义先进文化，弘扬革命文化，传承中华优秀传统文化……不断提升国家文化软实力和中华文化影响力"②。红岩精神与延安精神、井

---

① 潘洵，刘志平. 红岩精神［M］. 北京：中国党史出版社，2018：6.

② 习近平. 高举中国特色社会主义伟大旗帜 为全面建设社会主义现代化国家而团结奋斗——在中国共产党第二十次全国代表大会上的报告［N］. 人民日报，2022－10－26（001）.

冈山精神、红船精神等一起，汇聚成中国精神的洪流，成为中国又好又快发展的"内驱力"和"软实力"，对凝聚全党全社会的价值共识具有重要意义，其所蕴含的优秀文化是当代大学生树立文化自信的珍贵养分。将红岩精神融入课程思政，让学生从中汲取正能量，可以让学生坚定文化自信，成为有理想、有本领、有担当的时代新人。

二、红岩精神融入课程思政现状

红岩精神是革命精神在抗日战争和解放战争时期的重要体现，是中华民族宝贵的精神财富，是对新时代大学生进行革命传统教育的重要内容。为深入了解红岩精神融入课程思政的现状，2021年10月，笔者进行了"红岩精神融入高校课程思政路径"实证调研。调研对象有在校本科生、研究生，高校思政课、专业课教师以及行政人员。调研采用问卷和访谈相结合的方法，旨在从整体上把握红岩精神融入课程思政的现实状况，以此为参考，强化举措、加大力度，不断提高红岩精神融入课程思政的实际效果。

（一）学生对红岩精神相关知识掌握不够

调研结果显示，当代大学生普遍认可红岩精神的重要价值，认为其功能、内涵对自己价值观的形成有着重要的导向作用，愿意传承和传播红岩精神。然而，学生对红岩精神的认识不够深入，对红岩精神相关知识的掌握还有待加强。例如，关于"红岩精神起源于哪个城市？"这一问题，75.11%的学生都能选出正确的答案，但还有约四分之一的学生回答错误，认为红岩精神起源于成都、延安等；关于"红岩精神何时产生？"这一问题，只有47.56%学生回答正确，超过半数的大学生对红岩精神形成的时间认知错误；关于"下面哪些人物与红岩精神有关？"这一问题，也有相当一部分学生回答错误。对于上述问题，教师需要通过开展多方面、多层次的知识传授，努力提高教学效果。

（二）部分教师对红岩精神融入课程思政的路径存疑

在访谈中，部分教师指出，红岩精神蕴含着丰富的思政教学资源，但关于如何结合课程特点和内容融入红岩精神，他们仍感到困惑。一方面，他们专注于专业知识的教学，对红岩精神的关注和了解不够，没有对红岩精神进行深入挖掘和细化，缺乏在教学过程中融入红岩精神的敏感度。另一方面，部分课程如英语听力、英语口语等的授课教师由于找不到合适的融入点，不知道该以什么形式导入红岩精神，在将红岩精神融入课程思政的过程中生搬硬套，导致教学效果不佳。

（三）红岩精神融入课程思政的方式有待创新

根据调研结果，当前红岩精神融入课程思政的方式较为单一，创新性有待提高。一方面，课堂教学活动形式单一，部分教师仍采取传统的灌输式教学方式，问题探究意识不足，未能有效传播红岩精神蕴含的价值。另一方面，与思政教育结合的课外实践较少且形式不丰富，教师未能充分利用实践基地、网络媒体等在思政教育中的作用。因此，红岩精神融入课程思政的方式还有待发展。

三、红岩精神融入课程思政的途径

红岩精神具有丰富的内涵，历久弥新。在推进红岩精神融入课程思政的过程中，要从夯实理论基础、发挥教师主观能动性、与实践教学相结合等方面入手，促进红岩精神的传承和传播。

（一）夯实理论基础

红岩精神融入课程思政，首要的是夯实学生的理论基础，让其对红岩精神有较为深刻的理解。

1. 将红岩精神融入教材

教材是教学的主要内容，教材内容设置科学、编排结构合理，将有利于教学质量的提高，促进教学目标的实现。要提高课程思政的育人效果，传承和弘扬红岩精神，有一项重要任务必须完成，那就是将红岩精神融入教材，为课堂教学奠定基础。高校要充分挖掘、搜集资源，合理安排教材内容，借助红岩精神丰富的内容提高学生的学习兴趣。在编写教材时，要注重创新，结合时代要求，更好地发挥红岩精神的育人价值。同时，要注重结合各专业特色，寻找各专业与红岩精神的共通点，做到内容广度与深度的延展。以西南大学为例，该校结合学生发展的特点，编写了《红岩精神大学生读本》，帮助师生更全面、更系统地学习红岩精神。

2. 汇聚资源、建设红岩精神育人资源库

高校可以借助互联网的优势，打通媒介之间的边界，发挥媒介共通共融的作用，汇聚资源，建设红岩精神育人资源库，使自身成为红岩精神传承与创新的教育基地和辐射点。首先，高校应鼓励并指导学生团队开展红岩精神主题研究，让学生了解红岩历史，感受红岩精神的丰富内容，领会红岩精神对世界观、人生观、价值观的塑造，对个人发展乃至对社会、对国家发展的重要性。可以收集、整理红岩精神相关资料，再对其做进一步研究，通过不断的研究、积累，形成具有本校特色的红岩资源，为本校研究红岩精神奠定基础。其次，高校应与当地研究单位保持交流，开展合作，不断丰富红岩精神育人资源库。一方面，通过交流合作可以促进课程互建，推动红岩精神的传播；另一方面，积

极与当地研究单位开展交流合作，能够依托各自的优势实现理论研究、宣传推广、应用研究、创新发展等方面的突破，进而实现资源共享。

（二）发挥教师主观能动性

教师要用好课堂教学这一主阵地，将红岩精神贯穿于课堂教学的全过程，努力将红岩精神融入学生的思想深处。

1. 教师认同并传承发扬红岩精神

习近平总书记指出，高校教师要坚持教育者先受教育。① 教师要传道、授业、解惑，自身必须明道、信道。教师应该先接受红岩精神教育，认可红岩精神的价值，再将其传达给学生，让学生明白红岩精神对国家发展和自身成长的重要性，主动接受并内化红岩精神，形成对红岩精神的文化认同，并增强文化自信。习近平总书记还强调，要引导教师以德立身，以德立学，以德施教，以德育德。② 教师不仅要"言传"红岩精神，还要身体力行，把红岩精神融入自身的政治品质、思想立场和处事方式中，以自己的行动做学生的榜样。

2. 教师之间针对红岩精神融入进行交流合作

在课程思政融入课堂教学的过程中，教师要注重整合专业知识与思政内容，实现价值塑造、知识传授与能力培养三维育人目标的融合，构建全员育人、全过程育人、全方位育人的格局。由于长期致力自身专业领域的研究和工作，大部分教师开展思想政治教育的能力有待提高。在探索如何将红岩精神融入课程的过程中，教师之间要多开展交流合作。首先，教师之间要加强沟通，

---

① 习近平. 习近平在全国高校思想政治工作会议上的讲话[N]. 人民日报, 2016-12-09（001）.

② 田甜, 程华东. 提升高校教师师德修养的路径探析[J]. 中国高等教育, 2022（C1）：37-39.

一起学习红岩精神，探讨其与自身讲授课程的契合点。其次，教师之间可以互相听课，互帮互助，找到红岩精神融入自身讲授课程的切入点。最后，教师之间要开展跨学科合作。借助学科之间的可融合性，提高挖掘红岩精神的能力。

3. 教师创新教学方式方法，打造红岩优质课堂

将红岩精神融入课程思政教学，要改变以往以单一枯燥的讲授为主的教学法，提高教学实效，在具体的教学方式上进行创新。首先，教师可运用案例教学法，引导学生从案例出发，寻找并解决问题。此种教学方法，相较于传统讲授，更能激发学生参与课堂的积极性。其次，可运用讨论教学法。当代大学生有着较强烈的自我意识，勇于表达自身看法，教师可利用这一特性，通过讨论的方式吸引学生参与到课堂中。例如，教师可围绕红岩精神"对党忠诚"这一特点，让学生预习红岩故事，在课堂上介绍主要内容，分享读后感。最后，教师还可运用表演教学法，让学生尝试在课堂上分角色表演红岩故事，从时空上尽量拉近红岩精神同大学生之间的距离，帮助学生理解当时共产党人坚定的理想信念。

（三）与实践教学相结合

将红岩精神融入课程思政，可以帮助学生在短时间内系统全面地了解相关内容，但若脱离具体情境，则容易产生空洞说教之感。因此，高校除了要将红岩精神融入课堂教学，也要注重第二课堂的发展。

1. 将红岩精神融入校园文化建设

校园文化是塑造学生人生观、世界观、价值观的重要载体，将红岩精神融入校园文化，营造适宜的氛围，可以起到润物细无声的效果。高校不仅要注重校园物质设施方面的建设，还要注重精神方面的建设，充分利用校园广场、图书馆等场所进行宣传。

例如，可在学校文化墙上绘制红岩精神的相关内容，在教学区、生活区通过摆放宣传手册、挂标语等方式宣传红岩精神，使学生潜移默化地受到红岩精神教育。其次，可创设以红岩精神为主题的活动，如演讲比赛、红色经典歌曲传唱、红岩故事讲述等，充分展示红岩精神的内涵，增强红岩精神的感染力。

2. 组建学生社团，研究红岩精神

为增强红岩精神的育人效果，高校应充分动员学生社团，将红岩精神融入社团活动，引导学生主动了解红岩精神，为传承和传播红岩精神贡献力量。高校应积极动员从事红岩精神相关研究的教师组织学生成立社团，在丰富课余生活的同时，加深学生对红岩精神的了解。当代大学生创造力和创新性较强，通过一系列内容丰富、形式新颖的社团活动宣传红岩精神，能最大限度发挥其教育价值。

3. 组织学生参观红岩景点，感悟红岩精神

为增强学生对红岩精神的认同感，加深学生对红岩精神的理解，高校应充分利用身边的红岩资源，积极组织学生到红岩魂陈列馆、渣滓洞、白公馆、红岩村等景点进行学习和参观，重温红岩历史，感悟红岩精神，提升精神境界，筑牢爱国根基和爱党情怀；还可以组织学生在景点开展相应志愿服务活动，如"红岩故事讲解员"志愿者活动，体悟和传承红岩精神。如此既有助于引导学生充分了解红岩历史，又有助于将理论知识付诸实践。

结　语

红岩精神是中国共产党光荣革命历程的重要缩影，是中华民族宝贵的精神财富。红岩精神蕴含丰富课程思政的育人资源，将其融入课程思政，有助于增强育人效果，坚定文化自信。教师要结合实际情况，积极解决融入过程中出现的问题，进一步夯实理论基础，加强课堂建设，丰富第二课堂，推动红岩精神融入课程

思政，赓续中华民族的精神血脉，培育担当时代大任的新人。

作者简介：

申艳婷，女，1972年生，硕士，教授。主要研究方向：思想政治教育。

刘丽群，女，1993年生，硕士。主要研究方向：思想政治教育。

张奉，女，1998年生，硕士。主要研究方向：思想政治教育。

新文科背景下比较文学专业研究生课程实践教学新探

——以"莎士比亚专题研究"课程为例[*]

胡 鹏

(四川外国语大学莎士比亚研究所 重庆 400031)

摘 要：近年来，为响应新文科建设的号召，各高校展开了积极的探索和实践。比较文学专业由于其学科属性，与新文科有着密切的联系。本文拟以四川外国语大学比较文学专业研究生课程"莎士比亚专题研究"为例，展示该课程的教学理念和教学方法、教学效果，指出该课程的跨学科属性为提升学生的科研能力所发挥的积极作用。

关键词：新文科；比较文学专业；莎士比亚专题研究；实践教学

2019年，教育部、科技部等13个部门正式联合启动"六卓越－拔尖"计划2.0，全面推进新文科等建设。2020年11月，由教育部新文科建设工作组主办的新文科建设工作会议在山东大

---

[*] 本文系2022年四川外国语大学研究生教育教学改革研究项目"新文科背景下比较文学专业研究生科研创新能力培养实践与探索"(项目号：yjsjg202221)的阶段性成果。

学召开。会议研究了新时代中国高等文科教育创新发展举措，发布了《新文科建设宣言》，对新文科建设做出了全面部署，指出文科教育融合发展需要新文科。新科技和产业革命浪潮奔涌而至，社会问题日益综合化、复杂化，应对新变化、解决复杂问题亟须跨学科专业的知识整合，推动融合发展是新文科建设的必然选择。进一步打破学科专业壁垒，推动文科专业之间深度融通、文科与理工农医交叉融合，融入现代信息技术，赋能文科教育，实现自我的革故鼎新，新文科建设势在必行。而《国家中长期教育改革和发展规划纲要（2010－2020）》中把坚持以人为本、全面实施素质教育作为教育改革发展的战略主体，要求把教育资源配置和学校工作的重点集中到强化教学环节、提高教学质量上来，要求高等教育要"支持学生参与科学研究，强化实践教学环节"。实践教学环节的重要性日趋明显，必须引起高度重视。在新文科建设背景下，实践教学已经成为重要的教学改革项目。本文拟以四川外国语大学比较文学专业研究生课程"莎士比亚专题研究"为例，展示如何在专业课程中进行新文科建设。

"莎士比亚专题研究"是笔者为比较文学专业硕士研究生开设的一门选修课。该课程以莎士比亚作品为主要对象，集中于几个经典文本，以精读和讨论的方式，深入研习莎士比亚作品的丰富内涵。该课程旨在引导学生建构一种跨学科的比较研究视野。实际上，这门课涉及政治学、宗教学、法学、经济学、天文学、数学、物理学、医学、教育学等领域，可以说是一个由很多可以展开和生发的小专题所构成的大专题。由于篇幅所限，本文仅围绕"莎士比亚与法律"这一专题（以下简称"本专题"）进行展示。

一、课前预习与准备：剧本阅读与相关知识掌握

针对研究生自主学习时间较多的特点，笔者通过布置预习作

业让学生阅读指定剧本，初步了解本专题内容，大致了解法律与文学的相互关联。本专题所指定的剧本是《威尼斯商人》，参考文献是冯伟的《夏洛克的困惑：莎士比亚与早期现代英国法律思想研究》（北京大学出版社，2017年版）。学生在预习时，需从作家生平入手，思考文学与法律的关系，并感受剧本中所透露出的法律至上的观念，为课堂学习做好准备。

二、课中的讨论与分析：法律与文学的互动

在课堂上，笔者针对专题内容组织学生开展讨论，分析法律与文学的关系。首先为学生补充介绍相关研究现状。早在20世纪40年代开始，就有一类研究属于"文学中的法律"范畴，且获得了一些成果。该类研究旨在揭示莎士比亚戏剧对都铎王朝和斯图亚特王朝时期英国法律文化的再现和重塑，同时论证早期现代英国法律思想对普通大众生活各方面的影响，研究对象为该时期的契约法、婚姻法、民事纠纷等。有一类研究属于"作为文学的法律"范畴，这类研究着力于探索法庭与剧场在仪式色彩和文本性上的共同点，同时关注早期现代英国语境下法律与戏剧之间的互动关系。还有一类研究则是从法学立场解读莎士比亚，研究者多为专业律师或法官，他们从各自的专业出发，借助文学文本中对法律的深刻表现反思当下西方法治的种种法理问题。最后一类研究则从政治学、伦理学、哲学等与法律有着亲缘关系的学科出发，解读莎士比亚。

接着，笔者从《威尼斯商人》剧本中的细节出发，为学生展示该剧与英国法律思想发展之间的互动。以冯伟的系列论文为例，指出如下结论：繁荣的海外贸易促生了威尼斯较为完善的现代民法和商法体系，然而就其本质而言，《威尼斯商人》中的法律体系充其量只是一种经济政策，而不是基于个体权利和平等原则的现代法律体系。一方面，威尼斯社会赋予法律以公平、程

序、权利保护等"现代法的精神";另一方面,法律只是夏洛克或鲍西娅手中实现"血亲复仇"的工具,无法真正起到保障个体权益、调解纠纷的作用。①

接着,笔者从法理学的角度入手,着力分析该剧中贯穿始终的两种迥乎不同的法律视角:一种是法律的内在视角,它视法律为白纸黑字的封闭系统;另一种是法律的外在视角,它将法律看成是某种政策性的工具。《威尼斯商人》在恪守"守法主义"精神的同时,也见证了莎士比亚对法律合法性的深入思考,上述两种法律视角的共存与杂糅是导致威尼斯法律陷入困境的重要原因之一。

最后,笔者援引大法官理查德·波斯纳在剧中的审理判词,逐一阐明了各种法律问题。如夏洛克控诉审判不符合规范是不成立的;鲍西娅冒名顶替的行为虽不值得提倡,却不会影响诉讼,因此是无伤大雅的错误。而夏洛克真正的合同人是巴萨尼奥,只有当巴萨尼奥拒绝还款时,夏洛克才有权利要求执行担保条款。

通过对研究现状的补充、文本的细读以及不同立场的观点分析,学生学会了如何从法律这一角度切入某个文本,进行具体的阅读与研究,明晰了法律与文学的互动关系。

三、课后总结:跨学科视角带来的创新

上文以一个专题为例,展示了"莎士比亚专题研究"的跨学科属性,这门课程的设置理念响应了2020年国务院学位委员会第七届学科评议组所编的《学术学位研究生核心课程指南(一)(试行)》(以下简称"《指南》")中提出的"中国语言文学一级学

---

① 参见冯伟.《威尼斯商人》与文艺复兴时期的契约思想[J]. 英美文学研究论丛,2011(2):108-118;冯伟,徐艳辉.《威尼斯商人》中的法律双重视角[J]. 解放军外国语学院学报,2014(3):128-133;冯伟.《威尼斯商人》中的法律与权利哲学[J]. 国外文学,2013(1):125-132.

科研究生核心课程指南"。在以中国语言文学研究的前沿与热点为教学内容的课程里，比较文学与世界文学专业相关课程的跨学科属性相对突出，极大地拓宽了学生视野。

"莎士比亚专题研究"课程自2020年开设以来，教学效果良好，选修人数和范围逐渐增加，从比较文学专业选修课成为各学院、各专业（如英语文学、新闻学、中国现当代文学、日语、德语、国际商务等）通选的课程。受本课程影响，比较文学专业有大量学生以跨学科为题撰写毕业论文，如《保罗·奥斯特〈幻影书〉叙述中的电影元素》《混沌理论视域下的〈诺斯特罗莫〉研究》《天文学视域下的〈浮士德博士的悲剧〉研究》等，其中由笔者指导的硕士毕业论文《天文学视域下的〈浮士德博士的悲剧〉研究》还被评为当年四川外国语大学校级优秀毕业论文。

本课程的出发点是国际性、跨学科性、前沿性和理论性，这正是比较文学专业与新文科的契合之处。"新文科"本质上是一种方法论和学科建设问题，其目标在于支撑构建中国特色哲学社会科学的国家战略；完成人才培养、立德树人的重要任务，关系到高等教育改革发展的方向。

由于笔者的专业限制，本课程涉及的一些跨学科内容还需要进一步打磨。在接下来的教学工作中，笔者拟采取以下措施，进一步充实课程内容。首先，积极寻求跨学科合作，实现教学资源院际、校际共享。其次，鼓励学生采用新研究范式进行研究，培养学生的原创性和创新能力。再次，针对不同专业的学生，有目的地引导其进行与自身专业相关的研究，如鼓励金融学专业的学生开展经济与文学研究，法律专业的学生开展法律与文学研究，等等，提升学生的学术创新能力。

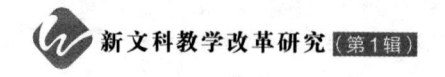

作者简介：

　　胡鹏，男，1983年生，博士，教授。主要研究方向：莎士比亚文学、比较文学。

新文科视域下高校课程思政与思政课程协同育人建设

胡义强　肖　洋

（四川外国语大学党委宣传部、校地合作处　重庆　400031）

摘　要：新文科视域下，高校课程思政与思政课程协同育人建设应当直面当前存在的问题和不足，通过构建协同育人的大思政格局，构建价值塑造、知识传授与能力培养一体推进的协同育人体系，并从领导统筹、课堂教学、沟通协调、考核激励等方面，着力构建课程思政与思政课程协同育人运行机制。

关键词：课程思政；思政课程；协同育人

党的二十大报告指出"育人的根本在于立德。全面贯彻党的教育方针，落实立德树人根本任务，培养德智体美劳全面发展的社会主义建设者和接班人"[①]。这为高校实现课程思政与思政课程协同育人指明了方向，即要坚持把立德树人作为根本任务，把思想政治工作贯穿教育教学全过程，使德育与智育相统一，使各类课程与思想政治理论课同向同行，推动实现全员全程全方位

---

① 习近平. 高举中国特色社会主义伟大旗帜　为全面建设社会主义现代化国家而团结奋斗：在中国共产党第二十次全国代表大会上的报告［M］. 北京：人民出版社，2022：34.

育人。

  培养什么人、怎样培养人、为谁培养人——面对这一时代之问、教育之问，近年来国家鲜明地把立德树人作为中心环节，持续推进教育改革发展。作为落实立德树人根本任务的重大举措，高校课程思政与思政课程协同育人工作，在新文科改革的浪潮下，迎来了新的机遇与挑战。当前，高校文科的教学内容、培养环节、培养平台发生深刻变化，但有些单位课程思政与思政课程协同不够、思路不清、举措不实等问题还比较突出，比如专业课和思政课"各自为战"，专业课教师习惯于在课程思政方面跟着感觉走，没有深挖思政元素，实践中时常出现同一课程体系内的不同课程之间频繁使用相同或类似思政元素的现象，课程体系间缺乏统筹，等等。要以新文科建设发展理念为指引，充分发挥文科教育知识性与价值性相统一的特点，真正实现和强化课程思政与思政课程协同建设，培养担当民族复兴大任的时代新人。

一、构建课程思政与思政课程协同育人的大思政格局

  新文科是以服务国家战略需求为导向，以新的教育教学理念为指引，以守正创新为主要特色，以学科交叉融合、现代信息技术深度融合、校企合作协同育人和课程国际化为主要途径，体现新时代文科建设理念的人才培养范式。文科类专业学习本身就具有学科交叉性，要做好课程思政和思政课程的协同，需在形成协同育人观、明确价值引领责任、构建协同育人共同体等方面精耕细作。

（一）形成协同育人观

  协同育人观，是贯彻全员育人、全程育人、全方位育人的宗旨，把立德树人作为教育的根本任务的一种综合教育理念。课程思政与思政课程的协同，首要的是相关人员思想上的协同。如果

没有统一的协同育人观,课程思政与思政课程协同就失去了思想基础,实现协同也无从谈起。目前不少任课教师课程思政观念不足、协同育人意识淡薄的问题还比较突出,有的人甚至认为讲思政是政工教师的事。这就必须按照习近平总书记的指示,要求任课教师统一思想,以立德树人为共同目标,统一育人观,以人才培养一定是育人和育才相统一的过程为共识,强化协同意识,把协同育人观牢固树立起来。

（二）明确价值引领责任

立德树人是课程思政和思政课程的共同任务,两者存在共同的价值引领和内在动力。所有课程都有育人功能,所有教师都肩负价值引领职责,但有所侧重。思政课是落实立德树人根本任务的关键课程,立德重在通过思政课程的引导来体现,引导学生树立正确的世界观、人生观、价值观,理解党的基本理论、基本路线、基本方略,让学生能够分辨是非,能够用科学理论分析和解答社会发展中的现实问题,知其然更知其所以然;树人则重在通过课程思政的教育教学来体现,运用课程所蕴含的思政育人功能培养造就人才。虽有所侧重,但思政课程和课程思政没有截然分割,因为立德与树人是统一的。为担当价值引领责任,目前着重要解决思政教育和课程教学脱节,通识课、专业课教师德育能力和政治意识薄弱等问题。

（三）构建协同育人共同体

课程思政与思政课程协同是一项为党育人、为国育才的系统工程,不是简单的、由任课教师完成的任务,而是领导机关、教研室、教师、学生等多主体同向同行、通力合作的系统工程。从纵向上说,相关部门应层层激发动力,形成目标共识、价值共识;从横向上说,多部门应协同配合、互相支持、资源共享、平台共建，打造人人、时时、处处育人的共同体。思政课教师是协同育人共同体中的重要力量，应在育人目标一致性的引领下，为同向同行大思政格局的形成发挥主力军作用。

二、构建价值塑造、知识传授与能力培养一体推进的协同育人体系

（一）优化课程设置，形成与思政课程相协同的课程思政体系

在新文科背景下开展课程思政，就是专业课程要在完成知识传授、能力培养的同时引导价值塑造，践行"三全育人"理念。课程设置是课程思政建设的重要环节。课程设置应以课程思政为目标，符合立德树人要求，紧紧围绕思政育人同心圆，设置合理的课程结构和课程内容。课程思政不是要改变专业课程本身属性，而是在专业知识学习中融入理想信念层面的精神指引，将专业课程作为立德树人的有效教学载体，充分发挥其德育功能。这就要求课程设置既合乎课程本身的内在规定性，又合乎思政育人的内在规律性，遵循思想政治教育规律、教书育人规律、学生成长规律，实现三者的高度统一。合理的课程结构，包括开设的课程合理、课程开设的先后顺序合理、各课程之间的衔接合理，使学生通过学习与训练，获得某一专业的知识与能力，并提高思想政治素养。要设置合理的课程内容，使课程的内容安排既符合知识论的规律，能够反映学科的主要知识、主要方法论及时代发展的要求与前沿，又体现立德树人、为党育人的导向，与社会主义核心价值要求一致。课程内容是课程目标的具体化与现实化。而课程思政视域下的课程目标必定体现思政育人要求和国家主流价值观点、主流意识形态的政治要求。课程内容的设置，要在遵循规律的基础上，聚焦学生思政素养需要，尽量多设置一些既利于

学生潜心钻研，又利于学生思想武装的价值引领性内容，使课程内容富有知识营养和精神营养。一般来讲，公共基础课程，重在帮助学生坚定理想信念、加强品德修养、厚植爱国主义情怀、增长见识、培养奋斗精神，提升学生综合素质；专业教育课程，重在深度挖掘提炼专业知识体系中所蕴含的思想价值和精神内涵，科学合理拓展专业课程的广度、深度，增加课程内容的知识性、人文性，提升引领性、时代性和开放性；实践类课程，重在增强学生勇于探索的创新精神、善于解决问题的实践能力。

（二）挖掘思政元素，形成与思政课程相协同的教学内容体系

高校所有课程都具有育人的功能，要深度挖掘诸课程蕴含的思政元素，并将这些元素进教材、入教案、到课堂，将其转化为价值引领和思政教育实效，实现课程的思政育人功能。这不是在其他课程中强行嵌入或生硬融入思政教育内容。准确掌握课程中的思政元素，是实施课程思政与思政课程协同的关键。挖掘思政元素，重在从诸课程专业知识中发现与之相联系的思政内容。可结合学生未来所从事工作的职业素养要求，探寻课程所归属的学科与专业发展历程中的重大实践、模范人物事迹等，挖掘其中所蕴含的爱国精神、担当精神、奋斗精神、创新精神等思政元素，并作用于学生，让其学会以本课程知识为基础，从本课程的基本知识点、知识结构、研究方法、科学规律等内容中获取职业素养，在学习过程中接受熏陶，启发自觉认同，产生情感共鸣和思想升华，取得潜移默化的思政教育效果。要在优化课程设置的基础上，围绕课程思政与思政课程同向同行，进一步修订专业教材，重组教学内容，完善教学设计。即要按照协同要求，将各门课程进一步具体化，尤其是通过教学设计和内容重组，将课程标准要求具体化为教学目标、教学重难点、教学方法、教学步骤

等，形成课程思政与思政课程相协同的教学方案。在教学设计和教学内容重组时，重在找准专业知识点和思政元素的内在联系和连接点，找准在这些连接点上实施思政教育的具体教学内容和方式方法，并以教学方案的形式固定下来，为具体的教学实施奠定基础。比如在"大学英语"课程中，教师在讲解词汇、句式、语法等知识点时，可以先介绍中西方文化的差别，再结合具体的课内阅读素材、课外交际对话内容，引入著名演讲《我有一个梦想》(*I Have a Dream*) 以及"中华民族伟大复兴的中国梦"相关内容，进行思想政治理念、价值观念的剖析，解读个人梦想、民族伟大复兴中国梦之间的关联性，在思政育人中完成英语学科理论知识传授。

（三）坚持一体推进，创新与思政课程相呼应的课堂教学模式

通过一体推进价值塑造、知识传授与能力培养，让所有课堂、所有教学活动聚合形成同向同行、协同育人的教学体系。一方面，要协同备课。这是实现课程思政与思政课程协同的前提。要在传统的个人备课和集体备课的基础上，强调协同备课。也就是与思政课程相呼应，与思政课的专职教师积极互动，采取邀请集体备课、登门协商备课、电话沟通备课等形式，争取支持配合，同心协力备好课。在此基础上，任课教师撰写出适合自己授课方式、体现鲜明风格的教案。另一方面，要创新课堂思政教学模式，让所有教学活动都与思想政治教育同向同行。这是教学实施的具体环节，也是将课程思政与思政课程协同育人落地生根、重中之重的关键一环。这一环节的主阵地是教室。课堂上，课堂思政与思政课堂遥相呼应，采取思想政治教育与专业知识学习深度融合的教学模式，严谨知识传授，深度精神指引，赋予专业知识精神灵魂，让专业知识"红"起来、"活"起来，既成为支撑

学生专业技能的素质元素，又成为提升学生精神境界的政治营养，实现价值引领、知识传授与能力培养一体推进。教师应始终把"德"的培养与塑造放在首位，坚持价值性与知识性相统一，寓价值观引导于知识传授之中，探寻课程思政规律，掌握具体课程教学中的思政之本，根据专业特点和课程性质，确立内容切入点，把握思想共鸣点，找准情感触发点，教之得法，教之有效。人文社科类课程普遍理论性较强，实践性较弱。创新课堂教学模式，要善于依托微博、微信、QQ等媒介，搭建课程思政教育的第二课堂，连通第三课堂，展开广泛的问题探究、互动交流，深化教师对学生的引导和指导作用，启发、引导学生理解法治、文明、正义等价值理念，提高学生在学习中的实践参与性、自主探究性，逐渐完成学生思想价值观念、道德素养的培养与塑造。

三、构建高校课程思政与思政课程协同育人运行机制

（一）针对多方协作的特点，完善协同育人领导机制

课程思政与思政课程协同育人，不是单一部门、单门课程、单个人员的单项工作，而是需要多方协作的系统工程，必须在党委的统一领导下才能落到实处。为此，应加强领导，形成党委统一领导、机关具体协调指导、教研室创造性抓落实的领导机制。党委重在把关定向，机关制定具体实施方案，做到顶层设计思路清晰、协调指导具体到位，教研室主动作为，统一教师思想，组织协同备课、试讲，课堂跟踪指导并及时纠偏，确保协同育人落实到位。学校党委应靠前指挥，指导思政课教师与专业课程教师交流协作，抓好新文科背景下多学科教师集体备课工作，充分挖掘各门课程思政元素，丰富课堂维度，采取信息技术、多媒体技术等手段，多用案例式、探究式、启发式、互动式等教学方式，大力推进课程思政的教学方式改革。

（二）针对重在课堂的特点，创建课堂教学运行机制

课堂教学力争做到三全协同，即全员协同、全过程协同、全方位协同。全员协同，即所有教师都施以协同育人课堂教学，并采取互动式教学，让所有学生参与进来。全过程协同，即将课程思政与思政课程协同育人贯穿课堂教学全过程，环环相扣，有机融合，使教学全程浑然一体。全方位协同，即课堂教学全方位向思政课程靠拢，与思政课程相呼应，教学内容全方位向思政延伸，教学设计全方位为思政育人服务，全面发挥思政元素的育人效能。

（三）针对贵在沟通的特点，建立育人协同运行机制

协同重在协调一致、同向同行。沟通是影响协同的关键因素。强化课程思政与思政课程协同育人实效，应构建党委统一领导、教学部门牵头、各教研室协同、课程思政教师与思政课程教师协同的协同机制。教学部门通过与党委宣传部门协同，明确年度课程思政与思政课程协同育人目标要求，制定协同育人教学实施方案；各教研室协同，研究制定课程思政与思政课程协同育人具体措施，实施协同备课；专业课程教师与思政课程教师协同，进行教学设计，撰写协同性授课教案。在对口双向协同的基础上，教学部门应牵头定期召开联席会议，总体协调协同事宜，做到情况有把握、过程有监督、问题有反馈、定期有总结。

（四）针对难在自觉的特点，强化考核评价激励机制

课程思政与思政课程协同育人的关键人物是任课教师，而任课教师协同的自觉性是至关重要的因素。为强化任课教师的行为自觉，在加强教育的基础上，应强化考核评价激励机制。把课程思政与思政课程协同育人教学纳入查课评课、教学评价、教师量

化考评的内容体系，完善相关政策机制，特别是奖励、表彰、教学质量管理和教学工作评价等制度规定。要压实直接责任，把协同育人作为课程教学质量评价的第一要素，确保协同育人理念在教师的心中落地扎根，在铸魂育人上开花结果。

作者简介：

胡义强，男，1979年生，硕士。主要研究方向：思想政治教育。

肖洋，男，1979年生，博士（在读）。主要研究方向：思想政治教育、工商管理、继续教育。

"四模块""双跨":新文科背景下"广告策划"社会实践课程的建设[*]

黄 蜜

(四川外国语大学新闻传播学院 重庆 400031)

摘 要:"广告策划"是广告学专业具有主干性、综合性和应用性的核心专业必修课,在新文科建设背景下肩负着前沿型、复合型、应用型广告策略人才培养的职能。该课程的社会实践化,是符合广告学专业特性、广告行业用人需求,以及新文科建设要求的课程建设尝试。要遵循跨学科、跨界的"双跨"建设路径,并将此落实到教学模式、师资团队、资源平台、课程群等"四模块"的建设内容上,最终实现高质量人才培养,服务社会经济文化发展。

关键词:"广告策划";社会实践课程;新文科;"四模块";"双跨"

"广告策划"社会实践课程(以下简称"广告策划")是广告学专业的核心必修课,在新文科建设背景下肩负着前沿型、复合型、应用型广告策略人才培养的职能,其课程建设需在路径与内

---

[*] 本文系重庆市高等教育教学改革研究项目"'广告策划'社会实践金课建设教学模式改革与创新研究"(项目号:202331)的阶段性成果。

容模块上进行探索和创新。

一、"广告策划"与"新文科"

（一）课程属性

学界对"广告策划"的属性界定主要围绕三个方面：主干性、综合性和应用性。首先，"广告策划"是"广告学专业和市场营销学专业的核心基础主干课程"[1]，对专业其他课程起着统领性的作用。其次，"广告策划"综合性较强，包括市场调研、策略制定、定位、设计与制作、媒介发布、公关促销、预算等各方面的内容，是对广告学专业其他各门课程的融会贯通。[2] 最后，"广告策划"是"专业与实践结合较为紧密的应用型课程"，"可以有效提高学生的广告创作能力、沟通协调能力和实践动手能力"[3]；"侧重培养学生的项目管理思维、创意策划能力以及综合实践素养，主要服务于文化产业、新闻传播、市场营销等领域的人才培养，具有明确的市场导向，与社会经济发展深度联系，与媒体传播趋势紧密接轨，应用方向鲜明"[4]。

"广告策划的属性为建设社会实践一流课程提供了保障，有助于拓宽学生对现实社会的认知，更全面、更系统了解基层、认识国情，在实践中逐步练就过硬本领，锤炼高尚品格，提升专业

---

[1] 张慧子，陈韦鸣. 全媒体营销环境下广告策划课程的变革［J］. 新闻与写作，2016（12）：95.

[2] 陈丽. 大数据时代背景下广告策划课程教学内容改革的思考［J］. 北京城市学院学报，2016（5）：76.

[3] 马亚琼. "以赛促学"模式的广告课程教学改革探析——以"广告策划与文案写作"课程为例［J］. 传媒，2018（24）：84.

[4] 王祚. OBE理念下广告策划课程的赛教融合教学创新［J］. 传播与版权，2021（7）：110.

技能"①。

（二）课程教学探索

基于上述属性，国内高校主要采用以下三种教学模式，开展"广告策划"教学。

一是案例教学。这是该课程教学的传统，通过对市场领域经典或典型策划案例的梳理、分析，帮助学生了解广告策划的系统性、市场指导性，明确定位、策略概念的重要性，洞察整合品牌的关键性。

二是模拟实战教学。这是该课程教学应用最多的模式，多以现实问题为导向、项目驱动②。一种是围绕全国大学生广告艺术大赛等专业竞赛项目，实现赛教融合③、"以赛促学"④。另一种是高校联动企业开展实战比赛，由企业专家担任评委或答辩委员，充分调动学生学习的主动性和参与比赛的积极性，考查学生综合素养和能力。

三是基于教育技术化和信息化变革的教学。采用翻转课堂、对分课堂等，突出学生中心地位，以学生视角规划和设计课程内容。

不管运用以上哪种教学模式，人才培养与行业发展脱节的情况都仍然存在。例如，模拟实战教学虽在一定程度上弥补了传统课堂教学以理论和案例为主、应用性不足的问题，但在模拟实战

---

① 黎新宏. 高校社会实践一流课程建设的价值、困难与路径 [J]. 西昌学院学报（社会科学版），2021（3）：109－112.

② 张星. PBL 在广告策划教学中的运用——以服务陕西地方经济为主旨 [J]. 经贸实践. 2018（20）：184－186.

③ 王祚. OBE 理念下广告策划课程的赛教融合教学创新 [J]. 传播与版权. 2021（7）：110－112.

④ 马亚琼."以赛促学"模式的广告课程教学改革探析——以"广告策划与文案写作"课程为例 [J]. 传媒. 2018（24）：84－87.

的过程中，学生、教师与企业的互动不充分，且存在时限性、模拟性。因此，"广告策划"需要进行时间更长的社会互动，让学生扎根社会、市场、企业，从而更好地实现应用型人才培养目标。

（三）新文科对课程建设的新要求

当前我国"'新文科'概念的提出至少与三个方面有关：新技术的推动、新需求的产生以及新国情的要求"，"具有一系列新特性：学科交叉、知识应用、适应国情"。① 新文科建设既促进学科的交叉和融合，又对服务国家战略上有新要求。当前社会更需要知识密集型、综合型、创新型人才，广告行业变革呼求人才培养转型升级。

新文科建设给"广告策划"提出新要求：一方面，要落实跨学科建设；另一方面，要融入校企、校社跨界的社会实践内容，拉长课程实战时长，拓宽实战领域，丰富实战内容，优化实战形式，注重成果产出，并将"双跨"的建设路径落实到教学模式、师资团队、资源平台、课程群等"四模块"的建设内容上，最终服务社会经济文化发展。

二、建设路径："双跨"

（一）跨学科

"广告策划"具有明显的跨学科特征。② "策划是思维的科学，它的精妙之处在于要善于把线性思维转变成复合思维，把封

---

① 黄启兵，田晓明."新文科"的来源、特性及建设路径[J]. 苏州大学学报（教育科学版），2020（2）：76，75.

② 谢雅玲. 新文科建设背景下"广告策划"课程教学改革与创新[J]. 新闻世界，2021（11）：68.

闭性思维转变成发散性思维，把孤立、静止的思维转变成辩证、动态的思维。这种思维方式往往是建立在一门复合性、交叉性、边缘性极强的多学科基础上。"① 而新文科的"新"主要体现在学科协同之新、信息技术融入之新。

不管是策划的思维特征还是新文科的"新"，都让"广告策划"必须首先落实跨学科建设，针对行业的"数智化"转型，借鉴工商管理、社会学、心理学、艺术学、计算机科学与技术、统计学等学科，提升学生对大数据分析、数字营销、元宇宙传播等前沿内容的认知与理解，并将其融入课程实践。

（二）跨界

我国"新文科"建设并非仅仅局限于专业重组、学科交叉，还有许多新的特征，如强调中国特色、走向世界、全球格局等。"新时代人文社会科学的发展，必须以服务国家战略和区域经济社会发展为目标，追踪学科前沿，不断加强咨政建言、服务社会的能力。"②

"广告策划"要落实社会实践，就需要从学界跨向业界，与企业、社会共建人才培养的平台，解决课程内容与产业实际脱节的问题，让校企校社的深层联动，实现课程教学成果的社会服务化，促进产教融合。

三、建设内容："四模块"

"双跨"建设必须落到具体内容，即教学模式、师资团队、资源平台、课程群等"四模块"。课程建设的重点是教学模式建

---

① 张星. 大策划意识的实用型广告人才培养方式探究 [J]. 亚太教育，2016（36）：198.

② 张胜，王斯敏，胡海男. 新文科"新"在哪儿？并非"科技＋人文"那么简单 [N]. 光明日报. 2019-07-23 (8).

设，以指导课程其他方面建设，而"广告策划"教学模式的制定需要以师资团队和资源平台为支撑，在课程体系的引导下，才能落到实处。（见图1）

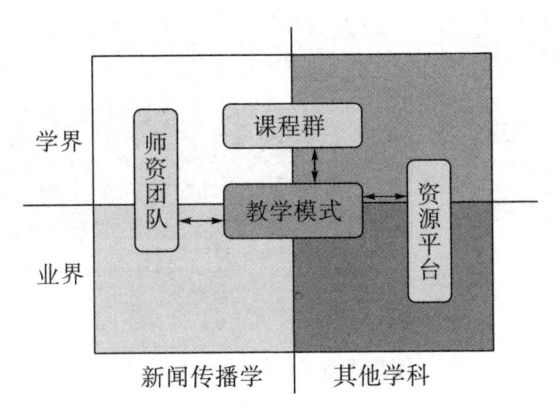

图1 "四模块"与"双跨"关系图

（一）教学模式

社会实践课程是国家2019年针对实践类人才培养而新规划的课程建设项目，在本课程建设之初，没有前验性的模板可参考，因此，对教学模式的探讨就成为本课程建设的重中之重。

经研究和实践，课程逐渐孵化出由课堂讲授（Classroom Teaching）、市场实作（Market Practice）、项目驱动（Project Driven）、公司培训（Company Training）为主的CMPC教学模式（以下简称"该教学模式"）。该教学模式具有如下特征：第一，"课堂讲授＋市场实作＋项目驱动＋公司培训"的综合性教学模块；第二，"专任教师＋业界导师"的双导师制；第三，"学校＋广告公司＋企业＋市场＋社区＋乡村"的教学空间；第四，"知识讲授＋实践指导"的教学环节，将学界业界、跨学科内容在课程设计、教学过程中串联、融合。（见图2）

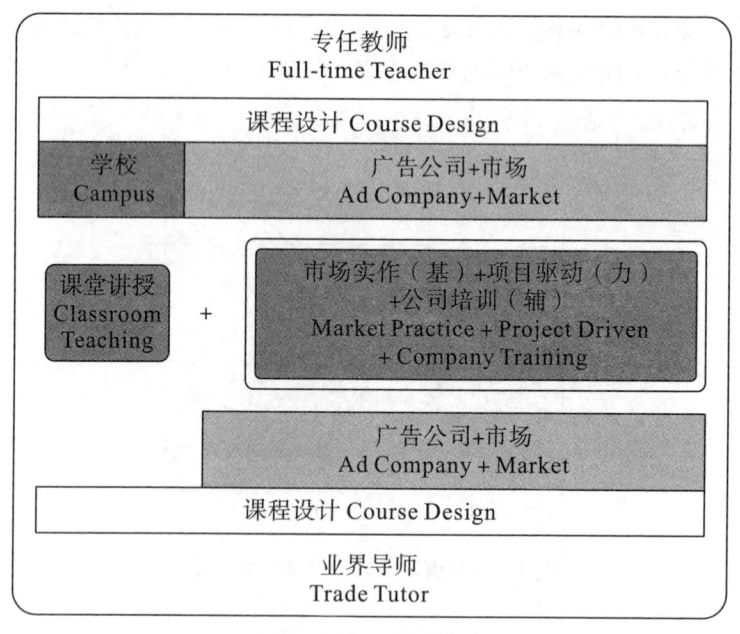

```
┌─────────────────────────────────────────────┐
│              专任教师                        │
│          Full-time Teacher                   │
│  ┌─────────────────────────────────────┐    │
│  │       课程设计 Course Design          │    │
│  │┌──────┬──────────────────────────┐  │    │
│  ││ 学校  │    广告公司+市场           │  │    │
│  ││Campus│  Ad Company+Market        │  │    │
│  │├──────┤┌─────────────────────────┐│  │    │
│  ││课堂讲授││市场实作（基）+项目驱动（力）││ +│    │
│  ││Class-││+公司培训（辅）            ││  │    │
│  ││room  ││Market Practice+Project  ││  │    │
│  ││Teach-││Driven+Company Training  ││  │    │
│  ││ing   │└─────────────────────────┘│  │    │
│  │├──────┴──────────────────────────┤  │    │
│  ││        广告公司+市场              │  │    │
│  ││      Ad Company + Market         │  │    │
│  │├─────────────────────────────────┤  │    │
│  ││       课程设计 Course Design      │  │    │
│  │└─────────────────────────────────┘  │    │
│              业界导师                        │
│            Trade Tutor                       │
└─────────────────────────────────────────────┘
```

图 2　CMPC 教学模式

在该教学模式中，校园内的课堂讲授只是课程的一小部分，主要解决学生理论知识学习的问题。该教学模式在教学过程中突出社会实践环节，目的是解决以往实战性不足的问题。

正如前文所述，国内大多数"广告策划"的教学任务都在校内完成，未能充分发挥"校企合作"对实践教学的作用，实践教学也未能较好地与创新创业相结合，因此很难达到教学的实战效果[①]。美国教育家杜威认为，真正的学习更需要到复杂的社会实际中去实践。美国的实用技术教育就采用合作教育，将工业界变成教育场所。德国职业教育则采用"双元制"，在企业和职业学校同时进行教学，学生可以在企业边实践边理解和消化专业知

---

① 初云玲. 创新、创业视域下《广告策划》实战教学的改革［J］. 今传媒. 2016（6）：141—142.

识，在学校又带着实践中遇到的问题，寻找理论依据和技术支持[1]。

"广告策划"的建设以这些理念观点为依据，主张将课堂搬到广告公司、商圈、街头、社区、乡村，将学习融入真实社会场景，让学生"变被动接受为主动体验"[2]；将实践指导和部分专业知识内嵌到公司培训，让学生身临其境。同时，由于"广告策划"旨在训练学生将多项能力综合运用于广告活动中，教师需要通过一个完整的项目，驱动学生积极培养相关技能。教师应通过加强校企合作深度、力度，实现课程实践项目与业界实战项目融合，充分践行"到社会实际中去实践"的教育理念。这将有利于解决课程以往教学实战性不足，与创新创业结合不紧密的问题，具有较强的应用价值。

该教学模式将市场实作、项目驱动、公司培训三部分一体化，以市场实作为基，项目驱动为力，公司培训为辅。市场实作是"广告策划"开展社会实践的基本任务，这些任务以真实市场项目为驱动力，而公司则是以双导师制的培训方式，从知识、技能、经验的传授和实作指导等多方面辅助学生完成市场项目，产出与行业接轨的实践成果。该教学模式在教学实践应用中具有更强的指导作用，不仅能让专任教师和业界导师的讲授和实践指导配合更为顺畅，而且能帮助学生更好地理解学习任务，产出丰富的学习成果，产生突出的社会效益。

（二）师资团队

由图2可知，该教学模式重视师资团队对课程建设的作用，

---

[1] 张星．PBL在广告策划教学中的运用——以服务陕西地方经济为主旨［J］．经贸实践．2018（20）：184-186．
[2] 韩淑芳．《广告策划与创意》课程的模拟实战教学模式探讨［J］．华中农业大学学报（社会科学版），2007（5）：154．

因为要提高学生的社会实践能力，首先要完善师资的社会实践认知。如前所述，"广告策划"是一门技能型课程，对授课教师的能力素养要求较高。教师不仅要具备扎实的理论知识，也要兼具丰富的实践经验。"[1]

因此，课程建设过程中，一方面要鼓励高校专任教师跨入业界学习、实践、挂职，参与企业业务，扎实培养社会实践能力，积累相关经验。另一方面要引进具有高专业度和丰富从业经验的业界导师，跨入高校人才培养体系，组建双导师团队开展教学。让业界导师参与课程设计、内容设置、理论知识讲授，以及社会实践指导全过程，真正做到产教协同育人。

同时，在双导师制的运行过程中，还要做到以下三点：一是要梳理专任教师和业界导师具体的合作机制，强化双导师团队的合力。二是探索形成相对成熟稳定的双导师团队协作方式，以确保课程教学的持续性和稳定性。三是扩充具有新技术、新思维，具有"数智"领域从业经验的业界导师、国际导师加入教学团队，以提高师资储备水平。

（三）资源平台

该教学模式中的四个模块都离不开课程资源平台的搭建。社会实践一流课程要"坚持'引进来'与'走出去'相结合，创新汇聚校内外资源举措，建构培育课程的社会支持网络"[2]。课堂讲授的知识点不能脱离行业和社会实际；市场实作离不开商圈、街巷、社区、乡村等具体的社会空间，以及学生与空间中人、物、事的互动；实践项目和公司培训离不开高校与广告公司、企

---

[1] 谢雅玲. 新文科建设背景下"广告策划"课程教学改革与创新［J］. 新闻世界，2021（11）：69.

[2] 黎新宏. 高校社会实践一流课程建设的价值、困境与路径［J］. 西昌学院学报（社会科学版），2021（03）：111.

业、组织机构的深度合作。因此，资源平台建设是课程社会实践教学的有力保障。

资源平台的具体建设要坚持"双跨"路径，社会实践的跨界相对容易理解，也是本课程资源平台建设的基本要求。只是在学界业界的任务划分、协作机制、具体方式，社会实践空间、实战项目的挑选、评估，学生实践过程和成果管理等方面要形成制度、方案和总结。

与此同时，资源平台的跨学科建设也不容轻视。一方面，要继续联合工商管理和艺术等学科，强化学生的市场敏锐度、洞察力和艺术创想力。另一方面，"从当下广告业务热点数字营销传播的运作构成来看，从业人员除了需要掌握传统广告核心技能，还需要具备一定的计算机编程、大数据、人工智能等方面的知识储备以及新媒体信息技术与软件应用能力"[①]。这就需要课程多嫁接学界、行业相关资源，搭建数智化教学平台，开发短视频、直播、程序化购买等方面的实战项目，快速将知识转化为生产力，培养产出多元的高素质人才。

（四）课程群

前文提到，"广告策划"是对广告学专业其他课程发挥指导作用的综合性课程，以策略型人才培养为目标，需要专业相关课程知识和能力培养的支撑。因此，它的建设必须与相关课程形成相互配合、深度呼应的课程群，才能真正发挥其策略型人才培养效用。

"广告策划"强调策略凝练和策划实务两方面能力。策略凝练要以相关策略品牌和整合营销传播相关理念为支撑，并通过市场调查，特别是用户行为的洞察来形成具体策略、核心概念。而

---

① 陈红艳. 新文科背景下数字广告人才培养方案优化探索［J］. 长春工程学院学报（社会科学版），2022（3）：94.

策划实务则需创意表现与媒介运用的加持。同时，市场研究和策略传达的过程，都需要学生具备大数据信息挖掘与分析、程序化创意、程序化媒介采买等知识与技能。由此，本课程建设构建了以"广告策划"为核心的策略型人才培养课程群（见图3），以课程间的知识、方法逻辑联系，完善本课程的教学系统。

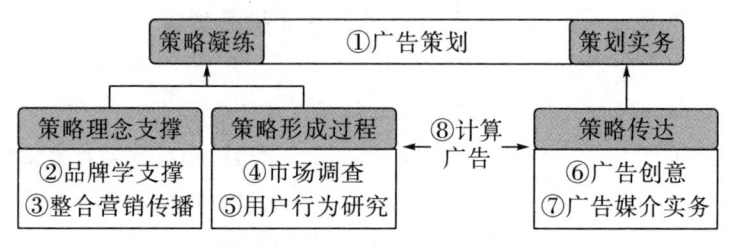

```
         策略凝练 ← ①广告策划 → 策划实务
            ↑                       ↑
      策略理念支撑   策略形成过程  ⑧计算  策略传达
       ②品牌学支撑   ④市场调查    广告   ⑥广告创意
       ③整合营销传播 ⑤用户行为研究       ⑦广告媒介实务
```

图 3 以"广告策划"为核心的策略型人才培养课程群

四、课程优化方向

作为社会实践课程，"广告策划"需在建设中秉持社会服务理念，实现"三融合"。一是将课程建设与社会需求相融合，引导学生深入基层、体验实情，深刻理解社会与市场的运行逻辑，切实助力产业发展、乡村振兴、城市建设、国际传播。二是将课程建设与思政教育相融合，深化学生成果创作的社会服务意识，不断厚植学生的家国情怀、文化自信，落实立德树人根本任务。三是将课程建设与科学研究相融合，鼓励教师将社会服务性研究与业界对接，并带动学生参与，将研究内容转化为课程中学生实践内容，实现学界业界、师生共创，落实政产学研一体化，将"广告策划"建设为名副其实的社会实践一流课程。

作者简介：

黄蜜，女，1981年生，博士，副教授。主要研究方向：广告理论与广告史、品牌传播、城市传播。

新文科背景下经济学全英课程智慧教学模式研究[*]

黄 森 毕 婧 刘爱琳

(四川外国语大学国际金融与贸易学院 重庆 400031)

摘 要：以新文科建设思想为指导，探索"智能+教学"新形态，以此构建课堂智慧教学新模式，是当前高校教学教育改革面临的又一重要任务。在此背景下，本文立足"学生为教学核心"的育人思想，针对语言类高等院校的经济学全英课程教学模式改革进行研究与实践，从基于信息化技术的"智慧课堂"入手，构建数字化、智能化、特色化的经济学全英课程教学模式，从"课前、课中、课后"等路径来拓宽深化教学广度，创新教学方法，为培养主动性更强、创新性更高的复合型人才探索新的思路。

关键词：新文科；经济学全英课程；智慧教学模式

---

[*] 本文系四川外国语大学教学改革研究项目"新文科背景下'双线教学'在国际经济与贸易专业'经济学原理'课程教学中的应用与研究"（项目号：JY2296223）；四川外国语大学研究生教学改革研究项目"'三全育人'背景下导师包容性指导对国际商务研究生科研素质提升的机制研究"（项目号：yjsjg202217）；重庆市教育科学"十四五"规划2021年度课题'新文科'背景下国际商务谈判人才培养的创新探索与实践研究"（项目号：2021-GX-360）；四川外国语大学研究生优质课程"经济学分析与应用"（项目号：yjskc0403）；四川外国语大学经济学课程群虚拟教研室建设项目等的阶段性成果。

新文科建设旨在优化学科专业结构的同时鼓励文理农医学科相互渗透，突出地方院校特色专业优势，努力建设具有中国特色、世界水平的一流本科专业。同时新文科建设也对课堂建设提出了新的要求，即通过大力发展"互联网＋教育"，全面提高课程建设质量，推动课堂教学革命。新文科建设的全面推动，一方面为地方高校课题教学普及互联网信息化等新技术，实现线上、线下混合式教学模式的结合打开了思路；另一方面为部分高等院校经济学全英课程教学改革带来了创新发展和改革探索的新机遇。因此，本文紧密围绕"新文科"建设理念，结合经济学全英课程教学的自主性、发展性与共享性的内在要求，从人才培养和课堂学情实际状况出发，以社会需求为导向，落实立德树人根本任务，促进经济学全英课程教育教学改革，完成主动性更强、创新性更高的复合型人才培养目标。

一、经济学全英教学课堂存在的问题与现状

　　受课程内容、人员素质以及语言能力的制约，当前我国大部分高等院校的经济学全英教学课堂存在一定局限：第一，案例教学内容比较陈旧，对经济学现象的分析只是基于经验，教学课件中结合课程思政的内容太少，全英语言氛围营造不足；第二，大部分教师主要以传统板书或课件为主，教学手段相对单一，没有做到与时俱进，与数字化信息工具结合太少，缺乏创新；第三，学生主动学习意识差，尤其是在学习涉及专业经济学英语单词词汇时，学生学习兴趣不高，课堂参与度明显不够；第四，缺乏全面、有效、科学的课后评价。因为经济学全英课程属于专业必修课程，上课学生人数较多，教师无法全面关注到每一位学生的课堂学习进展，传统的课堂练习和期末测验等教学考核模式也相对单一，经济学全英课程的教学质量和学生的真实学习效果缺少科学合理的评价。

全球化时代,"语言+专业"的复合型人才培养是国家屹立于世界民族之林的关键,在此大环境下,当前经济学全英教学课堂的现状亟须改变,我们应以新文科建设思想为指导,创新经济学全英课程教学模式,构建一种以"学生为教学核心"、实现教与学互相促进的智慧教学模式。

二、经济学全英课程智慧教学模式的构建

要构建经济学全英课程智慧教学模式,必须以"学生为教学核心",将数字信息技术与经济学全英教学有效融合,以线上与线下相结合的教学方式,把传统教学维度拓展为课前、课中和课后等三个维度。具体而言即运用"互联网数字技术平台",在课前构建"学生'自'学、教师'辅'学",课中构建"学生'互'学、教师'领'学",课后构建"学生'研'学、教师'帮'学",最终将经济学全英课程打造为一种更加贴近学生生活、更加贴近信息时代的"智能化、数字化、个性化"的智慧教学模式。

经济学全英课程智慧教学模式构建的关键点在于,通过互联网时代丰富的教学资源,探索数字教学平台的融入路径,促进从"教师为教学主导"到"学生为课堂核心"的有效转变,实现课堂上教师做领路人,课堂外学生主动思考的全方位互动教学转变。

(一)经济学全英课程智慧教学模式特点

基于前文的概念界定及建设关键点相关内容,经济学全英课程智慧教学模式的特点可归纳如下。

第一,牢固树立"学生为课堂核心"的思想。随着科学技术的进步,人类的生活方式和知识获取、处理方式也随之改变,这为人类学习能力的提升带来了巨大的挑战。在主动性更强、创新

性更高的复合型人才培养过程中，经济学全英课程智慧教学模式只有把着力点放在对学生思维的培养和学习能力的提升上，让学生成为学习的主体，才能更好地适应瞬息万变的信息时代。

第二，教师变为课堂的引领者。传统教学模式中，多数教师扮演主讲人的角色，"一言堂"的形式普遍存在。在经济学全英课程智慧教学模式中，随着学生主体地位的突出，教师的角色将逐渐转换为课前、课中、课后以及整体教学过程的引领者。这种角色的转变，符合新文科建设的理念，是在新时代的发展要求下，教师和学生为主动提高自身学习能力所做的位置优化。

第三，数字教学平台的应用。随着数字教学平台在经济学全英课程中的全面应用，教学环节将出现极大的拓展和延伸。重新构建的经济学全英课程，将实现课前的学习资源的整合与共享，课中的学习过程的完整记录，课后的学习疑惑的有效反馈，以及最终学习结果和教学质量的科学评价，极大地丰富经济学全英课程的教学内涵。

（二）经济学全英课程智慧教学模式的设计路径

1. 课前：学生"自"学、教师"辅"学

经济学全英课程作为经管专业的必修课程，理论难度较大、涉及范围较广、对学生语言能力和数学思考能力的要求也较高。因此，在课前阶段，教师和学生都应为将要进行的课堂做充分的准备。

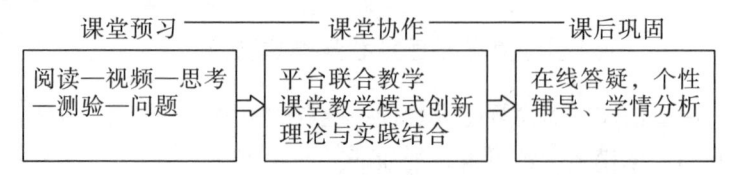

课堂预习	课堂协作	课后巩固
阅读—视频—思考—测验—问题	平台联合教学 课堂教学模式创新 理论与实践结合	在线答疑、个性辅导、学情分析

图 1　经济学全英课程智慧教学模式的设计路径

学生"自"学可从以下两个方面进行：第一，课前学生可结合教材与数字教学平台等相应模块预习所学知识，梳理对应章节

的框架和重难点知识，了解该部分专用经济名词的内涵及所对应的经济概念。第二，在完成充分的预习后，学生可通过教师设计的预习小测试进行自检，查漏补缺。

教师"辅"学同样可从两个方面进行：第一，根据教学目标，教师可通过数字教学平台进行关键单词分析和核心理论设计等具体的教学活动。第二，教师可以在数字教学平台上进行预习小测试，以此提高学生的主动性，督促学生及时预习，同时也可通过测试结果，完成信息反馈，帮助教师合理设计课中教学活动。

综上，经济学全英课程通过课前的学生"自"学和教师"辅"学，可以更好地发挥学生的主观能动性，帮助教师成为学生的教学支持者。

2. 课中：学生"互"学、教师"领"学

完成课前预习后，学生对新知识有了充分的理解和掌握，并形成自己的思考。课中学习作为教学过程的重要阶段，是学生逐步认识知识的本质，实现由量变到质变的关键阶段。

从学生的角度来看，学生"互"学的步骤如下：首先，以课前的分组为基础，以小组为单位开展课堂学习互动，探讨问题，解决问题，开拓思路。其次，每组派代表上台进行新知识讲解，其他小组补充完善。这样做既能丰富知识内涵，也能锻炼学生的英语口语能力。最后，学生通过在数字教学平台梳理归纳、补充新观点新思路、陈述自己的学习感想等，巩固所学知识。

从教师的角度来看，教师"领"学可从以下两个方面开展：第一，教师通过课前测试所反馈的信息，有针对性地完善经济学全英课程的教学活动设计。第二，课堂进行期间，教师发现知识点有遗漏或者学生"互"学理解有偏差时，可随时出面指导、纠正，将学生引领到正确的学习轨道上来。

3. 课后：学生"研"学、教师"帮"学

经过课前、课中两个阶段的学习，学生对新知识有了全面的把握，英语能力也有了明显提升。在课后阶段，经济学全英课程智慧教学模式要求学生"研"学、教师"帮"学。

为了巩固所学知识，学生可通过教师在数字教学平台上布置的课后习题检测自身对新知识的掌握程度。在全面掌握新知识的基础上，学生可自行对问题库中不同难度的问题进行解答，将需要进一步研究的问题放入研究专题，通过分析和解构问题、查阅相关资料、与教师和同学讨论等方式开展研究，最后形成论文。上述过程便是学生"研"学。传统经济学全英课程教学模式缺失对学生探索研究能力的培养，而这种能力的培养正是学生思维能力、学习能力提升的综合反映。

教师"帮"学则是指教师鼓励、支持、帮助学生进行自主研究。通过不断互动，激发学生深层次的思考与探究，实现师生的共同发展与进步。

结 语

伴随着数字信息时代的来临，将数字化技术与传统教学结合，构建符合新文科建设要求的智慧教学模式，已然成为高等学校课程教育教学改革的必然趋势。本文基于新文科建设理念，针对传统经济学全英授课中课时少、内容多、师生缺乏互动、教学手段单一等突出问题，将信息技术有效融入传统的课堂教学，力图打造经济学全英课程智慧教学新模式。经济学全英课程智慧教学模式是在新文科建设背景下，立足"学生为教学核心"的育人思想进行改革与实践，在教学过程中强调应用性和实用性，注重对学生学习能力、应用能力和创新能力的培养，同时强调了从过去"教师为教学主导"到"学生为课堂核心"转变。此外，现代信息技术在课堂上得到了广泛而深入的应用，不仅提高了教学质量，而且对主动性更强、创新性更高的复合型人才培养产生了一定的推动作用。

作者简介：

黄森，男，1986年生，博士，副教授。主要研究方向：国际经济与贸易、区域经济学。

毕婧，女，1997年生，硕士。主要研究方向：国际商务。

刘爱琳，女，1998年生，硕士。主要研究方向：国际商务。

新文科背景下国学经典融入外交学专业课程思政的理论与实践[*]

姬喻波

(四川外国语大学国际关系学院 重庆 400031)

摘 要：党的十八大以来，我国践行大国外交理念，体现中国风格、中国特色和中国气派。习近平外交思想以富有中国特色的术语，如"天人合一""天下大同"等建构新时代中国特色大国外交体系。外交学专业课程应紧跟时事，围绕家国情怀、自强不息及其他中华优秀传统文化开展课程思政，激发学生的爱国热情及学习积极性。国学经典是经过几千年历史洗礼而积淀下来的常理、常道，具有超越时空限制的永恒性。本文从守本和开新两个层面探讨了新文科背景下国学经典融入外交学专业课程思政的必要性与实践路径。

关键词：新文科；外交学；国学经典；课程思政

新文科的概念最早由美国俄亥俄州的希拉姆学院（Hiram College）在2017年提出，旨在对传统文科进行学科重组、文理交叉，将新技术融入哲学、文学、语言等课程体系之中，实现跨

---

[*] 本文系重庆市高等教育教学改革研究项目"习近平外交思想中的传统文化资源语境下'国学概论'课程改革与实践"（项目号：213227）的阶段性成果。

学科的融合和交流。2018年5月，教育部高等教育司司长吴岩在教育部产学合作协同育人项目对接会上指出，高等教育创新发展势在必行，要全面推进"新工科、新医科、新农科、新文科"等建设，推出"卓越拔尖计划2.0版"，形成覆盖全部学科门类的中国特色、世界水平的一流本科专业集群。[①] 至此，新文科正式进入大众视野。就外交学专业而言，在新文科背景下开展课程思政，以中华优秀传统文化为纽带和桥梁，使思想政治教育融合于课程之中，坚持价值塑造、知识传授和能力培养三者相结合，对培养有家国情怀和人文精神的外交人才具有重要的意义。

一、新文科背景下外交学专业课程思政的着眼点

文化是影响一个国家外交方针的重要因素，能对国家的外交方式、手段等产生重要影响。党的十八大以来，我国践行大国外交理念，体现中国风格、中国特色和中国气派。习近平新时代中国特色社会主义思想之一即坚持马克思主义基本原理同中华优秀传统文化相结合。习近平外交思想以富有中国特色的术语，如"天人合一""天下大同""和合中庸"等建构新时代中国特色大国外交体系。外交学专业课程应紧贴时事，围绕家国情怀、自强不息以及其他中华优秀传统文化深挖课程思政元素，激发学生的爱国热情及学习积极性。因此，新文科背景下外交学专业课程思政需要从以下两方面着眼。

（一）外交学专业的育人目标

2007年，党的十七大报告提出"加强对外文化交流，吸收

---

① 教育部：教育部产学合作协同育人项目对接会[N]. 人民日报. 2018-05-24.

各国优秀文化成果,增强中华文化国际影响力"。① 2008 年 10 月,时任外交部长杨洁篪在中央党校作了题为"奥运会后的国际形势与外交工作"的报告,首次提出"人文外交"的概念,即"大力推进人文外交,加深人与人之间、民众与民众之间、民族与民族之间的相互沟通与友好情谊,对于增进国家与国家之间的信任与合作,促进世界的和平与繁荣,比以往任何时候都重要。"② 近年来,随着中国外交的层次化和多元化,人文外交需要具备宽广的知识面以及强烈的爱国心,具备良好的人文情怀和深厚的人文修养,具有国际视野、扎实专业知识的应用型、复合型人才。

（二）外交学专业国学经典课程开设现状

近年来,根据人才培养目标,国内高校外交学专业纷纷增设了国学经典课程,但在具体执行过程中,还存在不少问题。一是认识的差异性。作为学校文化传承的重要主体,外交学专业师生对国学经典课程的认识还未统一,外交学专业育人体系与外交学专业的人才培养目标契合度不高,教师的认知和学生的参与性都略显不足。同时,国学经典教育未能与校园文化建设相结合,学生的体验感不足。2014 年教育部颁发《完善中华优秀传统文化教育指导纲要》,指出：要研究制定中华优秀传统文化教育的评价标准,将中华优秀传统文化教育作为教育现代化监测评价指标体系的重要内容;将中华优秀传统文化纳入课程实施和教材使用的督导范围,定期开展评估和督导工作。这一规定虽然对高校实

---

① 胡锦涛:高举中国特色社会主义伟大旗帜,为夺取全面建设小康社会新胜利而奋斗——在中国共产党第十七次全国代表大会上的报告［N］.人民日报.2007－10－25.

② 教育部:教育部产学合作协同育人项目对接会［N］.人民日报.2018－05－24.

施中华优秀传统文化过程进行了部署、要求，但实际情况是，高校缺乏落地措施，没有专门的管理机构，造成这一要求流于形式。二是课堂教学模式单一。目前，大部分高校对国学经典课程的建设投入稍显不足，课堂教学呈碎片化趋势，多以"快餐式"教学为主，缺少对学生的情感引导与生活关注。三是缺乏校园文化氛围。大学的校园文化，能使学生潜移默化地接受文化熏陶，促成自身人格养成。然而，目前一些高校的校园文化未能体现中华优秀传统文化。校园环境建设往往注重物质投入而忽视校园精神文化建设，人、财、物投入不协调。

针对当前国内高校国学经典课程开设现状，笔者认为，将国学经典有效融入课程思政，应重点从两方面着手：一是重视传统经典记诵的学习方法；二是利用信息技术创新国学经典课程的教育教学方法。

二、将国学经典融入外交学专业课程思政

中华优秀传统文化是习近平新时代中国特色社会主义思想的重要理论基础，是习近平外交思想的重要来源。2018年中央外事工作会议最重要的成果是确立了习近平外交思想的指导地位，习近平外交思想立足中国国情，汲取中华传统文化资源，具有鲜明的中国特色，中华传统文化所蕴含的"天人合一""天下大同""民为邦本"等思想与新时代习近平外交思想所倡导的"和平发展""开放包容""互利共赢"等理念一脉相承，是中国构建人类命运共同体和新型国际关系的重要依据，习近平外交思想对从事外交学、国际问题研究的学者提出了更高的要求——在把握好传统与现代、过去与将来、中国和世界的关系的同时，熟读中华传统经典，从中挖掘中华文化的深邃内涵，从而真正学懂中国文化。

(一)国学经典的内涵

广义的国学泛指中华文化与学术,包括文学、音乐、绘画、书法、建筑、戏曲等中华传统文化,既有浩瀚的典籍文献,又有其他非物质文化遗产为载体的学术、思想体系;狭义的国学则专指国学典籍,即本文中所说的国学经典。国学经典是中华民族在几千年的发展中积淀下来的精华,包括以"四书"(《论语》《孟子》《大学》《中庸》)、"五经"(《诗》《书》《礼》《易》《春秋》)为主的重要书籍和文献。国学经典不仅具有历史和文化价值,而且对于现代人来说具有重要的启示意义。通过阅读国学经典,可以深入了解中华文化的内涵和精髓,提高自身的人文素养和道德水平,从中汲取智慧和启示,为现代社会的发展提供有益的借鉴。

(二)国学经典的思政功能

国学的本质是人学,教育的根本是化人。国学经典中蕴含着几千年来人们形成的价值标准,如爱国主义和民族精神等,对学生树立正确的价值观具有引领作用。

1. 价值导向功能

2020年5月28日,教育部印发《高等学校课程思政建设指导纲要》的通知,提出立德树人成效是检验高校一切工作的根本标准。落实立德树人根本任务,必须将价值塑造、知识传授和能力培养三者融为一体、不可分割。全面推进课程思政建设,就是要寓价值观引导于知识传授和能力培养之中,帮助学生塑造正确的世界观、人生观、价值观。价值导向功能指能增强人们的民族自豪感、民族凝聚力。共同的语言文化是一个民族能够独立生存的重要载体,同时也是最为持久的载体。习近平总书记在党的十九大报告中指出,要深入挖掘中华优秀传统文化蕴含的思想观念、人文精神、道德规范，结合时代要求继承创新，让中华文化展现出永久魅力和时代风采。在全国宣传思想工作会议上又强调：育新人，就是要坚持立德树人、以文化人，建设社会主义精神文明，培育和践行社会主义核心价值观，提高人民思想觉悟、道德水准、文明素养，培养能够担当民族复兴大任的时代新人。

国学经典的价值导向功能具体体现在三个方面：一是对人们理想信念的引领作用；二是对个体发展的目标导向作用；三是具有规范人们行为的价值作用。以第一点为例，国学经典中有倡导天人合一、以人为本理念的典籍，也有歌颂爱国主义、民族主义的作品。学习这些经典，能够促进人的发展，提升人的精神境界，激发人们的爱国主义、民族主义精神。

2. 育人功能

2014年3月30日，教育部印发的《关于全面深化课程改革落实立德树人根本任务的意见》明确指出："立德树人是发展中国特色社会主义教育事业的核心所在，是培养德智体美全面发展的社会主义建设者和接班人的本质要求。课程是教育思想、教育目标和教育内容的主要载体，集中体现国家意志和社会主义核心价值观，是学校教育教学活动的基本依据，直接影响人才培养质量。"2016年，习近平总书记在全国高校思想政治工作会议上特别强调：要坚持把立德树人作为中心环节，把思想政治工作贯穿教育教学全过程，实现全程育人、全方位育人，努力开创我国高等教育事业发展新局面。

立德树人是通过培养、提高人们的思想品德认识和素养来实现的。国学经典涵盖了几千年来中华民族的先进思想观念、礼仪制度、思维模式、价值观念、审美情趣、风尚习俗等诸多内容，蕴含着"中国化"的为人处世哲学。而高校育人的宗旨就是让学生成人，帮助学生学会如何做人、怎样处世，在这些方面，国学经典与高校育人宗旨是相通的。

当今社会，部分学生存在理想信念模糊、奋斗精神缺乏、社会公德意识薄弱等一系列问题。发挥国学经典的育人功能，对培养学生全面成才具有重要意义。

三、新文科背景下国学经典融入外交学专业课程思政的实践路径

在新文科建设如火如荼的今天，国内各高校纷纷围绕学生的国学认知、专业素养、价值观塑造"三位一体"的课程思政设计思路，坚持知识学习与价值引领相结合，立足于中华优秀传统文化，结合习近平外交思想中的传统文化资源，引导学生品读经典，理解中华民族厚重的文化，守本开新，将中华民族的优良传统内化于心，外化于行。

（一）守本：在外交学专业课程中引入国学经典诵读环节

发挥课程思想政治教育的功能，是课程思政建设的核心所在。国学经典中蕴含着丰富的思政教育资源，怎样在外交学专业课程中有效发挥国学经典的育人价值，是广大教师要深入探索的问题。对此，笔者认为，可首先在课程中引入经典诵读环节。

诵，是一种既能表现经典的韵律节奏，同时又能体现以声传情的读书方式。诵读，即带着情感读出经典的韵味，读出经典的美。经典诵读是中华民族的传统教学模式。《周礼·春官宗伯下》云"以乐语教国子，兴道、讽诵、言语"，其中的"讽诵"，就是诵读。朱熹在《童蒙须知》里说道："凡读书，须整顿几案，令洁净端正，将书册整齐顿放，正身体，对书册，详缓看字，仔细分明。读之，须要读得字字响亮，不可误一字，不可少一字，不可多一字，不可倒一字，不可牵强暗记，只是要多诵遍数，自然上口，久远不忘。古人云：读书千遍，其义自见。谓熟读，则不

待解说，自晓其义也。"① 据此可以看出，经典诵读在学习中的重要性。

经典诵读对于外交学专业学生人文素养的培养至关重要，教师应该将经典诵读纳入日常教学活动，通过定期举办国学经典诵读比赛，创建国学经典诵读小组等方式，引导学生熟读经典，理解中华文化精髓，提高自身文化素养、精神修养以及民族自豪感。

（二）开新：在外交学专业课程中创新国学经典教育方式

除坚持开展传统的经典诵读外，教师应顺应时代要求，更新教育理念，充分发挥新媒体的作用，利用先进的信息技术，创新国学经典的教育方式。

1. 更新教育理念

新文科建设旨在提升学生综合人文素养、人文精神。打破学科之间的藩篱，加强学科之间的相互联系，发挥知识的整体优势。要创新国学经典的教育方式，教师应更新教育理念。首先，教师需要深入了解和研究国学经典，把握其核心思想和教育意义，以便能更好地传授给学生。其次，新文科建设强调学科之间的交叉融合，国学经典与许多现代学科都有密切的联系，如文学、历史、哲学等。教师可以尝试跨学科整合，使学生能够更全面地理解国学经典。再次，教师应明白，国学经典教育不仅仅是知识的传授，更是一种人文精神的传承，要注重培养学生的道德观念、人文素养和独立思考的能力。最后，国学经典不仅要在课堂上学习，更要在实践中应用。教师可以组织一些实践活动，如志愿服务、文化交流等，让学生在实际行动中体验和感悟国学经典的魅力。总的来说，更新教学理念对教师来说是一个持续不断

---

① 朱熹. 朱子全书［M］上海：上海古籍出版社，2002：393.

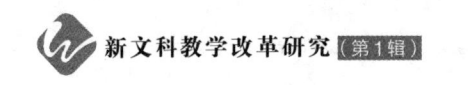

的过程，需要不断学习、探索和实践。

2. 发挥新媒体的作用

教师要充分发挥新媒体的作用，开展国学经典教育。首先，教师可以利用网络课程、教学视频、互动游戏等新媒体资源，丰富教学手段，提高学生的学习兴趣。例如，可以制作一些有关国学经典的动画、漫画，让学生在轻松愉快的氛围中学习经典。其次，要发挥新媒体的传播优势。新媒体具有传播速度快、覆盖面广的特点，教师可以通过社交媒体、短视频等平台，发布有关国学经典的文章、视频，让更多人了解和认识经典文化。再次，新媒体具有交互性强的特点，教师可利用新媒体加强师生互动。例如，教师可以利用在线教育平台、即时通讯工具等，与学生进行实时互动，解答学生问题，了解学生学习情况，及时调整教学策略。总之，教师可通过丰富教学手段、发挥传播优势、加强师生互动等方法，充分发挥新媒体在国学经典教育中的作用，提高教育效果，传承中华文化、弘扬民族精神。

3. 利用先进的信息技术

教师可以充分利用信息技术的高效、互动和个性化特点，提升国学教育的质量和效果。

首先，教师可利用信息技术将国学经典进行数字化处理，制作数字教材。这不仅可以方便学生随时随地通过网络进行学习，还能以更加生动形象的方式呈现国学内容，增强趣味性。其次，教师可以通过在线教育平台，开展线上国学经典教学。这不仅可以方便学生与其他学生交流互动，还可以根据学生的学习情况和兴趣，推荐相应的补充课程和资料，实现个性化教育。再次，教师可以利用虚拟现实技术，对国学经典中的场景和人物进行模拟还原，为学生提供沉浸式的体验和学习。例如，通过虚拟现实技术还原古代的建筑、服饰和礼仪等，让学生更加深入地了解古代文化。最后，教师可以利用大数据技术对学生的学习情况和行为进行分析,以更好地理解学生的学习需求。通过分析学生的学习数据,教师可以优化教学内容和方法,提高教学效果。

作者简介:
　　姬喻波,男,硕士,助理研究员。主要研究方向:中国古代文学。

基于扎根理论的大学英语混合式教学学生满意度影响因素探究[*]

赵华雪

（四川外国语大学通识教育学院　重庆　400031）

摘　要：学生满意度是一流课程（或称"金课"）的评价标准之一。为探究学习者对大学英语混合教学模式满意度的影响因素及提升策略，本研究以扎根理论为基础，对访谈和问卷调查收集的数据进行分析，从平台界面、学生预期、感知价值、感知质量、学生忠诚度和学生投诉与抱怨等六个维度探究学生对大学英语混合式教学的满意度因素模型。经过多轮信效度测试，发现上述六个维度对学生混合式教学模式的满意度均有不同程度的影响，其中以感知价值和学生忠诚度最为突出。因此，要提高学生对大学英语混合教学模式的满意度，教师需重视教学平台设计的科学性和严谨性；还需重视学生学习心理，关注学生学习过程，在完善教师自我的基础上精准设计教学。

关键词：扎根理论；混合式教学；学生满意度；大学英语

---

[*] 本文系四川外国语大学校级科研青年项目"基于扎根理论的MOOC学习者满意度影响因素研究"（项目号：sisu2018072）、重庆市教育科学"十三五"规划2019年度课题"基于UNIPUS数字化智慧教育平台的C-PBL混合式教学构建及应用策略研究"（项目号：2019-GX-389）的阶段性成果。

21世纪以来，众多国家将教育信息化作为一项教育改革的重要指标并纳入相关政策文件。美国自1996年起每五年制定一次教育信息化发展纲领性文件《国家教育技术规划（NETP）》[1]；日本于2019年6月公布《学校教育信息化推进法》，确定了学校教育信息化发展的基本理念、实施规划以及相关必要事项[2]；欧盟委员会于2020年9月发布《数字教育行动计划（2021—2027年）》，呼吁欧洲各国参与到教育信息化行动中[3]。当前我国教育信息化发展正在急速向前推进，近年来教育部发布了多个相关文件，如《教育信息化十年发展规划（2011—2020年）》《教育信息化2.0行动计划》《教育部2022年工作要点》等，明确指出推动信息化时代的教育创新尤为重要，促进传统教育、在线教育以及线上线下混合式教育的协同发展，需要从教学环境、系统平台、数字资源等多方建设着手，倡导利用混合式教学理念转变原本传统的教学模式，推动教育教学的根本性变革。混合式教学在教育领域的增速发展，让广大学者产生了浓厚的研究兴趣。研究学生对混合式教学的满意度，能帮助教师获得反馈，提高教学效果。然而，在开展混合式教学的过程中，哪些因素会影响学生对混合式教学的满意度，还有待进一步研究。本文基于扎根理论开展访谈和问卷调查，收集大学英语课程学生的评价，探究影响学生满意度的主要因素，旨在从学习者的角度出发，自下而上地建立相应的理论框架。

---

[1] 尹佳，高守林，卢蓓蓉.美国《2016国家教育技术规划》解读[J].世界教育信息，2016，29（8）：10—17.

[2] 陈晓婷.日本实施教育信息化相关法律[J].世界教育信息，2019（17）：78—79.

[3] 董丽丽，金慧，李卉萌，袁贺慧.后疫情时代的数字教育新图景：挑战、行动与思考——欧盟《数字教育行动计划（2021—2027年）》解读[J].远程教育杂志，2021，39（1）：16—27.

一、混合式教学学生满意度模型构建

本研究以中国顾客满意度指数（China Customer Satisfaction Index，简称 C-CSI）模型为主要依据①，结合 S 大学实施混合式教学的实际情况对模型进行适当修改，构建学生满意度初始模型，包括平台界面、学生预期、感知质量、感知价值、学生忠诚度及学生投诉与抱怨等六大维度（如图1），并作出如下研究假设（见表1）。

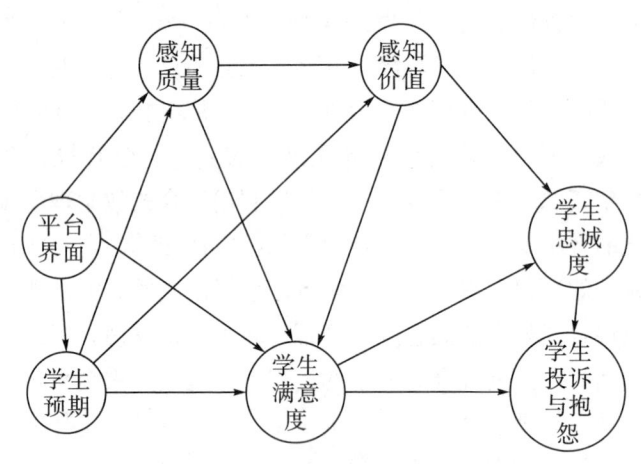

图1 混合式教学学生满意度初始模型

表1 混合式教学学生满意度模型研究假设

编号	假设命题
H1	平台界面会对混合式教学的学生预期产生显著影响
H2	平台界面会对学生感知混合式教学质量产生显著影响
H3	平台界面会对学生感知混合式教学价值产生显著影响

---

① 关于此模型，详见赵凌霞. 大学混合式教学学生满意度影响因素研究——基于 L 大学运行现状的调查［D］. 兰州：兰州大学硕士学位论文，2022：53.

续表

编号	假设命题
H4	平台界面会对混合式教学的学生满意度产生显著影响
H5	学生预期会对学生感知混合式教学质量产生显著影响
H6	学生预期会对学生感知混合式教学价值产生显著影响
H7	学生预期会对混合式教学的学生满意度产生显著影响
H8	感知质量会对学生感知混合式教学价值产生显著影响
H9	感知质量会对混合式教学的学生满意度产生显著影响
H10	感知价值会对混合式教学的学生忠诚度产生显著影响
H11	感知价值会对混合式教学的学生满意度产生显著影响
H12	学生满意度会对混合式教学的学生忠诚度产生显著影响
H13	学生满意度会对混合式教学的学生投诉与抱怨产生显著影响
H14	学生投诉与抱怨会对混合式教学的学生忠诚度产生显著影响

二、研究方法

本文利用扎根理论对 S 大学非英语专业本科生"综合英语"课程参与度影响因素进行探讨。扎根理论是由美国学者 Barney Glaser 和 Anselm Strauss（1967）[①]提出的一种自上而下建立理论的定性研究方法，强调行动的重要性，注重对有问题的情境进行处理，在解决问题的过程中产生方法。另外，该理论主张采用实地观察和深度访谈的方法收集资料，强调从行动者的角度理解社会互动、社会过程和社会变化。扎根理论的研究流程如下

---

① Glaser B. G., Straus A. L. The Discovery of Grounded Theory: Strategies for Qualitative Research [M]. New York: Aldine Publishing Company, 1967.

(如图2)：第一，确定研究问题；第二，确定数据收集方法；第三，收集数据资料；第四，对数据进行逐级编码；第五，对数据进行理论饱和度检验。如果理论饱和度检验未通过，则需要再次进行数据收集。其中，对数据进行逐级编码是扎根理论研究流程的核心环节，编码按级别由高到低排列，依次为开放编码、主轴编码、选择编码。

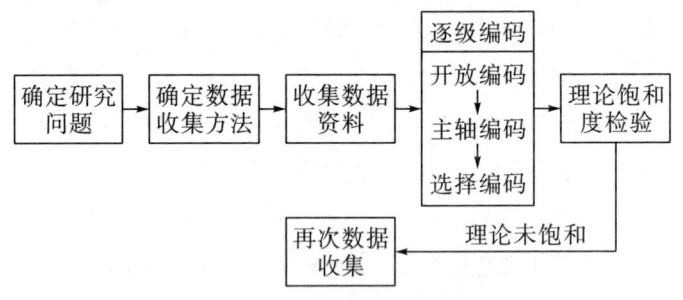

图2 扎根理论研究流程

本研究以扎根理论为基础，通过访谈和问卷调查收集数据，具体方式如下。

首先，研究者通过对学生的访谈收集数据。在访谈中，每个研究对象可以对自身经验进行描述、反思和阐释。访谈对象主要为S大学非英语专业一、二年级本科生，以及自愿参与访谈的其他学生。访谈在线上进行，分为预访谈和正式访谈两个阶段，其中开展预访谈的目的是确定访谈问题的客观性、清晰性和有效性，故此阶段收集的数据无效。访谈过程中，研究者需要保持客观、中立的态度，积极聆听并记录有效线索，同时要注意避免先入为主的引导和提示。研究者需在征得访谈对象同意后进行录音，以便后续进行数据分析。

访谈主要围绕三个主题：对课程满意度的理解、影响课程满意度的因素、混合式教学课程满意度提升建议，研究者需通过提出半结构性的、非判决式的开放式问题，收集学生意见。

其次，研究者制作了《"综合英语"课程满意度影响因素调查问卷》，该问卷共有 30 题，其中 1—3 题为本科生被试人口统计特征调查，包括性别、年级、学科等；4—10 题为综合英语课程满意度现状调查；11—30 题为六大影响因素（平台界面、学生预期、感知质量、感知价值、学生忠诚度、学生投诉与抱怨）对课程满意度的影响效果调查。30 个问题均参考经典量表进行设计。问卷采用 Likert 7 点计分法①，通过问卷星发放并回收，经由系统和人工筛选，获取有效问卷 269 份。

三、混合式课程满意度模型检验

模型检验是确定上述所建构课程满意度模型科学合理与否的基础。为了提高研究结果的解释性和科学性，研究者对访谈和问卷调查所收集的数据进行了统计和分析，以此为基础对混合式课程满意度模型进行了验证。

（一）信度检验

信度是指问卷调查的稳定性和可靠性②，通过反映问卷调查结果受到随机误差影响的程度，来确定问卷编制的合理性，进而确保问卷调查结果的可信性。问卷信度越高，调查结果的一致性和再现性就越高，问卷调查标准误差就越小。使用 SPSS22.0 对问卷的信度进行分析，发现影响学生对混合式教学满意度的各因素的信度系数均在 0.80 以上（见表 2）。这表明问卷内容与主题的相关系数比较高，问卷结果可信度较高。

---

① Arbaugh J. B. Virtual Classroom Characteristics and Student Satisfaction with Internet-Based MBA Courses [J]. *Journal of Management Education*，2000，24(24)：32−54.

② Aidin, Hashim. A study of student satisfaction in a blended learning system environment [D]. Master's thesis, Universiti Teknologi MARA, 2014.

表 2　学生对混合式教学满意度影响因素的信度系数

平台界面	学生预期	感知质量	感知价值	学生忠诚度	学生投诉与抱怨
0.896	0.801	0.831	0.820	0.828	0.853

（二）差异检验

研究者根据已收集的样本，对混合式教学学生满意度进行了性别维度上的差异性检验（见表3）。结果显示，学生的性别对混合式教学学生满意度的影响不存在明显的差异。

表 3　学生对混合式教学满意度的差异检验

学生满意度	方差方程的 Levene 检验		均值方程的 T 检验				
	F	Sig	T	Sig（双侧）	均值差值	标准误差值	差分的95%置信区间 下限	差分的95%置信区间 上限
假设方差相等	8.903	0.003	1.521	0.129	0.085	0.056	−0.025	0.194
假设方差不相等			1.494	0.136	0.085	0.057	−0.027	0.196

（三）线性回归检验

研究者运用 SPSS22.0 对学生对混合式教学满意度的六个影响因素的路径系数及显著性进行了线性回归检验，结果如下：平台界面、学生预期、感知质量、感知价值、学生忠诚度、学生投诉与抱怨均能显著地影响课程满意度，其中平台界面的路径系数最高（0.43），其后依次为感知质量（0.40）、感知价值（0.39）、学生忠诚度（0.32）、学生预期（0.28）和学生投诉与抱怨（0.27）。

表4　六大影响因素的路径系数及显著性

假设	路径	路径系数	T值	P	显著性
H1	平台界面	0.43	12.91	0.001	显著
H2	学生预期	0.27	8.87	0.001	显著
H3	感知质量	0.40	12.91	0.001	显著
H4	感知价值	0.39	10.43	0.001	显著
H5	学生忠诚度	0.32	10.40	0.001	显著
H6	学生投诉与抱怨	0.28	9.56	0.001	显著

四、研究结果

从以上分析可见，影响学生对混合式教学满意度的六个因素中，平台界面对学生满意度的影响最为显著，信度价值为0.896。线上教学平台作为混合式教学实践的重要工具，其功能设计、平台质量、资源呈现方式、学习氛围等都会直接影响学生的满意度，继而影响学生对混合式教学的态度。

感知质量对学生满意度的影响较为显著。学生通过教师教学方式、助教辅助行为、课程资源、平台支持及评价方式等，多方面地感知混合式教学质量，从而评判对混合式教学的满意度。

学生预期部分影响着学生对混合式教学的满意度。学生预期为内因潜在变量，是学生在开始学习前对混合式教学的课程资源、教学质量等方面的期待，这种期待会对学生的满意度产生或多或少的影响。相较于学生期望，学生影响程度最小。

学生满意度对学生忠诚度的直接影响较为显著。调查得知，53%左右的学生表示对混合式教学的发展前景充满信心，愿意继续参与课程；约55%的学生愿意向身边同学推荐混合式教学课程。而学生满意度对学生投诉与抱怨影响效应值较低，是由于本研究将其分为积极性与消极性,这并不代表其影响显著性不高。有44%~53%的学生反馈,当发现混合式教学存在问题时,会选择通过积极的方式,如直接在平台讨论区提出意见或建议等,做出反馈;而37%~45%的学生可能会出现消极行为,如私下与同学抱怨、选择放弃学习等。研究者通过进一步探究各项具体指标,发现学习者对教学过程中课堂互动交流环节的满意度最低。学生在体验混合式教学时,不论在线上还是线下,对师生、生生间的互动交流尤为重视,提出了"线上多互动,线下多探讨交流""加强沟通交流,提升课堂趣味性""多交流多沟通,增强师生了解"等建议(见表5)。

表5 深度访谈文本摘选

序号	答案文本
1	多提问,多在线上提问交流
2	线上多互动,线下多探讨交流
3	增加师生交流
4	增加课堂趣味性
5	多增加师生间的互动
6	提升课堂互动
7	增加师生互动
8	互动太少,容易注意力不集中
9	增加学生与老师的互动
10	根据实际情况多多听取学生建议
11	多交流多沟通,增强师生了解
12	增加线上授课的趣味性和互动
13	老师与学生多一点互动
14	增强交流,增加趣味

续表

序号	答案文本
15	多一些师生互动吧
16	加强沟通交流，提升课堂趣味性
17	多点互动吧，不然上课好无趣，不要照着书读
18	提高交互性，提高互动
19	多提问，不然有同学会拿着手机躺床上
20	能采取更多样的方式来加强师生的沟通
21	多沟通交流
22	师生多互动

五、大学英语课程满意度提升对策建议

（一）优化教学平台，改进教学设计

混合式教学主要表现为传统的课堂授课和网络平台学习有机结合的模式。对学习活动进行合理设计，可以使学习过程顺畅、有效。首先，教师可以收集开发一些有助于学生完成学习目标的教学资源，对这些资源按需合理编辑，按时发布，让学生进行自主学习，为教学活动做好准备。教师使用网络平台教学，最大的意义在于能够及时、实时得到学生学习情况的反馈，这是传统的课堂教学很难做到的。其次，教师需要在混合式教学平台的辅助下进行更加有效的教学设计，为优化教学做好铺垫。值得注意的是，网络教学平台的使用效果取决于教师如何根据课程需要进行科学的规划和安排，如何时发布任务、发布什么任务、应该给学生做出怎样的回应，等等。

（二）关注学习过程，促进学生深度参与

当前，大多数高校都在进行本科生课程教学改革，鼓励广大一线教师主动进行教学创新，提高学生学习效果和效率。很多教师利用近年来流行的翻转课堂、对分课堂等教学方式，突破接受式学习的限制，提升学生的课堂参与度。但在具体实施过程中，仍然存在着形式化的误区。本研究数据表明，在学习过程中，方式、活动和策略是提升学生参与度的关键。教师应以启发式思维为指导，关注学生的学习过程。

首先，教师要设计一些让学生能够多元参与的学习活动，以此为载体，以学习反思为催化剂，强化学习效果。教师应以自身认知为基础设计一些促进身心统一的学习活动，并以结构化反思活动设计促进学生深度学习。

其次，教师要引导学生进行建构式、交互式学习。根据美国学者加涅的学习分类理论，建构式、交互式学习效果要优于被动式、主动式学习，学生的参与度更高。因此，教师应多设置对话式、合作式学习情境，促进学生进行建构式、交互式学习。值得一提的是，教师并不能否定被动式、主动式等个体化学习的价值，因为建构式和交互式学习也是基于学生个体化学习的。

再次，提高学生学习策略使用能力也尤为重要。俗话说，授人以鱼，不如授人以渔，教师应以学科知识、技能学习为载体，对学生进行学习策略能力培养，帮助其具备应用有效学习策略的能力，主动参与学习。

（三）教师完善自我，引领学生有效参与互动

教师是学生学习进程中的陪伴者、引导者、示范者，也是设计者、组织者、协调者。因此，教师的自我认同与完善，也是激励学生参与课堂的重要因素。

首先，教师应该提升自身魅力，为学生学习参与做全方位示范，做到言传身教。教师是教育发展的重要基石，教师的语言表达、知识解构与建构、学习输出、学习态度、工作态度等，在很大程度上决定了教师在认知、情感和行为等维度对课程的理解程度。教师在学生的学习过程中起着重要的示范和引领作用，为学生有效参与课堂提供极大帮助。

其次，教师应尽量拉近与学生的距离，建立较为亲密的师生关系，为学生创造一个良好的学习环境。师生关系是学生有效参与课堂学习的重要因素。教师作为师生关系建构及质量保障的第一责任人，应从教学相长、情感互动、合作共创等方面构建师生学习共同体。师生关系的建立以学习内容和学习成果为载体，以对话交流和反思探索为路径，以情感互动和互通为基础，引导和促进学生学习参与，对发展学生学习能力起着不可或缺的积极作用。

作者简介：

赵华雪，女，1987年生，硕士，讲师。主要研究方向：英语教学、现代教育技术。

新文科背景下新专业建设的逻辑重构与实施路径研究[*]

林 川

(四川外国语大学国际金融与贸易学院 重庆 400031)

摘 要：新文科建设是新时代文科教育发展的内在要求，强调了新科技革命推动下的专业融合发展。本文以四川外国语大学国际金融与贸易学院金融科技专业为例，在分析当前经济学学科专业设置情况的基础上，提出新文科背景下经济学学科的新专业建设应以"交叉融合、科技赋能、国际协同、迭代创新"理念为指导，立足于专业核心竞争力、专业发展内在规律、专业人才培养内在要求，重塑专业建设理念与思路，加强专业之间的交叉融合，推动专业发展的科技化，优化课程体系与内容，加大专业实践教学力度，提升专业发展的国际视野，打造良好的师资队伍，推动专业建设。

关键词：新文科；新专业建设；金融科技

---

[*] 本文系重庆市研究生教育教学改革研究一般项目"人工智能时代国际商务专业硕士点建设的实践与探索研究"（项目号：yjg213109）、四川外国语大学本科教学改革研究重点项目"'新文科'背景下国际化多元融合人才培养的模式与路径研究"（项目号：JY2296102）、重庆市教育科学"十四五"规划2021年度课题"'新文科'背景下国际商务谈判人才培养的创新探索与实践研究"（项目号：2021－GX－360）、四川外国语大学教学改革研究项目"产学融合、协同育人：国际商务谈判课程三方交互式实训与实践创新"（项目号：JY2380255）的阶段性成果。

引 言

新文科建设是为了适应经济社会发展变革以及哲学社会科学发展新特点而进行的传统文科教育变革,是一种内省式、反思式的主动建构,也是为了培养具有硬通识、强能力、新思维、新担当的新时代青年,对传统文科教育做出的回应[①]。与传统文科相比,新文科是一种教育思维方式的转换,是教育理念从简单性到复杂性的转换,是从还原论到整体论的转换,因此新文科建设需要以多学科、跨学科、超学科的交叉、交流、交融为基础,反思传统文科发展过程中的规律与弊端,形成新内容、新学科、新范式、新方法[②]。

在强调以问题导向的多学科协同探索与跨时域比较为核心的新文科背景下,专业建设不但是重要内容,也是人才培养的基础。《新文科建设宣言》明确指出,要促进专业优化,积极推动人工智能、大数据等现代信息技术与文科专业深入融合,积极发展文科类新兴专业,推动原有文科专业改造升级。传统文科专业内涵相对单一,专业之间的联系也较少,这在一定程度上限制了这些专业的发展,所培养人才也存在专业信心缺失的问题,因此,专业建设迫在眉睫。经济学学科的相关专业在文科专业中普遍处于突出地位,它们除了具有成型的理论体系,还具有较强的应用性与实践性,以及对社会经济发展的适应性与服务性。而这些专业旨在培养具有国际视野的高素质人才,尤其是在数字经济时代,更加需要培养懂经济知识、通国际语言、具信息思维、精数字技术的新时代人才。

---

① 李凤亮. 新文科:定义·定位·定向[J]. 探索与争鸣,2020(1):5-7.
② 刘曙光. 新文科与思维方式、学术创新[J]. 上海交通大学学报(哲学社会科学版),2020(2):18-22.

随着新文科建设的开展,很多高校开始了专业建设优化的实践,广大学者也针对新文科背景下专业建设问题开展了研究。周杰和林伟川指出地方院校新文科时期的专业建设需要拓宽教育视野,优化学科布局,改革培养方式,以此强化专业建设的质量意识[1];何万国和兰刚指出地方高校新文科专业建设应坚持新的发展理念,探索学科交叉的融合路径,重构新文科的培养方案,完善跨界协同的育人机制,促进新文科条件达到新水平[2];卢晓东指出新文科时期专业建设应注重三个方向,即以新的逻辑线索对传统院系和学科的课程"重混",以多视角审视专业建设的创新发展,以新技术聚焦于专业的方法建设[3];陈晓红和丁航指出新文科背景下人文社科类专业应注重改革的重点与特色,应搭建开放式、跨学科的人才培养平台,打造明确专业定位的特色专业[4]。同时,也有部分学者针对新文科时期经济学类专业的建设进行了研究。洪永淼指出新文科时期的中国经济学应采取科学的研究范式与研究方法,将定量与定性进行有机结合,注重学科与专业的交叉[5];乔榛和吴艳玲指出新文科背景下经济学专业创新发展需要构筑创新型的专业知识体系,需要建立适应人工智能时代的人才培养体系,需要提升专业教师队伍的创新能力和水

---

[1] 周杰,林伟川. 地方院校新文科专业建设的掣肘及路径[J]. 教育评论,2019(8):60-65.

[2] 何万国,兰刚. 地方高校新文科专业建设策略[J]. 重庆文理学院学报(社会科学版).,2021(3):117-126.

[3] 卢晓东. "重混":新文科专业建设的三个方向[J]. 北京教育(高教),2022(7):8-14.

[4] 陈晓红,丁航. 新文科背景下人文社科类专业改造升级路径探索[J]. 黑龙江教师发展学院学报,2022(11):32-35.

[5] 洪永淼. "新文科"和经济学科建设[J]. 新文科教育研究,2021(1):63-81.

平[1]；吕素香和倪国华指出经济类专业新文科建设需要调整培养目标，明确培养着力点，改进培养方案，落实专业建设的制度保障[2]；于明远指出新文科背景下经贸类一流专业需要强化基层教学组织的建设，促进专业优化，夯实课程体系，推动专业建设模式的创新[3]；胡敏沪指出新文科背景下经管类专业建设应坚持专业体系的创新性，推动专业发展的科技化，注重专业发展的宏微并重，增强专业发展服务社会的能力，拓展专业发展的国际化视野[4]；郑展鹏等指出新文科背景下经济学一流专业建设应坚持以立德树人为本，夯实经济学类专业的新文科建设基础，实施课程建设与课堂教学创新，提升课堂教学质量，加大实践教学的推进力度，筑牢教学质量底线思维[5]。

四川外国语大学国际金融与贸易学院现有三个经济类专业，即国际经济与贸易、金融学、金融科技，其中金融科技为新文科建设时期的新设专业。在国际经济与贸易、金融学两个专业的建设基础上，金融科技专业于2020年申报成功，2021年开始招生。经过近年来的建设，金融科技专业成功获批校级微专业建设项目、校级新文科实践基地项目等，显示出良好的发展态势。本文以四川外国语大学金融科技专业的建设实例为基础，分析新文科背景下新专业建设的逻辑重构与实施路径。

---

[1] 乔榛，吴艳玲. 新文科建设背景下的经济学专业创新发展研究[J]. 黑龙江教育（高教研究与评估），2021（5）：37-39.

[2] 吕素香，倪国华. 经济类专业新文科建设的探索与实践[J]. 北京教育（高教），2021（5）：49-51.

[3] 于明远. "新文科"与经贸类一流本科专业建设探索[J]. 现代商贸工业，2021（36）：136-137.

[4] 胡敏沪. 新文科背景下经管类专业建设探索[J]. 绥化学院学报，2022（5）：118-121.

[5] 郑展鹏，陈少克，吴郁秋. 新文科背景下经济学类一流专业建设面临的困境及实践[J]. 中国大学教学，2022（9）：33-39.

一、新文科时代经济学专业设置情况

根据教育部2022年颁发的《普通高等学校本科专业目录》（简称《目录》），2015年之后增设的文科类专业共有119个，其中2021年新增设的文科类专业有13个（见表1）。可见，随着新文科建设的推进，更多服务于经济社会发展的新专业开始出现，这些专业的开设保证了高校人才培养的及时性、创新性，能够极大地满足数字经济时代社会变革的新要求。

表1 2021年新增设的普通高等学校本科文科类专业

专业代码	专业名称	专业类	学科门类
020203TK	国际税收	财政学类	经济学
020403T	国际经济发展合作	经济与贸易类	经济学
030108TK	纪检监察	法学类	法学
030623TK	铁路警务	公安学类	法学
040114TK	劳动教育	教育学类	教育学
060109T	科学史	历史学类	历史学
120217TK	海关稽查	工商管理类	管理学
120418T	慈善管理	公共管理类	管理学
130314TK	曲艺	戏剧与影视学类	艺术学
130315TK	音乐剧	戏剧与影视学类	艺术学
130412TK	科技艺术	美术学类	艺术学
130413TK	美术教育	美术学类	艺术学
130513TK	珠宝首饰设计与工艺	设计学类	艺术学

根据《目录》，经济学学科门类下的专业分为经济学、财政学、金融学、经济与贸易等四类，包括25个专业，其中有8个专业系2015年新增，有2个专业系2021年新增（见表2）。

表2 普通高等学校本科经济学门类专业目录

专业代码	专业名称	专业类	学科门类	增设年份
020101	经济学	经济学类	经济学	
020102	经济学统计学	经济学类	经济学	
020103T	国民经济管理	经济学类	经济学	
020104T	资源与环境经济学	经济学类	经济学	
020105T	商务经济学	经济学类	经济学	
020106T	能源经济	经济学类	经济学	
020107T	劳动经济学	经济学类	经济学	2016
020108T	经济工程	经济学类	经济学	2017
020109T	数字经济	经济学类	经济学	2018
020201K	财政学	财政学类	经济学	
020202	税收学	财政学类	经济学	
020203TK	国际税收	财政学类	经济学	2021
020301K	金融学	金融学类	经济学	
020302	金融工程	金融学类	经济学	
020303	保险学	金融学类	经济学	
020304	投资学	金融学类	经济学	
020305T	金融数学	金融学类	经济学	
020306T	信用管理	金融学类	经济学	
020307T	经济与金融	金融学类	经济学	
020308T	精算学	金融学类	经济学	2015
020309T	互联网金融	金融学类	经济学	2016
020310T	金融科技	金融学类	经济学	2017
020401	国际经济与贸易	经济与贸易类	经济学	

续表

专业代码	专业名称	专业类	学科门类	增设年份
020402	贸易经济	经济与贸易类	经济学	
020403T	国际经济发展合作	经济与贸易类	经济学	2021

注：表中标灰部分系2015年以后新增专业。

二、新文科背景下新专业建设的逻辑重构

新文科背景下的新专业建设需要坚持"交叉融合、科技赋能、国际协同、迭代创新"的理念。以经济类新专业的建设为例，交叉融合指的是新专业应与其他理工类专业进行交叉融合，取长补短；科技赋能指的是新专业的建设与科技发展相结合，在课程设置、实验设计、联合培养基地建设等方面，都应充分考虑新科技革命对专业产生的影响；国际协同指的是在经济类新专业的建设过程中应具有国际化视野，加强与国外高校的合作，培养具备国际化能力的新经济人才；迭代创新指的是在经济类新专业的建设过程中，应从理念到行动上对人才培养目标与要求、课程设置、教学方法等进行创新。只有坚持上述理念，才能满足新文科建设的要求。本文在此基础上，重构了经济类新专业的建设逻辑（见图1）。

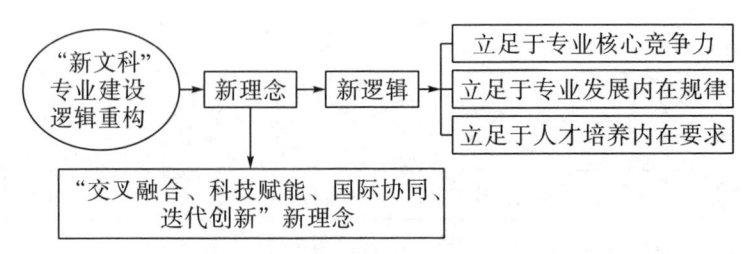

图1 新文科时期新专业建设的逻辑

首先，新专业的建设立足于经济类专业的核心竞争力。专业核心竞争力主要体现为专业特色与比较优势。在新文科时期，经济类专业通过探索专业核心竞争力的重要内涵与本质，把握专业核心竞争力的构成要素，推动新文科战略成为经济学专业建设的有力支撑，实现整个经济学类专业体系的向前发展。四川外国语大学国际金融与贸易学院金融科技专业在科学把握专业建设与新文科建设关系的同时，推动与其他如国际经济与贸易、金融学等专业资源的科学整合，并结合学校现有的国际资源，形成了专业建设的特色发展方向。

其次，新专业的建设立足专业发展内在规律，把握专业发展方向。在新文科建设时期，面对经济类专业建设的新趋势与新挑战，把握专业建设的内在规律，可以帮助分析和解读专业建设规律，引领专业建设。四川外国语大学国际金融与贸易学院金融科技专业立足于其内在发展规律，结合新文科时期人才培养要求，有针对性地开展专业建设。

最后，新专业的建设立足于新时代人才培养的内在要求。专业建设最终目标是服务于人才培养。四川外国语大学国际金融与贸易学院金融科技专业充分考虑地区经济社会发展需要，致力培养掌握数字技术的国际化人才，实现人才培养与专业建设的同向与同步发展。

三、新文科背景下新专业建设的实施路径

（一）重塑专业建设理念与思路

要推动新专业的建设，各高校需要学习、领会新文科建设的相关文件，明晰新文科与传统文科的差异，了解新文科背景下各专业需要做什么以及怎么做。各高校需要重塑专业建设的理念与思路，以新文科建设的理念为指导，把握专业建设的内涵和发展

规律，促进专业质性的丰富和竞争力的提高。以四川外国语大学金融科技专业的建设为例，各高校应充分了解该专业与学科既有专业的差异，用新的理念与思路构建发展脉络，提高专业建设的深度与广度。

（二）加强专业之间的交叉融合

要推动新专业的建设，各高校需要促进不同专业之间的交叉与融合，这是新文科建设跨学科性、技术性、整体性的要求。以四川外国语大学金融科技专业的建设为例，既需要与金融学、国际经济与贸易等相关专业进行交叉融合，实现经济学基础知识的贯通，也需要与大数据应用与管理、计算机技术等专业进行交叉融合，保证专业建设符合科技革命的时代要求，更需要同语言类专业进行交叉融合，以此充分利用学校的语言优势，培养具有国际化素养的新文科人才。

（三）推动专业发展的科技化

要推动新专业的建设，各高校需要推动专业发展的科技化。金融科技专业本身就与传统的经济类、金融类专业不同，是一个具有较强硬度的专业，这既是金融行业在数字经济时代发展的趋势体现，也是金融科技专业本身属性所决定的。因此，伴随着大数据、云计算、区块链、人工智能等技术在金融领域的应用，金融科技专业的教师需要将这些技术类的知识传授给学生，保证学生所学知识与行业要求匹配，缩短专业与行业的距离。与此同时，专业建设过程中也需要加强科技化元素的应用，呈现专业建设开放性、可视性、交互性、虚拟性的特征。

（四）优化课程体系与内容

要推动新专业的建设，各高校需要优化课程体系与内容。传统的经济学课程，多以理论讲授为主。如前所述，金融科技是一个"硬度"较强的专业，教师需要为学生教授与行业接轨的"硬"课。四川外国语大学的金融科技专业开设了与数据挖掘、数据清洗、区块链、人工智能以及软件使用等课程。教师还在课程内容中加入了与行业前沿相关的一些内容，保证学生能够更好地了解行业、把握行业。

（五）加大专业实践教学力度

要推动新专业的建设，各高校需要加大专业实践教学力度。新文科建设强调对学生实践能力的培养。金融科技专业本身就是一个要求将理论与实践相结合的专业。因此，需要加强对实习实践的重视，强调专业建设的理论与实践相结合。具体路径有三：一是积极拓展新的实践教学基地，加强与金融科技类企业的合作，为学生提供更多的实习实践机会；二是强化与原有实践教学基地的合作力度；依托与部分企业共同建立的合作基地，为学生提供与金融科技相关的实习实践岗位；三是鼓励学生积极参与各类实践竞赛，如金融科技、区块链等比赛，以及金融投资模拟大赛等，以赛代练，让学生对金融科技环境有更加深入的了解。

（六）提升专业发展的国际视野

要推动新专业的建设，各高校需要提升专业发展的国际视野。以四川外国语大学为例，学校可依托特有的国际化资源与强外语特色，建立交叉专业，加强与海外高校的合作，培养学生的语言能力与国际化素养，为学生提供更多了解世界的机会。

（七）打造良好的师资队伍

要推动新专业的建设，各高校需要打造良好的师资队伍。教师是专业建设的最终实施者。金融科技作为新专业，虽然与传统专业具有一定的关联性，但是部分新知识、新课程、新体系是传统专业所不具备的。例如，"金融科技软件""数据挖掘""数据清洗"等课程。为了更好地完成上述新课程的教学工作，高校应努力做到两个方面的工作：一是加强人才的引进，尤其是具有数学或计算机专业背景，或是硕博在读期间以金融科技为研究方向的人才；二是加强对现有教师的培训，对于具有承担相应课程能力的教师，应组织集中培训或鼓励其参加个人培训，提高教学能力。

作者简介：

林川，男，1985年生，博士，教授。主要研究方向：公司金融。

新文科视域下摄影教学实践模式创新探究[*]

——以四川外国语大学摄影教学实践为例

刘利刚　郑　洁

(四川外国语大学新闻传播学院　重庆　400031)

摘　要：当前中国高校的摄影教学实践存在诸多问题，如场地问题、设备问题、师资问题、理论及审美素养问题等。新文科建设理念为解决上述问题提供了新理念和新方法。本文在文献梳理的基础上，分析了中国高校摄影教学实践的现状；结合访谈法，以四川外国语大学新闻传播学院摄影的教学实践为研究对象，基于"任务驱动法"探索摄影教学实践新模式。

关键词：新文科；摄影；教学实践；模式创新

2020年11月，教育部发布《新文科建设宣言》，指出新文科建设对于推动文科教育创新发展、构建以育人育才为中心的哲学社会科学发展新格局、加快培养新时代文科人才、提升国家文化软实力具有重要意义，其中特别提及"抓好中国新闻传播大讲

---

[*] 本文系四川外国语大学教学改革项目"'体认+'时代传媒人才培养的混合学习模式实践研究"(项目号：JY2296231)的阶段性成果。

堂"①。可见，新闻学与传播学对于提升国家文化软实力具有巨大作用。摄影是新闻学与传播学的重要内容，其相关课程在新闻学、传播学、国际新闻学、网络与新媒体、广告学、广播电视学等专业均有开设。本文主要以四川外国语大学（简称"川外"）新闻传播学院（简称"新传"）摄影教学实践为研究对象，结合当前中国高校摄影教学实践中普遍存在的问题，探究如何使摄影教学实践适应新文科教育的要求，避免脱离"信息社会"及"社会实践"，更好地加强学科之间的交叉与融合，提高摄影教学实践的质量。

一、当前中国高校摄影教学实践现状

在视觉文化时代，图像的重要性堪比文字时代的文字，图像作为一种符号，在视觉文化时代起着主导性作用。视觉文化时代滥觞于摄影。摄影术的出现改变了人们记录和呈现世界的方式，使得视觉文化的传播和发展成为可能。尽管机械复制技术使古典艺术的"灵韵"或"原真性"或"此时此地性"正在消失，但摄影术又开启了机械复制艺术品的另一种"原真性"，再现了另一种"此时此地性"。特别是在场景之争尤为突出的今天，智能手机的出现使其功能性进一步强化。

摄影教学具有技术性和实践性，是艺术理论与艺术实践的融合，对它的认识必须深刻起来。《新文科建设宣言》打破学科分化，让我们从"此时此地性"入手重新认识摄影及其教学实践。为了了解当前中国高校摄影教学实践现状，笔者梳理了中国知网数据库中的相关文献，结论如下。首先，大多数学者都认为目前我国高校的摄影教学实践存在一些问题。其次，在《新文科建设

---

① 教育部《新文科建设宣言》[EB/OL]. [2020－11－03]. https://www.eol.cn/news/yaowen/202011/t20201103_2029763.shtml.

宣言》发布后，部分学者开始探索新文科背景下高校新闻摄影教学的应变之道，但研究成果不多，有待进一步完善。再次，学界对摄影教学研究的重视程度越来越高，自 1984 年马棣麟在《新闻大学》发表第一篇文章《加强新闻摄影教学的师资建设》以来，国内关于"摄影教学"的论文有逐年增加的趋势，2019 年更是达到了 170 篇。由于篇幅限制，下文仅对上述第一点，即我国高校摄影教学实践存在的一些问题展开说明。

根据既有研究，目前我国高校摄影教学实践存在的问题主要有以下几个方面：

（1）设备与技术落后。许多高校由于资金或其他原因，摄影教学设备和技术未能及时更新，无法满足现代摄影的需求。这可能导致学生在校学习的技能与现实应用脱节。

（2）理论与实践脱节。一些高校过于注重理论教学，忽略了实践操作的重要性。这样可能导致学生虽然理解了理论知识，却无法将其应用到实际操作中，造成实际操作能力不足。

（3）课程设置单一。一些高校的摄影课程过于单一，只注重某些技能的培养，而忽视了摄影作为艺术创作的综合性。这样可能导致学生的创作能力受限。

（4）师资力量不足。由于摄影专业的特性，教师不仅要有丰富的理论知识，还要有丰富的实践经验。然而，一些高校由于种种原因，难以聘请到符合这些条件的教师。

（5）缺乏行业对接。许多高校未能有效地与企业或行业对接，导致学生不了解行业现状和需求。这可能使学生的就业受到限制，也可能使学校的教学内容与市场需求脱节。

值得注意的是，上述五点只是国内高校摄影教学实践中普遍存在的问题，具体问题还需具体分析。下面，笔者将集中于探索川外的摄影教学实践中存在的问题，并试图找到改进之道。

二、川外摄影教学实践中存在的问题

为明确川外新传摄影教学实践中存在的问题,笔者对学院15名学习过摄影课程的学生进行了访谈。受访者信息及课程评价情况如下(见表1)。访谈结果整理见表2。

表1 受访者信息及课程评价

编号	性别	课程评价
1	女	设备较落后;无固定的、专业的技术教学场地;教材版本未更新;偏重技术而轻画面意义;户外实践较少
2	女	理论知识讲解较为全面;实操机会较少;审美教学较为稀缺
3	女	设备不足且版本较旧;知识点多;社会实践机会少
4	女	没有熟悉相机操作的机会;实践次数较少;缺少摄影理论
5	女	缺少审美教学;缺少优秀作品赏析;缺少专业教师
6	女	授课时间较短;师资力量不足;没有系统的理论教学书籍;社会实践机会较少
7	女	教师队伍不足;艺术表达不足
8	女	实践课程偏少;摄影史涉及不多
9	女	教学器材不够充足;实操的机会少;理论教学缺乏生动性;社会实践不够
10	女	设备单一落后;摄影教学内容单一;缺少艺术内涵
11	女	对摄影技术的讲解点到为止;未讲解设计审美方面的知识;设备器材少
12	女	理论介绍比较多,难以理解;摄影教学缺少实践
13	男	照搬理论;忽略摄影技术中的摄影艺术
14	女	实际操作教学偏少

续表

编号	性别	课程评价
15	男	缺乏层次与实践立体度；缺少相关的摄影批评课；教学仪器相对有限；审美品位有待提升

表2 访谈结果整理

次要范畴	主范畴	频次	核心范畴
缺少摄影理论；摄影史涉及不多；理论教学缺乏生动性；摄影教学内容单一；对摄影技术的讲解点到为止；理论介绍比较多，难以理解；照搬理论；缺少相关的摄影批评课等	缺少教学内容	17	教学内容
审美教学较为稀缺；缺少审美教学；缺少优秀作品赏析；艺术表达不足；缺少艺术内涵；未讲解设计审美方面的知识；忽略技术中的摄影艺术；审美品位有待提升；审美水平与艺术修养不足等	缺少艺术		
设备落后；设备不足等	缺少设备	15	硬件设施
教材版本未更新；没有系统的理论教学书籍等	缺少教材		
缺少专业教师；师资力量不足等	缺少教师		
无固定、专业的技术教学场地	缺少场地		
户外实践活动较少；实操机会较少；社会实践的机会较少；实践次数较少；实践课程较少；社会实践时间不够；摄影教学缺少实践；实际操作教学偏少；缺乏层次与实践立体度等	缺少实践	9	实践活动

可见，目前川外新传摄影教学实践中存在的问题主要集中在教学内容、硬件设施、实践活动等方面。其中，硬件设施受客观条件限制，本文不做专论，仅讨论教学内容与实践活动两方面的问题。

(一) 教学内容方面的问题

首先，受访者普遍认为，川外摄影课程的专业针对性不强，且未能进行跨学科联动。新传下设各专业开设的摄影课程差异不大，而且基本上是入门级课程，主要介绍相机的不同类型、基本部件，拍摄的感光度、光圈、快门、景深、曝光、白平衡和构图等知识。大部分课程在理论上点到为止，对学生深入理解摄影的帮助不大。事实上，对不同专业的学生而言，他们在学习摄影时的立足点是不同的。例如，新闻摄影专业的学生在学习摄影的时候更注重如何增强图片的真实性与客观性，从而为公众还原新闻现场。而对于广告摄影专业的学生来说，拍摄图片是为了突出品牌之间的差异，为品牌服务，在摄影时更注重图片本身的视觉修辞性。尽管如此，目前新传各专业的摄影课程类似于通识课，差别不大。

其次，川外的摄影课程缺乏艺术理论及审美教育。艺术属于"感性学"（aesthetics）的范畴，是对感性、美和艺术的三位一体研究。它是一门复杂的学科。摄影属于视觉艺术，主要通过拍摄者独特的创作手法表达多维空间及更深层次的内涵。新传的学生在学习摄影课程之前，普遍对艺术了解甚少，遑论拥有审美意识。倘若教师在摄影教学实践中对艺术关注度不高，学生就无法从视角、光线、线条等形式因素中挖掘摄影的艺术，更别说将这些元素通过艺术手段表现出来了。长此以往，便很难提高艺术审美能力，也无法产出优秀的作品。

(二) 实践活动方面的问题

摄影是一门对技术和动手能力要求很高的学问，摄影教学离不开实践活动。根据受访者反馈，目前川外新传的摄影教学实践活动比较少，学生实践经验不足。这将会导致学生出现掌握的理论知识与实际操作脱节、难以适应行业需求、审美能力和艺术修养不足等问题，影响学生的全面发展。

首先，摄影技术是一门实践性非常强的技能，单纯依靠书本知识和课堂讲解，很难让学生真正理解和掌握。当学生面对实际拍摄时，可能会手足无措，无法将所学知识应用到实践中。这种情况下，学生的学习效果将大打折扣，也难以达到教学目的。

其次，缺少实践经验会让学生难以适应行业需求。摄影行业对实践经验要求很高，没有实践经验的学生在就业市场上竞争力不足。此外，摄影行业日新月异，技术和设备不断更新换代，缺乏实践经验的学生将难以跟上行业发展的步伐。

再次，通过实践，学生可以接触到各种风格的摄影作品，了解不同摄影大师的创作思路和技巧。这有助于培养学生的审美能力和艺术修养，提升学生对摄影艺术的理解和领悟。

三、高校摄影教学实践问题的解决策略

根据上文，川外新传的摄影教学实践中存在的诸多问题与国内其他高校的普遍一致，属于共性问题。下文中笔者将结合《新文科建设宣言》，针对这些共性问题提出解决策略。

首先，各高校应充分利用现有教学资源。摄影设备不同于科学仪器，不能过分追求"高精尖"，而是要充分利用身边现有的设备，如手机、平板电脑等进行"随手拍"。教师应根据现有教学资源调整教学内容，可以利用手机或平板电脑进行实践操作，让学生实际体验不同的拍摄参数对照片效果的影响；分享一些拍摄技巧，使用一些手机或平板电脑上的摄影软件辅助教学，让学生在实践中享受摄影的乐趣。

其次，要加强理论和审美教学。对本科生而言，丰富的课程内容能帮助他们提高学习兴趣。教师若单一地讲授摄影理论或技术，往往会减弱学生对于摄影的兴趣。因此，在摄影教学实践

中，应注意以下六点：第一，结合高校所在地的地理特色、文化特色，大量增加外出实践拍摄活动，如在重庆拍摄赛博朋克风格作品，在西安拍摄悠久文化底蕴风格作品；第二，结合不同专业的特点设置特色课程，如为广告学专业设置时尚单品拍摄、人物拍摄、图片处理等课程，为网络与新媒体专业设置新技术解析课程，为新闻学专业设置真实与伦理课程；第三，邀请相关专业人士来校举办讲座，如邀请4A广告公司的专业摄影师为广告学专业的学生讲解工作中遇到的拍摄问题，邀请资深摄影记者为新闻学专业学生讲解新闻采访中拍摄图片的注意事项；第四，在摄影课程中增加直观化、具象化的图片案例，并对典型案例进行鉴赏与批评；第五，介绍国内外不同的摄影风格，与国际接轨，拓展学生的眼界；第六，培养学生的艺术审美能力，强化审美教育，让学生认识美、发现美、感知美。

再次，要增强教与学的互动，改变传统教学的方式，敢于尝试新的教育理念。在传统摄影教学中，教师处于"高势能认知"地位，学生处于"低势能认知"地位，由教师在讲台上讲解知识点与示范，学生在讲台下接收知识信息，这种教学的氛围和单向的知识传播路径不利于学生掌握知识点。因此，调整教学模式，改变传统的师生关系，增强师生积极互动，避免单向度教学，势在必行。要真正做到师生积极互动，"任务驱动法"是一种有效的模式。在此教学模式中，任务必须真实化，可验证或可检验，如作品要被展示或发表等。在实施过程中，教师或学生应邀请校外专家，对作品进行真实点评。

最后，要注意摄影的"智能化转向"。在人工智能飞速发展的今天，摄影的后期工作变得越来越简单，工作效率越来越高。对这种摄影的智能化转向，高校必须加强研究，并积极将研究成果渗透到教学实践，让学生随时准备好应对新的摄影技术发展所带来的冲击。

四、基于任务驱动法的摄影教学实践模式创新

显然,如何解决摄影教学实践中存在的问题,已经成为各高校新闻传播相关专业建设和发展之路上必须思考的事情。事实上,这些问题存在的根本原因在于"融合视域"的缺乏导致的摄影教学实践各环节和各要素之间缺乏有效的"链接"。新文科建设讲求学科的交叉和交融,对于解决这些问题具有极强的指导意义。下面,笔者结合信息社会对摄影教学实践的新要求,提炼了在新文科视域下以"学生"为中心的摄影教学实践模式(如图1)。

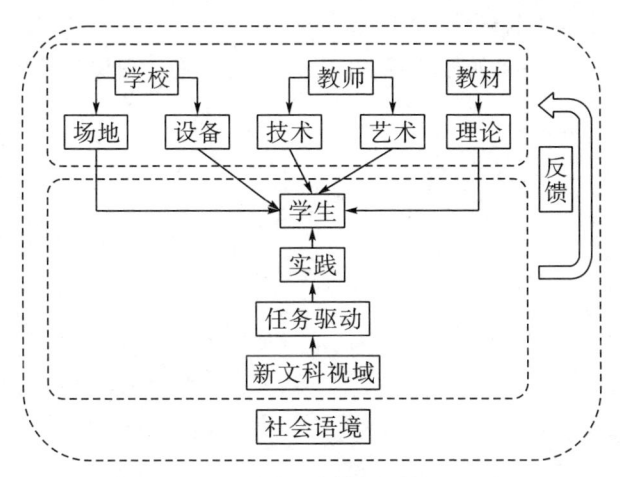

图1 新文科视域下的摄影教学实践模式

可见,在该模式中,任务驱动是关键点,它既是指导教学实践的方法论,也是开展教学实践的重要环节。所谓任务驱动(Task-Driven),指的既是一种建立在建构主义学习理论基础上的教学方法,也是一种以"呈现任务—明确任务—完成任务—评价任务"为主要结构的教学模式,是教学诸要素在教学过程中相互作用而形成的相对稳定的组织结构和操作程序,具有稳定性、实践性、可操作性和灵活性。值得注意的是,任务驱动法之任务

应该是学习生活和社会实践中的真实任务,而不是模拟演练。任务驱动作为方法,指导着我们的摄影教学实践,帮助教师与学生实现角色与功能的互换。诚如韩愈《师说》所言:"弟子不必不如师,师不必贤于弟子。"许多时候学生对于新知识、新技能的感知强于教师。教师要在整个教学实践过程中,调整好自己的位置,扮演好自己的角色,发挥好相应的职能。

作者简介:

刘利刚,男,1976年生,博士,副教授。主要研究方向:影视符号学与叙述学。

郑洁,1999年生,硕士。主要研究方向:图像符号学。

技术哲学视域下大学新文科教育的文理整合向度[*]
——当前大学文科教育的技术异化批判

吕 鹏

(四川外国语大学国际教育学院 重庆 400031)

摘 要：新文科建设带来的是对人文与技术关系的反思与重塑，技术哲学从人与技术之本质关系的视角对文理关系给予了本质澄明。大学文科教育应坚守合理的文理整合向度，但当前文科教育的教学时间与教学知识呈现的技术异化表征，成为进一步实施大学新文科教育无法回避的问题。走向智慧教学，重塑技术与人文的平衡是推进新文科教育的必由之路。

关键词：大学教学；新文科教育；文理整合；技术异化；批判

新文科（New Liberal Arts）建设是全球新一轮科技革命背景下人文社会科学创新发展的新趋势。[①] 我国将"构建世界水

---

[*] 本文系四川外国语大学教学改革研究项目"'新文科'建设背景下文科高校通识教育课程改革研究"（项目号：JY2296221）的阶段性成果。

[①] 刘振天，俞兆达. 新文科建设：新时代中国高等教育的"新文化运动"[J]. 厦门大学学报（哲学社会科学版），2022（3）：117—128.

平、中国特色的文科人才培养体系"作为新文科建设的中心任务①，旨在突破传统文科的狭隘思维，着力培养文理兼备的新时代人才。大学新文科教育是技术接纳取向的，新文科之"新"，在于打破技术与人文的对立，实现技术与人文的有机融合，这对于反思当前大学文科教育的理念与实践具有重要意义。

一、技术与人文的耦合：新文科教育文理整合的逻辑

新文科是什么？根据技术发展论，新文科就是在新一轮技术变革背景下，文科的相关学科通过主动回应技术和社会变革，积极运用人工智能和大数据等方法，并为未来社会发展和产业升级提供重要支撑的建设过程。② 新文科理念要求的不再是传统文科内部的变革，而是突破学科壁垒，实现文理学科的交叉与整合。

（一）文理分野的技术化归因

文理关系从狭义的角度来看，指的是文科与理工科的关系，这是基于学科视角的划分。文科指以人类社会的政治、经济、文化等为研究对象的学科，又称人文社会科学，主要包括哲学、政治学、经济学、历史学、教育学、法学、文学、管理学等；理科是形式科学与自然科学的统称，主要包括数学、工程学、逻辑学、信息学、计算机科学、系统科学、物理学、化学、生物学、地球科学、天文学等。从广义的角度来看，文理关系是两种哲学观的关系。文科指向人本身，探讨的是人与自我的内在关系；理科指向人之外的物质世界，探讨的是人与外在世界的内在关系。广义的文理关系揭示了人与自我以及外在世界的本质关系。技术

---

① 郭英剑. 新文科与外语专业建设［J］. 当代外语研究，2021（3）：29-34+113.
② 高奇琦. 人工智能治理与区块链革命［M］. 上海：上海人民出版社，2020：309.

发展论认为，技术是人链接自我与外在的重要客体。具体而言，技术是人产生、生存与发展的工具与手段，人既通过技术影响自然世界，达成人与外在世界的沟通，更通过技术"解蔽"人的本质，实现对本质的追寻。

（二）文理关系的本质探析

从技术哲学的视角来看，文理关系的背后是人与技术的关系。技术造就了人，与人相互促进、协同进化，是同一过程的两个方面，技术的发展可以促进和支持人的全面发展，是人类进化发展的重要内容；人的发展亦有助于技术的发展。首先，在社会发展的过程中，人类会创造和积累越来越丰富的技术形态，从而使技术活动的种类、领域不断扩大。其次，作为个体的人在生命历程中，会不断学习和使用业已存在的技术形态，将其融合到社会的技术体系之中。长此以往，技术与人就在这种双向构造的过程中相互融合，人将自己作为技术系统的一部分融入技术体系中，技术系统又同时将人技术化。在这个过程中，人已经由生物意义上的人逐步转化为技术上的人。一方面，个体的人作为技术单元被纳入多种技术形态，按照技术系统要求的规范和模式活动。另一方面，围绕生存、发展的需求，人类又在技术系统中创建目的性活动，或者参与社会技术形态的创新和发展。

二、技术与人文的合流：文理整合的技术本质逻辑

对文理关系的本质理解来源于对技术的本质理解，而后者历来是技术哲学的核心命题。技术工具主义和技术人文主义对技术本质进行了不同的阐释。

（一）技术工具主义的二元对立论本质观

技术工具主义把技术视为工具和手段，认为人与技术是截然

的二元对立关系。在技术哲学创始人之一卡普看来，工具乃是人的器官的投影，从器官衍生，人类在工具中继续生产自己。他提出了技术的"人体器官投影说"，并指出"大量的精神创造物突然从手、臂和牙齿中涌现出来。弯曲的手指变成了一只钩子，手的凹陷成为一只碗，人们从刀、矛、桨、铲、耙、犁和锹中看到了臂、手和手指的各种各样的姿势，很显然，它们适合于打猎，捕鱼，从事园艺，以及耕作"[①]。卡普认为工具作为人体器官的外化，并不总是自觉的发明，而是"不自觉的发现"——是在发现了工具同人体器官结构相似的许多事实以后，才确认工具是器官投影的。因此，他将铁路描绘为人体循环系统的外在化，将电报描绘为人的神经系统的延伸。卡普之后，技术工具论得到了新的发展，如加拿大传播理论家麦克卢汉关于媒介是人体的延伸的论点，这种工具论的技术价值观带有十分浓厚的机械论色彩。又如在教育技术领域，克拉克曾将媒体比喻为拉货的车，教育媒体只是运载知识的工具。考兹玛则认为，即使我们把媒体看作像马车一样的传输工具，这个工具也需要有适当的性能才能将货物顺利送到目的地。因此，媒体仍然具有重要的功能。[②]

随着工业技术革命的发生，人类迎来技术时代。技术工具论被注入了"效率"这一新的理论内核。技术工具论认为技术是纯粹的工具，完全独立于政治和社会的选择，具有合理性和普遍的特性，在任何地方总是发挥着相同的功能。不难看出，技术工具主义精准地指出了技术对人的工具性意义，然而，这是不是技术的全部呢？

---

① 卡尔·米切姆. 技术哲学概论[M]. 殷登祥，曹南燕译. 天津：天津科学技术出版社，1999：6.
② 张倩苇. 信息时代的技术与课程发展[M]. 广州：广东高等教育出版社，2009：38.

（二）技术人文主义的整合性本质观

相较于技术工具主义，技术人文主义在揭示技术本质的探究中更进了一步。作为技术人文主义的代表人物，海德格尔认为，技术的本质也完全不是什么技术的东西，只要我们仅仅介绍和从事技术的东西，甘心于此或为它让路，那么我们就永远了解不到我们与技术本质的关系。[①] 他号召道："让我们最终地摆脱开对技术的东西只从技术上，即从人和他的机器去加以介绍。只有这样，人才有可能摆脱单纯工具性的人类学的技术观念，转向现代技术的真正决定性的事件，即内在性的技术的事物和世界的构成。"[②] 海德格尔通过回溯古希腊技术的特征，认为古希腊技术首先是一种知识，指导人在存在者中行动；其次，技术也是一种产生，是作为解蔽的产生；技术与自然是关系密切的，技术是关于自然的知识，在自然的基础上产生。技术人文主义认为，技术的意义不仅仅在于它单纯的工具性和中介性，技术的变化带来的不仅仅是工具性的改变，更是人与自然关系的改变。古代技术与自然的关系到现代发生了转变，但古代技术和现代技术都具有一个共同点，即技术是对现实的展现和解蔽，技术把那些不能自身生产和尚未出现在我们面前的东西展现出来。因此，在技术人文主义看来，技术的特质是"展现和解蔽"而不是工具，或者说"展现和解蔽"是更接近真理的现实。海德格尔创造性地用"座

[①] 冈特·绍伊博尔德. 海德格尔分析新时代的技术 [M]. 宋祖良译. 北京：中国社会科学出版社，1993：23.

[②] 海德格尔. 海德格尔选集（下）[M]. 孙周兴译. 北京：生活·读书·新知三联书店，1996：985.

架（Gestell）"① 这一核心概念来浓缩现代技术的本质，他认为现代技术是人的"命运"，是左右着人的本质的重要因素，是对人的本质进行解蔽与遮蔽的集合体。

因此，我们不难看出，技术的本质并非排斥人文，人的本质中俨然蕴含了技术的本质。由技术原理和技术实践衍生而来的理工科和人文社会学科一样都是基于人的本质的展现，是技术的人文属性与工具属性的统一。将技术与人文对立，违背了对人的本质和技术的本质客观认识的应然逻辑。新文科打破传统认识中文理对立的固化理念，不仅是对人类社会发展的合理化回应，更是对人的本质在信息技术时代、智能时代中的探源。新文科教育中文理关系的重塑与整合，在技术快速迭代的当下，对人才培养具有极其重要的导向作用。

三、技术与人文的分裂：大学文科教育的技术异化

传统的大学文科教育思维在"知识整体性"的消解中呈现出一种技术异化表征。大学文科教育与技术相遇后产生的技术异化与社会其他领域的技术异化一样，发生了"疏离"与"物化"。

（一）教学时间异化：钟表化下的时间规约

时间技术在教学的时间规约中发挥着重要的作用，大学文科教育的时间规约主要依从时间技术中的时间标度，通过现代时间技术呈现出来，进而构成当下大学文科教育教学的异化样态。

---

① 德语中的"Gestell"一词原义是某种用具，如一个书架，因此它也有"骨架"的意思，海德格尔在此差不多做了一个文字游戏，意在显示德语前缀"Ge-"具有"聚集"之义："山脉"（Gebirg）是"群山"（Berge）的聚集；"性情"（Gemüt）是"情绪"（zumute）的聚集；"座架"（Gestell）是形形色色的"摆置"（Stellen）活动的聚集，也有学者译为"集置"（陈嘉应译）、"构架"（裴程译）、"框架"（殷登祥译）等。

1. 对教学时间原初意义的掏空

当时间从教学中脱身,形成外在强制性力量规约教学后,教学时间的一种异化就出现了。时间的原初意义在于对"天时"的顺应,古人追求的"天人合一",从时间的角度来看就是要"顺天应时",因此,时令、时节、农时等成为古代人生活中的重要概念。进一步说,时间的原初意义就在于对时机的把握,即何时该做什么,以及如何把握时机。而要把握时机,则离不开对事物本身活动时间的标度,这成为时间技术产生的根本原因。但是,当标度时间产生以后,人们逐渐忘记了"顺时"的价值和意义,把标度作为最根本的东西。现代时间技术产生之后,人们越来越关注时间技术的标度和测量,而忽略了标度时间的本质,即对时机的把握以及人与世界和谐意义的彰显。因此,真正有价值和意义的大学文科教育不是在时间的严格规约中呈现的,而是教师与学生在人文的教学情景中自由体验人文教学带来的对生命价值的体悟。然而,当教师通过现代时间技术去规约教学过程时,其教学活动便与"顺时"渐行渐远,师生教与学的隔阂也日益明显。

2. 对教学节奏和效率的无节制追求

技术哲学认为,钟表是一切机械的原型,钟表制造术是一切机械制造技术的基础。人们制造机械的目的不外乎省时省力,这反映了人们对工作效率的无节制追求。吴国盛认为几乎所有的技术发现和装置都与获取或节约时间有关,他们的目的都是克服"慢",提高速度。[1]对大学文科教育而言,时间成为教学的指挥棒和最高的价值标准,受此影响,各种教学技术应运而生。"现代技术的特殊性从本质上说就在于它的进化速度"[2],计算机、

---

① 吴国盛. 时间的观念 [M]. 北京:北京大学出版社,2006:90.
② 贝尔纳·斯蒂格勒. 技术与时间——爱比米修斯的过失 [M]. 裴程译. 南京:译林出版社,2000:25.

多媒体、网络等技术手段一波接一波地引进，一方面，这些技术手段本身正在飞速发展，很难被忽视；另一方面，这些技术的运用可以提升教学效率，使知识信息的储存和传播达到空前的广度和速度，帮助师生更快捷地获取和掌握知识。然而，在这样快节奏的学习中，学生自主思考的时间被压缩，很难真正理解学习的意义。

（二）教学知识异化：知识的意义被消解

知识论问题作为一个值得重视的哲学问题，对大学文科教育起着关键作用。马克思认为，知识是在人的意识与对象性的某种东西之间的桥梁，知识是意识外化和摆脱虚无的载体。当前大学文科教育中知识在技术理性的影响下被抽离了原有的意蕴，被消解为彼此分裂的碎片化图像。

知识理性的扩张消解了知识从产生到传播的人文性进程。当前大学文科教育在以技术性知识为核心的知识理性影响下，难免陷入知识本位教学。知识本位教学全面地见证、复制了理性的分裂与残缺特性，追求教学的"效率"和"效用"的最大化，要求学生服从统一标准，在很大程度上忽视了学生个体的差异性，抹杀了学生的独特个性。不难看出，知识本位的本质是技术本位，技术的控制性、确定性、程式化、效率性在知识本位教学中体现得淋漓尽致。知识本位教学认为科学、技术知识经过专家的选择和组织以图像形式编制成书本知识，对学生具有普遍的发展价值，教学只需使学生识记作为事实图像的概念、原则、公式。学生"掌握了这些知识之后便可以将他们运用到各种不同的情境之中，去认识世界，解决问题，因此知识本身具有自明的有用性，对学习者自然可以构成意义"[1]。受此影响，当前大学文科教师

---

[1] 刘桂辉，陈佑清. 知识教学本质的遮蔽与超越[J]. 中国教育学刊，2016（7）：17-21.

普遍认为科学知识和技术知识最有价值,掌握知识是大学教育的首要目标。学生不是为了生活学知识,而是为了学知识生活。这是知识理性对意义的消解。

四、走向智慧教学:新文科教育的文理整合逻辑

技术异化无疑是大学文科教育发展的桎梏。要破解这一困境,必须重构"技术之舍"与"技术之用"的平衡关系,走向智慧教学。

(一)智慧教学是指向新文科教育的合理化实践

"智慧"是一个内涵丰富的概念,它既是"人"区别于动物的应然特征,更是人学习发展所追求的境界。智慧教学的理念内涵包含两个维度,即智慧作为教学目的和教学方式。[①] 首先,智慧作为教学目的,意在诠释技术时代教学的价值取向与追求,关注教学的人本意义,关怀生命对自由、幸福的追寻,从而达致教的智慧、学的智慧之境界。其次,智慧作为教学方式,意在表征一种智慧地运用技术手段,切实培养学生智慧这一美好品质的教学范式。因此,智慧教学不仅是一种重构了人与技术平衡关系的教学样态,更是一种指向新文科教育的合理化存在。

(二)教学空间设计是新文科教育走向智慧教学的技术向度

广义而论,教学空间包含了物理维度上的教学空间和社会维度上的教学空间。在大学新文科教育教学的场域里,教学空间既是物理维度的呈现也是社会意义的表征。从目前国内外有关高校

---

① 杨鑫,解月光. 智慧教学能力:智慧教育时代的教师能力向度[J]. 教育研究,2019(8):150—159.

新文科教育的有效尝试来看，信息技术背景下教学空间的设计呼唤一种"全空间"变革的设计理念。这种理念下的教学空间设计应遵循三个原则：一是以学生为中心。新型空间建设要从"以教为中心"转变为更加注重对学生"学"的支持，要适应当代学习者重体验、爱交互、目标与成就导向、小组活动倾向、高度依赖网络等新特征；要能激发学生的学习动机、支持协作学习、提供个性化学习环境，能根据需求灵活改变布局。① 二是突显信息技术"赋能"。要充分重视新文科教育中新兴技术的应用设计，比如利用虚拟/增强现实技术去构建文理交融的立体化学习场景，利用人工智能技术去增强对学生情绪的感知能力和"自然"交互体验，利用情景感知技术为学生提供个性化与适应性学习服务等。三是新型教学空间对新文科教育的质性改变。在形态上，应实现从单一到多元，从封闭性到开放性和连续性、从强调秩序到关注用户体验、从清晰的前后方之分到灵活布局、从单屏向多屏的转变。

社会维度上的教学空间是从技术哲学、社会学角度审视教学场域里物理空间背后的社会意蕴。大学教学传统的教学空间通过制度规训实现对学生的管理和控制，在这样的技术规训中，教学空间演变为一个以教师为中心的权力空间。新文科教育应当回归学习者本位，实践路径有二：第一，打破传统文科教育壁垒，构建自由开放的教学空间。扩展教学空间规模，缓解空间拥挤，改变封闭隔离的空间形式，改变单调的空间搭配方式。第二，取消传统文科教育以教师为中心的教学活动，以学生为中心，使教学从技术理性规训转向人文关怀。

---

① 许亚锋，陈卫东，李锦昌. 论空间范式的变迁：从教学空间到学习空间[J]. 电化教育研究，2015（11）：20—25.

结　语

"功夫在诗外"。新文科教育带来的大学教育教学变革并不仅仅针对文科。要做好新文科建设也不能仅仅将目光聚焦于人文社会科学。只有真正实现文理整合，改变传统文科教育中文理分裂的二元对立状态，才能为大学文科教育带来实质性的突破。

作者简介：

吕鹏，男，1980年生，博士，讲师。主要研究方向：技术哲学、课程与教学论、高等教育学。

新文科背景下高校外语教材建设研究

——以阿拉伯语教材的建设为例

潘 雷 单思明

(四川外国语大学东方语言文化学院 重庆 400031；
四川外国语大学成都学院亚非语言学院 成都 611844)

摘 要：本文基于高校阿拉伯语教材编写经验，指出新文科背景下外语教材编写的关键，认为在教材编写中要体现超学科理念，讲述中国故事，避免机械翻译，培养创新能力。

关键词：新文科；阿拉伯语；教材编写

一、以建设一流大学一流学科为目标的新文科建设

新文科建设是指将哲学社会科学与新一轮科技革命和产业变革交叉融合，形成交叉学科、交叉融合学科及交叉专业的新文科的一系列建设事项和建设工作。新文科这个概念最早由美国俄亥俄州的希拉姆学院在2017年提出，旨在通过对传统文科进行学科重组、文理交叉，将新技术融入哲学、文学、语言等课程体系之中，实现跨学科的融合和交流。新文科建设强调时代性，其目的是培养适应未来社会发展需要的人才。在我国，新文科最早出现在2018年教育部高教司对"四新"建设的表述中。2019年4月29日，教育部、中央政法委、科技部、工信部等13个部门启

动了"六卓越一拔尖"计划 2.0，标志着新文科建设正式启动。

在我国，"四新"建设的总目标是在我国原有学科基础上，通过学科整合，开拓创新，凝练特色，建成具有反映中国特色理论水平、学术水平和话语水平的世界一流学科，进而创建世界一流大学。① 而按照王铭玉和张涛对新文科的定义："新文科是相对传统文科而言的，是以全球新科技革命、新经济发展、中国特色社会主义进入新时代为背景，突破传统文科的思维模式，以继承与创新、交叉与融合、协同与共享为主要发展建设途径，促进多学科交叉与深度融合，推动传统文科的更新升级，从学科导向转向以需求为导向，从专业分割转向交叉融合，从适应服务转向支撑引领。"② 可见，新文科建设的目标与"四新"建设是一致的，即建设世界一流学科和一流大学。

二、新文科背景下外语专业的人才培养目标

新文科背景下，高校外语专业的人才培养目标是培养一批具备跨文化交际能力、专业知识与技能、自主学习能力、创新能力以及国际化视野的外语人才。学外语的人本身就肩负着给外国人传播中国文化的重要使命，只有具备上述能力，才能讲好中国故事，树立良好的中国形象，为国家的发展做出贡献。因此，如何实现外语和新闻学、情报学、政治学、历史学等学科知识的融合，讲好中国故事，做好宣传工作，让外国人正确理解中国特色社会主义核心价值观，是各高校外语学科建设需要重点思考的问题。

---

① 王铭玉，张涛. 高校"新文科"建设：概念与行动［N］. 中国社会科学报，2019−03−21.

② 安丰存，王铭玉. 新文科建设的本质、地位及体系［J］. 学术交流，2019(11)：6.

三、教材建设是培养新文科外语人才的必由之路

教材建设是培养相关人才的重要途径。教材有广义和狭义之分，狭义的教材指的是教科书，广义的教材包括教科书、教学参考书、教学用图、音像教材、教学课件等。国家对于教材建设是非常重视的，刘延东在国家教材委员会成立大会上就强调："要尊重教育规律和学生成长规律，提升教材思想性、科学性、时代性，逐步形成适应中国特色社会主义发展要求、立足国际学术前沿、门类齐全、学段衔接的教材体系。"① 然而，编写优秀教材是一件极其困难的事情，笔者认为，一本优秀的教材应该具有以下特征：基本性（反映学科最核心的基本概念和基本原理）、完整性（应有内容不缺失）、系统性（体系结构清晰、明了、严谨）、正确性（知识性错误极少）、简洁性（简明扼要，不啰嗦）、可读性（生动有趣，不晦涩难懂）、丰富性（内容充足）、多样性（不同学生可以关注不同的内容）、时代性（反映学科最新进展）、适宜性（适合学生群体特点）。下文将以编写阿拉伯语教材的经验为基础，总结新文科背景下外语教材建设的具体路径。

四、新文科背景下阿拉伯语教材建设实例

笔者所在的四川外国语大学阿拉伯语教师团队与四川外国语大学成都学院、重庆外语外事学院等两所学校的阿拉伯语教师一起，共同参与了《解读当代中国——高级阿拉伯语》（世界图书出版公司，2023年版）的编写工作。该教材以"讲好中国故事"为主题，面向高年级阿拉伯语专业学生。教材共有15课，可满足周学时为6学时的学生一学期的学习，内容以成渝地区的中国

---

① 刘延东. 把国家教材建设作为战略性基础工程抓紧抓实抓好［N］. 中国教育报，2017-07-06.

故事为主,极具区域性特色。与现有的阿拉伯语教材如《新编阿拉伯语》《新编阿拉伯语教程》等相比,该教材添加了大量的新案例,如重庆潼南地区柠檬通过中欧铁路货运远销俄罗斯、重庆璧山的新能源项目、重庆涪陵的页岩气项目、重庆的京东方集团在半导体显示行业的成果、成都和阿联酋的"拥抱中国"项目、迪拜金融中心和成都交流互动、成都公园城市建设相关内容等。

该教材的编写是三所高校协同创新的一次有益尝试。董洪川指出,开展协同创新是进一步完善大学功能,更好地服务于国家和社会的战略选择。外语院校应明确自身定位和优势,加强协同创新的顶层设计,找准创新的突破口,开展组织结构创新,合力打造利益共享机制,努力服务于国家和社会的战略发展。① 教材合作编写是高校协同创新的有益尝试,能够促进跨学科知识的整合、理论与实践的结合、产学研用的深度融合等方面的发展。

该教材的每一课都由导学、课文、词汇、句型和练习等五个部分组成,每个部分各有侧重点,具体如下。

(一)导学部分:体现超学科理念

"外语语言文学学科及其专业类建设和人才培养模式也可以超学科为理念,克服外语学科专业建设和人才培养中出现的或千校一面、雷同无异,或简单拼接、东拼西凑的问题,更多关注不同学科领域知识与外语互动、整合的知识体系构建和可持续发展的教育样态,开发具有超学科特色的课程。"② 外语专业的学生常给人留下只有外语技能,缺少其他学科的理论知识和基础的印

---

① 董洪川. 协同创新:外语院校服务国家和社会的战略选择 [A] // 全国外语院校科研管理协作会. 第五届外语院校繁荣发展哲学社会科学高层论坛暨全国外语院校科研管理协会年会会议论文集. 天津外国语大学科研处,2013:70.

② 刘玉梅. 外语学科专业建设的反思与超学科前瞻 [J]. 中国外语,2018,15(3):6.

象。为了改变这种刻板印象，该教材在每一课都设置了导学部分，用中文介绍这一课主要涉及的理论和背景知识。比如第一课涉及的内容是"一带一路"和中欧货运班列，这一课的导学部分就从地缘政治角度分析了"一带一路"，进而联系到世界百年未有之大变局，使学生对"一带一路"建设的深刻意义和内涵有所了解。

（二）课文部分：讲述中国故事

近年来，外语专业大力推进习近平新时代中国特色社会主义思想进课堂、进教材、进头脑，不断增强学生的道路自信、理论自信、制度自信和文化自信。该教材的课文部分力求从实践的层面讲述习近平治国理政的相关理念是如何在中国大地上生根发芽的，通过讲述中国社会的热点，如"十四五"规划、中国制造2025、脱贫攻坚战、精准扶贫、"两个一百年"奋斗目标、乡村振兴、美丽中国、绿色发展、沙漠化防治、中华民族共同体意识等，证明了习近平新时代中国特色社会主义思想的正确性和可行性。

（三）词汇部分：避免机械翻译

一般的外语教材在每一课中都会有生词，这一部分要么出现在课文之前，要么出现在课文之后，最常见的做法是在生词的后面附上对应的母语词汇，但这种做法无疑"在外语词与母语词之间划了一个无形的等号。可以说，学外语者从一开始就被引向了一条'等值'的机械翻译道路，且在这条道路上，又慢慢加强了这种意义完全客观的观念。"[①] 为了避免学生对意义产生绝对客观性的认识，教师必须纠正学生将两种语言对照学习的做法。因

---

① 许钧. 翻译概论［M］. 北京：外语教学与研究出版社，2009：85.

此，该教材在词汇部分采用了沉浸式教学法，用阿拉伯语解释阿拉伯语。这种做法有助于学生在阿拉伯语的语境下理解某个词汇的含义，追根溯源。一个词语有很多的引申义，很多引申义都来源于这个词汇的原始义。而当学生了解了一个词语的原始义后，其引申义也就不言自明了。

（四）句型部分：在系统中区分差别

为了避免学生孤立地理解生词，对上下文语境的创造至关重要。索绪尔明确指出：语言既是一个系统，它的各项要素都有连带关系，而且其中每项要素的价值都只是因为有其他各项要素同时存在的结果。① 该教材设置句型部分的意义就在于此，即培养学生在系统中认知差别，确定价值或意义的思想。同样的一个词语，在不同的语境中可以被理解为不同的意思。很多学生在学习中将某个外语词语和一个中文词语等同起来，不管什么条件下都将其翻译成固定的中文含义，由此造成了翻译中的"死译"。这是学习外语时应该避免的。

（五）练习部分：培养创新能力

"传统的教材编纂法属于显示完美式的教材编纂法，为显示教材的权威性而将相应领域的所有问题都尽量解决掉，或采取各种方法尽量回避或隐藏相关问题，乃至尽量避免在教学实践中激发学生对相关问题的思考，这不仅抑制了学生的求知欲望，而且不利于学生创新意识和创新能力的培养。"② 于是，用新理念编纂新教材就成了当务之急，新的教材一定要体现以问题为导向，

---

① 索绪尔. 普通语言学教程［M］. 北京：商务印书馆，1982：164.
② 杨英法. 显示问题式教材编纂法构想［J］. 河北工程大学学报（社会科学版），2009，26（4）：72.

让学生有解决某个问题的冲动,而解决这个问题又要求学生对该领域知识有充分的认识和了解,进而激发学生了解学习相关知识的欲望。该教材的练习部分主要包括两个方面的内容:第一个方面是对课文精华内容的翻译。通过翻译练习,帮助学生掌握课文的核心内容。第二个方面是根据课文,结合自身情况进行讲述。例如,教材中有一篇课文介绍了中国的脱贫攻坚战,学生需要联系自己家乡,或者自己所了解的某地的脱贫攻坚情况,讲述自己对脱贫攻坚的认识。这种练习能够帮助学生提高讲述中国故事的能力,在与外国人的交流中更好地宣传本国先进事迹。

五、关于新文科背景下外语教材建设工作的启示

笔者总结了编写阿拉伯语教材的一些经验,认为新文科外语教材的建设应该在以下一些理念的指导下进行。

首先,教材的核心之一是以需求为导向,外语教材建设应配合国家政策,培养一批能够讲好中国故事,参与到中国的软实力建设中的人才。

其次,外语教材建设不仅应致力于和其他专业学科的交叉融合,如新闻传播学、情报学、历史学、政治学,还应致力于实现人文性、工具性和科学性的融合和统一,树立外语教育新形象。在提高学生外语水平的同时,全方位多角度地培养其新文科素养。

再次,外语教材建设要坚持以创新为指导,新文科背景下的教材创新主要指文本材料新、学科理论新、融合领域新、交叉模式新和内涵建设新,只有坚持创新,才能做出好教材。

继而,外语教材应坚持自己的学科本色和专业特色,坚守一个"文"字,不能为了强调"新文科"而遮蔽了"文"的本质。

最后,外语教材应致力于在构建中国特色哲学社会科学话语体系中发挥积极作用,彰显一个"中"字,促进学术开放,提升

我国在国际学术界的话语权，积极实现跨学科突破，构建具有中国特色、中国风格、中国气派的话语体系。与时代同呼吸，与国家共命运。

结 语

新文科背景下如何编写出高水平的外语教材，实现国家对外语人才培养的要求，是一个值得各高校深入研究探讨的问题。本文从新文科的顶层设计出发，分析了新文科对外语人才培养的新要求，指出教材是培养新文科人才的必由之路，结合作者的阿拉伯语教材编写实践，阐述了新文科理念在教材各部分内容中是如何体现的，达到了以小见大的目的，为外语类新文科教材的编写提供了有价值的参考和借鉴。

作者简介：

潘雷，男，1984年生，硕士，副教授。主要研究方向：阿拉伯历史文化。

单思明，女，1992年生，硕士，讲师。主要研究方向：阿拉伯历史文化。

新文科建设背景下"管理学原理"通识课教材建设思路探索[*]

裴 琳 王 毓

(四川外国语大学国际工商管理学院 重庆 400031)

摘 要：通识课程已成为大学课程体系中的重要组成部分，教材是通识课程教学的核心和基础。本文以四川外国语大学"管理学原理"通识课教材《管理学与思维培养》的建设为例，从提升学生的学习力和思维能力两个方面出发，论述通识课教材的编写思路。

关键词：新文科建设；通识核心课；教材建设

管理学原理是高校通识教育的重要内容。将管理学理论和实践技能的训练纳入通识课，不仅可以完善大学生的知识结构，增

---

[*] 本文系重庆市高等教育教学改革研究项目"习近平'六种思维'方法深度融入大学生高阶思维能力培养的价值、目标与路径"（项目号：213223）、重庆市教育科学规划课题"资源保存理论视角大学生在线课程学习主动性行为模式研究"（项目号：2020-GX-307）、重庆市教育委员会人文社会科学研究项目"大学生学习投入提升的多维路径研究：奋斗幸福观视角"（项目号：22SKSZ052）、四川外国语大学国际工商管理学院教学改革研究项目"大学生学习投入现状研究"（项目号：2022JGYB15）、四川外国语大学校级科研项目"资源保存理论视角下员工主动性行为建构研究"（项目号：sisu2019018）、四川外国语大学教学改革研究项目"奋斗幸福观视域下大学生学习投入提升路径研究"（项目号：JY2296276）的阶段性成果。

强他们对管理学理论和实践的认识,激发思考,提高大学生的综合素质,还可以引导他们将专业知识和管理学知识有机地结合起来,成为具有复合型知识和能力结构的人才。

一、通识教育与管理学教育

(一)通识教育设置的意义与目的

"通识教育"(General Education)源于亚里士多德的自由教育思想,也称为"博雅教育""一般教育"等,是大学教育中区别于"专业教育"的一个概念。① 通识教育的目的在于培养积极参与社会生活的、有社会责任感的、全面发展的社会人和国家公民。

从教学内容来看,通识教育教给学生的是一种广泛的、非专业性的、非功利性的基本知识、技能和态度。作为人文社会科学教育的一种重要形式,通识教育将主要的着眼点放在课程结构的设置上,力图通过教学,使学生成为既具有统整专门学科以及各学科知识的能力,又具有宽广的理论视野、开阔的社会胸襟与深厚的人文素养的综合型人才。

新文科建设下,通识课的教学理念对于适应现代人才培养目标来说,具有新的时代意义。通识课的开设一方面有益于学生适应现代社会的发展和提高就业的能力,另一方面,对于培养学生的人文素质、审美情趣,提高其适应能力和创造能力,促进其全面发展,有着重要的意义。

---

① 王文举等. 教育教学改革研究与实践[M]. 北京:首都经济贸易大学出版社,2011:539.

（二）管理学通识教育的目的与意义

通识教育的理念，与管理学教育的目的完全相符。人是社会的人，每个人都生活在一定的社会组织之中，管理是人类的基本需要，对人的影响是全方位的。管理学教育就其目的而言，是培养完整的人。对于一个完整的人来说，理性、情感、道德、知识等都是不可缺少的。可以说，社会最需要的是具有管理学通识教育背景的专业人才，在高校中设置管理学通识课对于培养高等院校非管理类专业学生的管理素养意义极为重大。

二、高校"管理学原理"通识课简介及教材建设现状

（一）高校"管理学原理"通识课简介

"管理学原理"的课程特点使其非常适合进入大学的通识教学体系。人作为"社会的人"，生活在一张张社会关系网或者说各种正式、非正式组织之中。因此，管理也就成为人的一种基本需要。将"管理学原理"纳入高校通识教学体系，有利于培养大学生成为完整的"人"，提高其在理性、情感、逻辑、认知等方面的素质，能更好地适应社会、服务社会。

以四川外国语大学"管理学原理"通识课为例，该课程开设于2008年，并于2018年入选校级通识核心课，目前已有自建微课、电子课件、课程案例库、教学游戏库等系列资料。2021年，课程组获得校级新文科特色项目建设资助，开始编写配套教材《管理学与思维培养》。截至2022年春季学期，该课程的选课人数累计已超过2000人。

（二）高校"管理学原理"通识课教材建设现状

通识课已成为当今高校课程体系的重要组成部分。由于通识

课面向不同专业背景的学生，如果没有合适的教材，仅仅依靠课堂教学，教学效果将受到影响。配套教材的编写和出版非常必要和迫切。以高校普遍开设的"管理学原理"通识课为例，其教材建设情况如下。

首先，就目前而言，"管理学原理"通识课配套教材数量还不多。大部分高校在开设通识课时使用的仍是管理学专业的教材，如教育部统一编写的马克思主义工程项目入选教材《管理学》。这些教材虽然专业性较强，结构科学、内容丰富，集中反映了管理学领域的前沿进展，但更适合本科层次的专业学生，对于通识教育来说显得过于理论化，知识点过多。

其次，现有的"管理学原理"通识课教材缺乏价值引领，教师在编写教材时缺乏深度思考，对如何运用管理学理论讲好中国故事，为中国管理实践做出贡献的思考还有些欠缺。

再次，现有的"管理学原理"通识课教材在数字化、立体化方面还有待发展。

继而，现有的"管理学原理"通识课教材在内容上与学生的实践环节脱节，学生对于教材内容缺乏共情。

最后，现有的"管理学原理"通识课教材缺乏动态化、持续化的教学案例库作为支撑。作为一门实践性非常强的课程，"管理学原理"通识课教材需要及时更新教学案例库，与时俱进。正如斯图尔特·克雷纳所说"管理只有恒久的问题，而无终结的答案"，目前大多数通识课教材中使用的案例都来自哈佛商学院案例，这些案例大多是2年前的管理实践，很难掌握反映管理的新动向、新思维。

基于上述现状，四川外国语大学"管理学原理"通识课程组在开展教材编写工作时，坚持以新文科建设理念为指导，守正创新，注重价值引领，实现了理论与实践的有机结合。

三、四川外国语大学"管理学原理"通识课教材建设的基本情况

(一)践行守正创新和价值引领的基本原则,合理编写教材框架

在编写教材的过程中,课程组创新地应用了立体化育人模式(见表1),注重价值引领,贯彻习近平总书记提出的战略思维、历史思维、辩证思维、创新思维、法治思维、底线思维,通过理论与实践相结合的方式,引入相关案例,生动地介绍管理学基本理论与实践,旨在提高学生的管理素养和综合能力,激发学生主动学习和勇于实践的精神,提升学生历史使命感,加强对学生的爱国主义教育,引导其树立正确的世界观和价值观,培养具有高尚道德情操、良好的行为习惯和职业工匠精神的优秀人才。

表1 "管理学原理"通识课教材立体化育人模式

维度	课程思政元素	知识点(点)	思维方法(线)	育人目标(面)
理想信念	世界观、方法论、习近平新时代中国特色社会主义思想	管理基本原理、决策、计划、组织	历史思维、辩证思维、战略思维、底线思维	中国特色社会主义、道路自信、理论自信、制度自信、文化自信
道德品质	社会主义核心价值观、中华传统文化	组织文化、人员配置、领导、激励、沟通	法治思维、底线思维	增强责任意识和爱国情怀
法治素养	宪法及法治教育	决策、计划、控制、创新	法治思维、底线思维、创新思维	树立守法观、自觉践行职业精神和职业规范

在立体化育人模式的指导下,课程组综合吸收和借鉴国内外经典管理学教材编写框架,结合学校实际,确定了以决策、计

划、组织、领导、控制等管理职能为主线索，以创新为要素介绍管理理论的形成与发展、管理环境等知识的教材编写逻辑，并最终确定了通识教材大纲（见图1）与章节撰写逻辑（见图2）。

第一篇　管理基础		
第一章　管理与管理学	第二章　思维与思维培养	第三章　管理思想的演变
第二篇　决策		
第四章　计划及其制定	第五章　决策及其过程	
第三篇　组织		
第六章　组织及组织文化	第七章　人力资源管理	
第四篇　领导		
第八章　沟通艺术	第九章　激励	第十章　领导
第五篇　控制		
第十一章　控制基础		
第六篇　创新		
第十二章　创新原理		
结语		

图1　"管理学原理"通识教材大纲

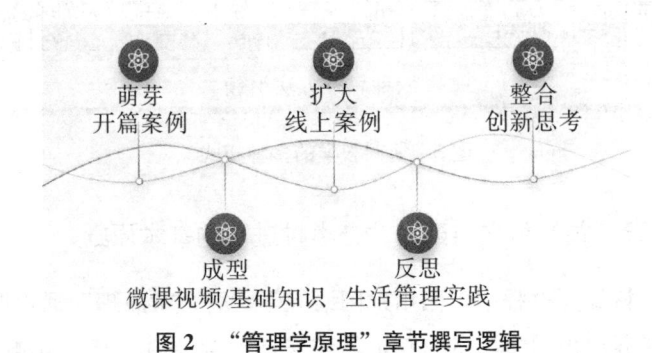

萌芽　　　　扩大　　　　整合
开篇案例　　线上案例　　创新思考

成型　　　　　反思
微课视频/基础知识　生活管理实践

图2　"管理学原理"章节撰写逻辑

（二）应用新技术，实现"模式创新"

四川外国语大学"管理学原理"通识教材采用微课、视频案例库与课堂授课相结合的模式，为一线教师提供实用的教学资源，将新技术引入教学，在信息化、数字化的发展趋势下推进教材的动态化更新。通过对课程目标、课程内容、教学方法、教学评价等方面进行课程思政创新与融合，注重现代信息技术与教育教学深度融合，探索实施网络化、数字化、智能化、个性化的教育，推动形成"互联网+高等教育"新形态，以现代信息技术推动课程质量。坚持线上线下混合式教学模式，更加强调学生的中心地位，打破传统沉默的教学方式，实现参与式学习、自助式学习、互动式学习等多种模式的协同教学。（见图3）

	学习要求	学习方式	学习模式	教学目标
课前	基础知识学习	线上+线下	自学 学习共同体	认知目标
课中	内化深度学习	线下	互动式课堂 沉浸式课堂	技能目标 情感目标
课后	研究性学习	线上+线下	线上讨论区 学习共同体	技能目标 情感目标

六种思维方法引领 →

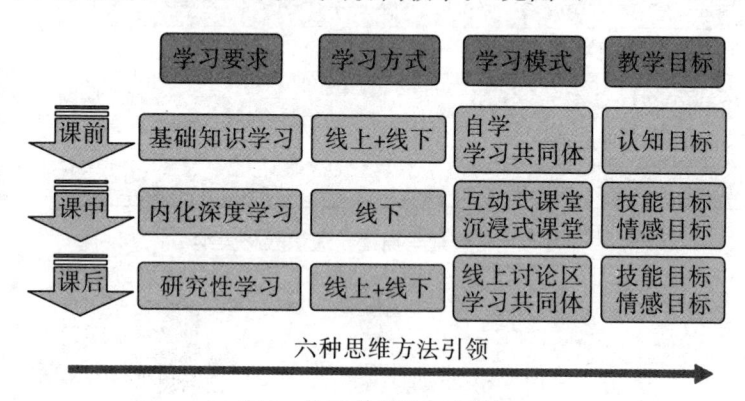

图3 协同教学的多种模式

（三）践行新文科建设"分类推进"的基本原则

教材编写过程中，四川外国语大学"管理学原理"通识课程组以培养通识课学生的自信心、自豪感、自主性，产生影响力、感召力、塑造力，形成国家民族文化自觉的主战场、主阵地、主渠道为建设目标，精准识别学生需求，以开阔视野、丰富知识为标准,内容广博,既使用专业术语,也要用通俗的语言解读专业概念和理论,助力"厚基础、宽口径、高素质、复合型"人才培养目标的实现。

四、四川外国语大学"管理学原理"通识课教材编写的意义

(一)理论意义

从理论层面上说,本教材将习近平总书记提出的"六种思维方法"与管理学基本原理相融合,拓展了管理学的学科理论(见表2)。

表2 管理学基本理论与习近平"六种思维"方法融合

版块	思维方法	知识点	课程主题活动
基本原理	历史思维	管理历史演变	画一张管理学史脉络图
	辩证思维	管理的基本原理	读经典文献写读书心得
决策	战略思维	理性决策	绘制决策树
	底线思维	决策的影响因素	决策模拟游戏
组织	法治思维	组织设计	学生组织结构图设计
领导	底线思维	领导权力的来源	案例分析
	法治思维	激励基础	角色扮演
控制	战略思维	控制的系统	案例分析
创新	创新思维	创新过程及其管理	填报大创赛申报书 创新项目或者创业项目

(二)实践意义

从实践意义来说,本教材的编写,做到了管理学科的核心理

念、知识、工具、方法与国家层面、组织层面具体管理实践以及学生个体层面管理实践相结合,通过不断复盘、总结、提炼与升华,提升了通识课学生的管理素养。管理是一种实践,其本质不在于知而在于行,其验证不在于逻辑而在于成果。管理是人类生活中普遍和重要的活动之一,有了人类社会,就有了管理,小至个人与家庭、学校、企业,大至国家、社会,都与管理息息相关。通过管理的实践,我们的生产、生活活动能够更加有目的、有秩序、高效率地进行(见图4)。

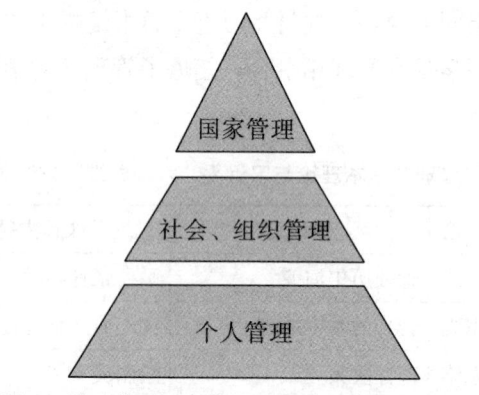

图4 管理学通识课教材编写的"三层次"模型

结　语

在新文科建设背景下,"管理学原理"通识课教材建设应与时俱进,及时更新教学理念,以培养学生人文思维、独立思考和实践能力为目的,助力培养精于专业、熟知管理的复合型人才。

作者简介:

　　裴琳,女,1979年生,硕士,讲师。主要研究方向:企业管理、人力资源开发与管理。

　　王毓,女,1978年生,本科,职员。主要从事教学管理。

新文科背景下"新"经济类人才培养模式与路径研究[*]

彭 程

(四川外国语大学国际金融与贸易学院 重庆 400031)

摘 要：培养高质量、高层次文科人才是新文科时期我国高校面临的重大任务，结合新文科要求培养服务地方社会经济发展所需人才，是当前高校的使命与担当。本文以四川外国语大学国际金融与贸易学院为研究对象，分析了新文科背景下经济类人才培养的方向、模式与路径，指出新文科背景下人才培养应实现从同质化到差异化的理念转变、从规模化到个性化的导向转变、从重书本到强实践的过程转变、从单一式到融合式的方式转变、从分割式到融通式的模式转变。因此，新文科背景下高校应重塑经济类人才培养方案、创新数字化教学方法、加强实践基地建设、探索跨学科的自主学习模式。

关键词：经济类人才；人才培养；新文科

---

[*] 本文系重庆市高等教育教学改革研究重点项目"'新文科'背景下国际化多元融合式人才培养的模式与路径研究"（项目号：222108）的阶段性成果。

引　言

新文科建设是文科教育响应新一轮科技革命对教育的冲击而形成的变革，是在当前历史新节点中文科教育履行的新使命及承担的新时代要求，也是在加快建设具有中国特色的学科体系、学术体系、话语体系、教材体系中的文科中国化与文科国际化的新要求①。新文科建设体现了"励志维新、温故知新、融通致新、优评促新"四个维度的内容。"励志维新"表明新文科建设需要以立德树人为根本任务，及时回应时代与社会的变化，聚焦文科教育改革的突出问题；"温故知新"表明新文科建设既需要承载中华民族文化自信，也需要在面临新形势、新任务、新挑战时具备新的世界意识与国际眼光；"融通致新"表明新文科建设需要在学科交叉融合中激发文科思想，重塑文科价值理念与思维方式，推动人文社会科学与自然科学的共同发展；"优评促新"意味着新文科建设需要推进文科建设的评价改革与分类评价，共同促进文科建设成效的提升②。可见，新文科建设是一项系统工程，既是建设现代化强国和高等教育强国的需要，也是应对新科技革命与新产业革命的需要，更是坚定文化自信与培养新时代文科人才的需要③。因此，结合新文科的时代背景，探讨新的人才培养思路、模式与路径，对于建设中国特色一流大学，培养一批复合型、创新型、应用型的国际化新文科人才，都具有重要的理论与现实意义。

---

　　① 樊丽明. 中国新文科建设的使命、成就及前瞻 [J]. 中国高等教育，2022 (12)：21—23.

　　② 龚旗煌. 新文科建设的四个"新"维度 [J]. 中国高等教育，2021 (1)：15—17.

　　③ 张俭民，易謂璇. 新文科建设的战略意义、理论内涵与建设路径 [J]. 湖南科技学院学报，2022 (1)：74—76.

人才培养是新文科建设的重要内容,《新文科建设宣言》指出,要"构建世界水平、中国特色的文科人才培养体系"。为了响应国家号召,一些学者针对新文科人才培养问题开展了研究。廖祥忠指出,新文科人才培养需要构建"智能＋创新＋文化"三维通识课程基座,交叉融合的学科专业基座,以及"以人为中心、以产出为导向"的新实践育人基座。① 吴宝锁等指出,新文科卓越人才的培养需要实现"学科－学科"协同、"学科－实践"协同、"学科－人生"协同。② 匡存玖指出,要用新时代育人理念引领人才培养,改革人才培养体系,促进新科技革命与人文教育的融合,探索学科交叉融合的人才培养模式。③ 路幸福和李羽佳指出,新文科背景下人才培养需要构建科教融合育人的政策体系与实践体系,丰富研究性教学与指导,注重人才培养过程中的课程教学与考核方式改革。④ 金煜瑶等指出,新文科背景下高水平文科人才的培养需要树立满足社会需求的人才培养导向,确立新兴技术作为教学工具的主导地位,搭建跨学科、跨院校的人才教学框架,根植本地化人才的培养特色。⑤ 张银花等指出,新文科背景下人才培养应重视专业价值与伦理责任教育的统一主题式课程群的开放与建设、进阶式人才培养模式的尝试。⑥ 肖坤雪指

---

① 廖祥忠. 对新文科人才培养的几点思考[J]. 湖南科技学院学报,2022(1):74-76.
② 吴宝锁,田良臣,刘登珲. 多学科协同的"新文科"卓越人才培养路径[J]. 高教发展与评估,2022(2):97-104.
③ 匡存玖. 高校新文科人才培养模式的改革理路与实践要求[J]. 新余学院学报,2022(4):111-117.
④ 路幸福,李羽佳. 问题与策略:高校新科人才培养中的科教融合[J]. 安徽理工大学学报(社会科学版),2022(3):83-87.
⑤ 金煜瑶,汪洋,王力平. 新文科背景下地方高校高水平文科人才培养模式探究[J]. 西部素质教育,2022(16):21-24.
⑥ 张银花,尚艳春,其力木格. 新文科背景下人才培养方案的创新实践[J]. 高教学刊,2022(29):168-171.

出，新文科建设需要构建跨学科联合人才培养模式，探索和建立基于学科集群的体系，通过践行"传统文科＋"提升建设成效。① 也有学者对新文科背景下经济类人才的培养进行研究。何圣财指出，新文科背景下地方高校经济类人才的培养应把握新文科建设内涵，建立符合新文科内涵的人才培养方案，凝练特色、服务地方经济。② 李停指出新文科理念下高校应及时更新、优化经济类人才培养方案，重构学科体系，注重学生创新能力的提升。③ 李慧玲和冯怀珍指出，新文科视野下经济类人才的培养应提升实践教学的比重，着力于师资队伍建设，注重学科的交叉融合，推进实验教学的发展。④

四川外国语大学国际金融与贸易学院承担着为社会培养国际化、应用型、复合型经济类人才的任务。学院现有国际经济与贸易、金融学、金融科技等三个经济类本科专业，其中国际经济与贸易专业为国家一流专业，也是四川外国语大学第一个非语言类国家一流专业，金融学专业为重庆市一流专业，每年培养经济类人才约150人。经过多年的人才培养实践，国际金融与贸易学院已经形成了一套完备的人才培养体系，打造了独具特色的人才培养模式。下文将结合国际金融与贸易学院经济类人才培养实践，探索新文科背景下经济类人才的培养模式与路径。

---

① 肖坤雪. 新时代新文科建设探究 [J]. 学校党建与思想教育，2022（19）：34—37.

② 何圣财. 新文科背景下地方高校经济学人才培养模式探索 [J]. 大学，2020（32）：36—37.

③ 李停. 新文科理念下经济学专业人才培养模式改革研究 [J]. 黔南民族师范学院学报，2022（02）：41—46.

④ 李慧玲，冯怀珍. 新文科视野下经济学专业应用型人才培养探析——以新疆师范大学经济学专业为例 [J]. 长沙航空职业技术学院学报，2022（2）：44—48.

一、新文科背景下经济类人才培养的新方向

（一）培养理念：从同质化到差异化转变

在传统文科教育时代，各高校经济类人才的培养理念具有同质化的特征。无论是人才培养方案设计的总体思路还是具体内容以及相关课程的设计，很多高校都是相同或相似的，这种趋同性使得所培养的人才也具有同质性，无法满足经济社会发展过程中对经济类人才的不同需求。然而，由于新文科建设要求各高校结合自身办学特色制定人才培养方案，服务地方经济社会发展需求，当前很多高校都重塑了人才培养理念，并将这些理念落实到了人才培养方案设计及实施的全过程。在这样的情况下，不同类别高校所培养的经济类人才出现了差异、形成了特色。

（二）培养导向：从规模化到个性化转变

当前国内高等教育的发展已经从人才培养量的拓展，转变为量与质的协同发展。不仅财经类大学开设有经济类专业，很多综合类高校甚至是部分专业类高校，也都开设了经济类专业，这虽使经济类人才的培养在规模上取得了跨越式发展，但所培养的人才却未能满足社会及行业对人才的需求。新文科倡导专业的内涵式发展及人才的高质量发展，要求各高校在培养人才的过程中实现从规模化到个性化的转变，改变原有经济类人才粗放型培养的现状，通过制定较高的人才培养标准，培养高质量、高素质的人才。

（三）培养过程：从重书本到强实践转变

我国高等教育的发展也存在重知识、轻素质的问题，尤其是文科类专业。与理工类专业强调实验不同，很多学校在文科人才

的培养过程中以课堂讲授为主。新文科强调人才培养与社会、行业的接轨，这就意味着人才培养需要走出书本、走进社会、走进行业，打造"通识教育＋专业教育＋个性化教育＋实践教育"的培养体系。尤其是经济类专业，在当前经济社会发展过程中，会出现很多新的现象，这些现象是书本不会讲授的。例如，国际经济与贸易专业的学生需要了解如何报关、通关，需要了解《区域全面经济伙伴关系协定》实施后，企业如何利用原产地规划、通关便利化规则等改变原有贸易形式。这就需要在教授学生基本知识的同时，加强对学生实践能力的培养，要通过与行业、企业的合作，打通人才培养的"最后一公里"。

（四）培养方式：从单一式到融合式转变

传统文科教育注重知识的传授，这种单一式的人才培养方式虽然有利于学生深入学习知识，但会使学生知识面较窄，很难适应当前社会变革中对复合型人才的需求。伴随着新科技革命带来的变化，很多文科领域，也产生对大数据、区块链、云计算等数字技术的需求。传统文科的单一式人才培养方式，很难适应社会变革的新需求。而新文科提倡学科的交叉融合，提倡将数字技术类课程纳入文科专业，尤其是经济类专业的人才培养体系。这有利于培养既懂经管知识，又懂数字技术，能够更好地适应数字经济时代社会变化的经济类人才。

（五）培养模式：从分割式到融通式转变

传统文科教育下形成了很多专深、狭窄的专业，专业与专业之间的联系相对较少。经济类专业与其他专业之间的联系虽然相对较多，如经济学专业与管理学、法学、数学等专业的知识有相应的交叉，但各专业的人才培养模式主要还是呈现出分割的特点。新文科建设带来了人才培养模式的转变，促进了专业间的交叉融合，有利于更好地打牢经济类人才的专业基础，对于培养宽口径、重交叉、懂创新的复合型人才具有较强的意义。

二、新文科背景下经济类人才的培养模式

新文科建设背景下经济类人才培养模式的转变，是当前数字经济时代，数字技术发展对传统产业的冲击所带来的需要，如数字化产业发展与产业数字化的发展，使得新兴技术与传统经济学科融为一体，从而使得新文科时代的经济类人才培养需要在理论体系、课程构建、实践内容等方面进行革新，从而保证人才培养与经济社会发展相匹配。

当前很多高校在经济类人才培养过程中都存在问题，一是人才培养目标不明确，二是人才培养具有雷同性，本地化探索程度不够，忽略了所在地区的经济发展特色，三是课程设置不够完善；四是教学方法仍有待更新，多以课本知识讲授为主，忽略了新兴教学手段的使用。

为解决上述问题，四川外国语大学国际金融与贸易学院设计了以培养国际化、跨学科、复合型经济类人才为目的的FIT人才培养模式（见图1）。其中，F（Finance Economics）为新文科人才培养的目标，即以培养新文科拔尖金融经济人才为基础，I（Integrate）为新文科人才培养的导向，即强调新文科背景下经济类人才国际化、数智化素养的整合，而T（Transform）为新文科人才培养的能力建设，即强调新文科背景下经济类人才跨文化交际能力、跨学科思维能力、跨专业应用能力的提升。通过FIT人才培养模式的构建，国际金融与贸易学院优化了各专业人才培养模式，在各专业课程中加入了数字技术类课程，并要求学生开展实习和实践，为新文科人才的培养有效地奠定了基础。

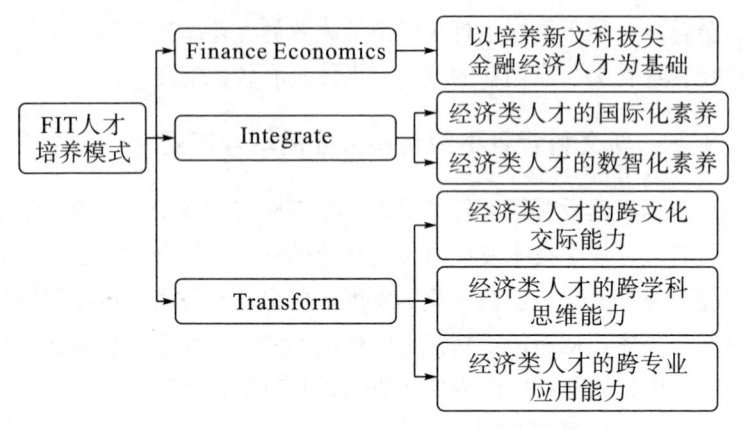

```
                ┌─ Finance Economics ─→ 以培养新文科拔尖
                │                        金融经济人才为基础
                │
 FIT人才 ───────┼─ Integrate ─────────→ 经济类人才的国际化素养
 培养模式       │                    └→ 经济类人才的数智化素养
                │
                │                      ┌→ 经济类人才的跨文化
                │                      │  交际能力
                └─ Transform ──────────┼→ 经济类人才的跨学科
                                       │  思维能力
                                       └→ 经济类人才的跨专业
                                          应用能力
```

图 1　新文科背景下的 FIT 人才培养模式

三、新文科背景下经济类人才的培养路径

（一）重塑人才培养方案

人才培养方案作为人才培养执行的标准，对于人才培养质量会起到重要的影响。良好的人才培养方案通过确定人才的培养目标、专业特色、课程设计、实践内容、培养标准等内容，明确为谁培养人、培养什么人、如何培养人，从而能够明确人才培养过程中学院的信仰、能力与担当。因此，各经济类人才培养主体需要重塑人才培养方案，一是在培养方案中进一步修正培养目标，将培养目标与所在地方经济社会发展对人才的需求相结合，树立个性化、应用型、创新型的人才培养观念，实现专业培养与社会需求的有效对接，从而使得所培养的经济类人才能够更好地服务经济社会发展；二是完善人才培养方案的课程体系，在注重立德树人、能力为重、分类指导、交叉融合的原则下，完善相关课程的设置，根据对人才培养的新要求，加入数字经济时代的新课程，培养学生适应数字经济时代变革的能力；三是强化人才培养

的实践能力，培养方案中应明确对学生实践能力培养的方法、能力、时限要求，需要设计实习实践类学分与课程，保证学生实习实践能力的培养。

（二）创新数字化教学方法

教学方法的创新与改善是人才培养的关键。新文科讲究学科间的融合，这种融合不仅体现为知识层面的融合，也包括教学方法的融合，可以将一些理工类专业的教学方法以及数字技术的教学方法，运用到实际教学过程中，保证通过教学方法的改进，尤其是新方法的使用，增加学生的学习主动性与积极性。例如，在经济类专业的课程中，可以充分通过虚拟仿真实验开展课程学习，这既可以增加学生学习的乐趣，也有利于学生在课堂之外自主学习。

（三）加强实践基地建设

新文科建设强调对学生实践能力的培养，这既是新文科与传统文科对人才培养的差异化表现，也是数字经济时代对人才的实际需求。而学生实习实践能力的培养，仅依靠学校课堂教学以及学校营造的实践环境是不够的，尤其是经济学类专业的人文社科专业，不像理工类专业可以打造全封闭的实验室，这就意味着需要打造良好的校企合作基地，通过将企业引入学校、引入课堂，让学生充分地感受行业，有效打通学生与企业之间的"最后一公里"。各专业应结合数字经济时代的专业变化，加强与新的数字类企业的合作。例如，国际经济与贸易专业可以加强与跨境电商企业的合作，金融学、金融科技专业可以加强与金融科技机构或者是金融机构的金融科技部门的合作。

（四）探索跨学科的自主学习模式

新文科教育强调建立跨学科的教育模式，但仅依靠在培养方案中加入部分跨学科的课程是不够的，需要加强对学生跨学科自主学习能力的培养。一是鼓励学生跨学科开展辅修、双学位学习。鼓励学生通过辅修、双学位的形式，学习新文科时期的一个新专业，例如金融科技、大数据管理与应用等专业，以此通过更多的课程学习强化自身能力。二是鼓励学生进行微专业学习。微专业的设置，通过开设一个专业中的核心课程，保证了学生既能够学习到专业核心知识，也使得学生缩短了学习的时间。但是，由于微专业设置的课程数量相对较少，在学习微专业的同时，也需要学生自我学习其他没有开设的课程。三是强化学生自主学习能力。应让学生了解到数字经济时代对人才能力的要求，并让学生认识到仅依靠对课题知识的学习是远远不够的，从而主动培养自主学习的能力，通过自主学习主动接触新知识、新方法、新技术。

作者简介：

彭程，男，1978年生，博士，教授。主要研究方向：国际投融资管理。

新文科背景下影视类专业实践课程改革与创新

——以"电影节展策划与研究"为例*

丁 钟

(四川外国语大学新闻传播学院 重庆 400031)

摘 要: 四川外国语大学在新文科背景下创新性开设了课程"电影节展策划与研究"。该课程以师生自主创办的重庆青年电影展为实践育人平台,有效促进了学科融合与专业交叉。在教学理念上,该课程致力打造"四维课堂"新场域,让教学课堂、实践课堂、行业课堂和社会课堂相互贯通;在教学方法上,深化产教融合,建立由"模块化知识"(Modular Knowledge)、"项目制教学"(Project-based Teaching)、"双创式发展"(Development of Mass Entrepreneurship and Innovation)、"全球性视野"(Global Vision)等四个部分组成的"MPDG"应用型课程教学

---

* 本文系 2019 年重庆市社会科学规划项目"'一带一路'背景下重庆地区电影节展发展研究"(项目号:2019QNYS55)、重庆市高等教育学会 2021-2022 年度高等教育科学研究课题"'新文科'背景下基于重庆青年电影展为美育实践平台的教学改革研究"(项目号:CQGJ21B059)、四川外国语大学 2022 年研究生教育教学改革研究项目"'成渝地区双城经济圈'背景下基于重庆青年电影展为美育实践平台的研究生教学改革研究"(项目号:yjsjg202219)、四川外国语大学 2023 年本科教学改革研究项目"基于四川外国语大学国际影视产业学院为教学实践平台的国际传播人才培养改革与创新"(项目号:JY2380103)的研究成果。

新模式。此外，学校利用校地资源，将该课程的建设成果面向社会开放，释放课程生命力、延展课堂引领力、扩大课程影响力，实现课程价值的深度开发。

关键词：新文科；师生共创；产教共融；校地共建；实践课程；电影节展

"电影节展策划与研究"是四川外国语大学国家一流专业建设点——广播电视编导专业的特色核心专业课程，是该校新闻与传播专业硕士（影视传播方向）的核心发展课程。该课程的开设，为实践育人开创了一条新路径。师生共创的课程成果——重庆青年电影展（简称"影展"），自2014年以来，已成功举办9届，在全国引发热议。该课程与业界深度共融，不仅请来导演谢飞担任课程总监及影展名誉主席，还邀请了贾樟柯、王小帅、徐峥、海清、郭晓东、陶虹、郝蕾、杨子姗、张杨、万玛才旦、杨超等200余位知名电影人参与课程讲授，得到了中影集团、博纳影业、华谊兄弟、天娱传媒等企业的广泛支持。自2017年起，影展与政府共建共享，至今已联动全球110余所高校及文化机构，总参与人数突破35万人次，构架与规模已达到国际B类电影节水准，并被写入重庆市电影产业"十四五"发展规划。该课程的教学理念、教学模式在全国具有典型意义与示范效应，课程成果（重庆青年电影展）不仅成为重庆市一张响亮的文化名片，更为全国影视类本硕专业（方向）打造了一个不可多得的实践育人新平台。

一、叩问：影视类专业实践类课程仍旧存在"两张皮"的现象

电影节展是电影产业的重要组成部分，但目前全国开设有"电影节展策划与研究"课程、能系统讲授相关知识的高校不足

10所，长期存在实践教学与教学实践"两张皮"的现象，具体体现在以下三方面：首先，学生在学习该课程时，大部分时间精力仍被课堂教学环节占用；教师在打破课程、学科、院校、校企、校地等方面缺乏创新意识，不能实现有效对接。其次，大多数院校因缺乏相应的师资储备，无法让学生顺利融入多元化的实践场景。最后，由于电影节展的策展实践多数以院系为单位，缺乏更广阔的受众空间，课程实践与社会服务无法衔接，造成课程资源浪费；同时，大部分策展实践缺乏市场参与，不能与城市发展、国家导向、国际趋势相匹配，导致学生不仅无法获得行业经验积累，也得不到提升宏观国际视野的机会。本文以四川外国语大学"电影节展策划与研究"课程的建设实践为基础，探索新文科背景下影视类专业实践课程改革与创新之路径。

二、师生共创：构建"四维课堂"新理念

四川外国语大学"电影节展策划与研究"课程建设不仅做到了"理实并重"，让课堂教学与实践教学相互结合，更创新性地提出"四维课堂"理念（如图1），认为不仅要重视一维课堂——教学课堂的打造，夯实理论基石，还要注重二维课堂——实践课堂的提升，锤炼动手能力；不仅要重视三维课堂——行业课堂的引入，吸收业界经验，还要注重四维课堂——社会课堂的输出，开展社会服务。"四维课堂"理念主张用二维课堂弥补一维课堂在实践操作上的缺失，用三维课堂协调理论知识与能力素养的匹配关系，最终在四维课堂上，让学生将实践成果回馈给社会，完成自我成长，提升学习认同感、专业使命感和社会责任感。

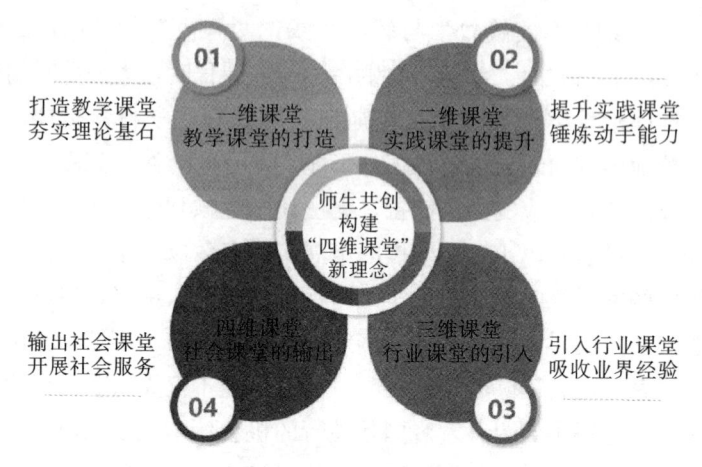

图 1 "四维课堂"理念的具体构成

（一）打造教学课堂，夯实理论基石

该课程在教学中重视学生的个人兴趣及知识特长，创建了若干学习共同体，通过圆桌会议、头脑风暴、案例复盘、创意路演等活动搭建牢固的知识体系，鼓励学生进行科研实践，就某一议题深入一线完成田野调查，撰写调研报告，打牢理论基石，形成基础知识积累与个性认知提升的双向补足。

（二）提升实践课堂，锤炼动手能力

该课程重视延展课堂学习成果，创设实践训练项目，坚持自主打造重庆青年电影展，并以此为实践平台，根据实际的节展筹备工作安排，组建综合部、策展部、活动部、宣传部、社群部、国际部等6个部门，让学生依据自身专业优势及兴趣方向加入其中，建立完善的工作制度及流程，记录其工作过程，将理论知识转化为实务经验，培养实际动手能力。

（三）引入行业课堂，吸收业界经验

该课程聘请上海国际电影节及中国金鸡百花电影节的策展人为业界导师，开设策展人训练营，针对电影节展行业的管理、运营及传播特性，开展业务实训；同时，教师带领学生学习慕课，对全球主流电影节展进行深度解析，充分了解国际策展人的工作职责及行业规范。

（四）输出社会课堂，开展社会服务

该课程的成果——重庆青年电影展已被纳入重庆市公共文化服务项目，于每年10月的中下旬举办。学生在老师的指导下为来自全球各地的专业人士及影迷提供服务。其间，在专业影院放映多部中外影片，举办多场包括展映交流、学术论坛、电影创投、公开讲演等在内的电影活动，影展的开闭幕式及颁奖典礼也全程进行多信道直播，让学生在社会服务中锤炼专业技能，提升课程获得感，成为中外电影文化交流的使者。

三、产教共融：搭建"MPDG"教学新模式

"电影节展策划与研究"既是一门强调实践应用的基础课程，也是一门紧贴行业发展的前沿课程。针对其差异性、多元性和高阶性的特性，以及社会对编导专业学生"基础素质好、业务上手快、后发能力强"的择才要求，课程团队多年来坚持"导向需求、学用结合、平台为基"的建设策略，在展开系统化的行业调研后，形成了集"模块化知识""项目制教学""双创式发展""全球性视野"于一体的"MPDG"教学新模式（如图2）。

"全球性视野" Global Vision 译制成多语种文化共享包

产教共融 搭建"MPDG"教学新模式

"项目制教学" Project-based Teaching 课程团队将下派项目制任务包

"双创式发展" Development of Mass Entrepreneurship and Innovation

"模块化知识" Modular Knowledge 融合前两年所学课程形成模块化的知识包

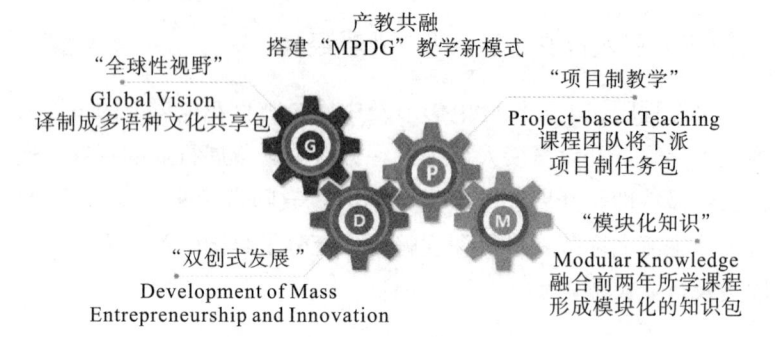

图 2　"MPDG"教学新模式

（一）"模块化知识"（Modular Knowledge）

作为"电影节展策划与研究"课程的实践成果，重庆青年电影展在策划、组织及实施中，融合了学生所学习的专业技能，形成模块化的知识包，循序渐进地整合采、写、摄、录、编、评、策划、传播等能力，通过丰富多样的课堂形式，有步骤地帮助学生树立职业意识，培养学生的观察力、分析力、创新力、表达力、合作力。

（二）"项目制教学"（Project-based Teaching）

重庆青年电影展筹备组根据工作安排，组建了综合部、策展部、活动部、宣传部、社群部、国际部等6个部门，学生需根据自身情况至少加入一个，通力协作完成重庆青年电影展的筹备。课程团队下派项目制任务包，学生以"个人+小组"的方式参与专题学习、自主研究及实务操作，此过程由教师定向指导、部门负责人具体管理。

（三）"双创式发展"（Development of Mass Entrepreneurship and Innovation）

教师鼓励学生总结在影展筹备工作中获得的启发与创意，并与业界导师共同准备业界资源包，帮助学生完成创意策划项目书，从中选出优秀项目，参加"互联网＋"大学生创新创业大赛、"挑战杯"大学生创业大赛等赛事，学生在行课期间完成的作品在各类重要赛事中斩获大奖10余项。

（四）"全球性视野"（Global Vision）

该课程团队深入学习贯彻习近平总书记关于新时代加强和改进国际传播工作的重要论述，筛选多年来积累的影视作品，优中选优，译制成多语种文化共享包，与各国使领馆、文化机构、海外电影节展接洽，与共建"一带一路"国家进行双向互动，既在重庆青年电影展中设立"环球影视"单元，放映各国佳片，同时，举办重庆青年电影展国际传播计划，让学生带着往届优秀作品与日本、英国、俄罗斯、荷兰、马来西亚、乌拉圭、巴西等国来访者开展国际影视项目交流，进行互展洽谈、版权租赁、作品共享等合作，致力做好中国影像全球传播。

四、校地共建：创建"三力"融通的课程新价值

"电影节展策划与研究"课程团队依托"四维课堂"教学矩阵，践行"MPDG"教学模式，并积极联动"政校企"三方资源，让重庆青年电影展成为重庆地区唯一获得省部级政府立项的电影节展，借助校地联动的资源叠加优势，让课程价值显现于课堂之外，在行业实践与社会服务中助力课程新发展（如图3）。

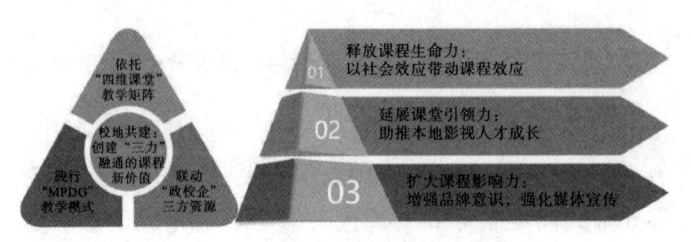

图3 "三力"式课程价值示意图

（一）释放课程生命力：以社会效应带动课程效应

该课程自开设以来，已在影院、社区、乡镇及各类院校放映800余部境内外影片，组织了600余场线下活动，成为重庆地区最具规模和影响力的综合性、专业性电影展览。师生策划了"电影中的祖国"新中国成立70周年特展、"百年潮"建党百年特展、"奋进新时代"喜迎二十大特展等激发青年一代理想信念的专题活动；组织了谢飞、阿巴斯、桑弧、费穆、吴天明、胡金铨等大师回顾展，举办了高志森导演喜剧电影回顾展、陈德森导演类型电影回顾展、李玉导演女性电影回顾展等焦点影人展；同时，还策划了聚焦荷兰、印度尼西亚全景、日本电影秋日赏、罗马尼亚新浪潮、马来西亚新视界、乌拉圭国别特展、匈牙利短片展、拉美精粹等多个国家和地区主题展映，选片囊括了戛纳电影节、柏林电影节、威尼斯电影节、圣塞巴斯蒂安电影节在内的全世界近40个主流电影节展的获奖电影。该课程坚持以"惠及市民、扶持青创、培育学子"为己任，所有影片及活动均实行全免费开放，润物细无声地将课程思政元素、社会服务理念传递给青年学子，在社会效应不断攀升的同时，课程生命力也在不断增强。

（二）延展课堂引领力：助推本地影视人才成长

该课程致力不断对接行业资源、搭建共赢平台，推动影视创作生产。自 2015 年起，在重庆市委宣传部的支持下，重庆青年电影展特别为本地影人开设了"扶垚计划"项目创投会，并在竞赛单元设立"扶垚计划·特别表彰奖"，旨在扶植本地高校、本土企业和本籍人士，力求为本地影人提供发展空间，为华语电影市场输送优质人才。经过 7 年的不懈努力，电影展上无论是创投单元，还是竞赛单元，以重庆为故事背景、讲述本地故事、表现地方人文历史的项目和影片都呈井喷之势；本土创作者、作品数量也大幅度增加。在创投项目中，本地项目占比由 8% 上升到 42%；在竞赛单元中，重庆籍作品数量由最初的不足 30 部增长至 400 余部，投递占比近 30%。

（三）扩大课程影响力：增强品牌意识，强化媒体宣传

自 2014 年至今，经过长时间的资源积累、口碑发酵后，重庆青年电影展的品牌效益不断扩大，品牌辨识度不断聚焦、社会影响力逐年扩大，吸引了超 300 余家主流媒体跟踪报道，登上"微博热搜" 11 次，"微博超话"阅读量超 700 万，历届形象大使公布、嘉宾官宣、活动预告与回顾等微博平台的阅读量超 1.6 亿人次；宣传片转发逾 30 万次，"电影公开课""导演论坛""开闭幕式"直播观看人次超百万，央视频、芒果 TV、搜狐视频等平台开设直播专区；得到 CCTV-3 中国文艺报道、CCTV-6 中国电影报道等知名栏目制作专题报道（如图 4），同时吸引了人民网、新华网、央视网、《中国电影报》、《重庆日报》、重庆卫视等知名媒体做大篇幅深度采访。2020 年更是作为"重庆骄傲"登上重庆解放碑 WFC 大屏。师生团队每年都在寻求更为多样的宣传平台，旨在用更新颖的宣传手段、更专业的策展思路去扩大重庆青年电影展的影响力。

图4　CCTV-3中国文艺报道、CCTV-6中国电影报道
制作专题节目报道课程成果

结　语

"电影节展策划与研究"坚持"以学生为中心、以任务为导向、以平台为基石",探索并激发学生的主观能动性,构建课程学习以外的实践空间,帮助学生建构个性化的实践体系。该课程不断凝练课程特色,打造高品质的课程成果,致力让学生与重庆青年电影展共同成长,让学生在社会服务中,不仅能得到知识能力的提升,更能得到向上向善的精神启迪,践行"重构教学理论、重建教学路径、重塑教学价值"的课程建设思路,发挥示范引领效应,为学生的成长成才奠定坚实基础。

作者简介:

丁钟,男,1987年生,博士,副教授。主要研究方向:影视创作、影视产业、电影节展。

法语跨文化教学与乡村振兴

——以大渡口石盘村石文化为例*

唐果 齐鑫 笱程亮

(四川外国语大学法语学院 重庆 400031)

摘 要：新文科建设强调中国化、世界化和时代化，既要传播中国文化，也要和世界接轨，和时代并进。因此，法语专业的跨文化课程必须紧跟国家战略，对标新文科建设的要求，探索开展跨文化教学的路径和方法。本文以推广重庆市大渡口石盘村乡村文化为例，立足新文科建设和乡村振兴战略，开展法语跨文化教学，注重学科交叉融合，旨在带领法语专业的在校大学生搭建文化传播与交流的平台，多维度探索法语跨文化教学实践的模式。

关键词：跨文化教学；乡村振兴；学科交叉

自 2018 年"新文科"概念提出以后，关于如何进行新文科建设，教育界进行了广泛讨论。新文科建设要以提高人才综合素养为目标，以培养具有家国情怀、人文素养、专业能力、创新能

---

* 本文系四川外国语大学 2022 年本科教学改革研究新文科建设专项项目"乡村振兴与文化'走出去'：法语跨文化实践教学助力重庆大渡口石盘村石文化推广"（项目号：JY2296218）的阶段性成果。

力和协作能力的人才为总体要求。① 当前高校法语专业跨文化教学虽取得了一定成果，但仍然表现出与实践脱轨的迹象。以法语学科为例，目前法语专业跨文化课程设置的着力点还主要放在法语国家的社会文化教学上，注重文化的"引进来"，却忽视了本国文化的"走出去"。本文以新文科建设为支点，思索法语跨文化教学对乡村振兴这一热点话题在实践层面的运用，通过与大渡口石盘村乡村振兴设计企业联合互动，扩宽法语专业师生走进乡村、推广乡村文化的路径，从而引发对法语跨文化教学新的思考。本文的意义在于，将法语跨文化教学与乡村振兴战略相结合，通过不同的教学主体，借助不同于传统文化教学载体的新方式，面向更高层次的文化教学目标，使得学生认识并理解文化差异性及多样性，培养学生的跨文化交际能力，用法语向世界讲好中国故事，助力乡村振兴。

一、当前法语专业跨文化教学的不足

（一）教学方式单一，缺乏实践性

在传统的教学方式中，教师倾向于单向输出知识，学生只需要对此进行吸收消化，尤其是外语这类文科专业。即使高校外语专业的教学模式经过多年的改革和创新发展，已经有了很大的进步，但跨文化教学的实践性仍然较弱。目前，法语专业跨文化教学的教学方式仍以传统的讲授式教学为主，缺乏互动和实践环节，这不利于培养学生的跨文化意识和实践能力。

---

① 安丰存，王铭玉. 新文科建设的本质、地位及体系 [J]. 学术交流. 2019 (11): 5-14.

（二）教学内容陈旧，缺乏生动性

当前法语专业跨文化教学内容较为陈旧，缺乏生动性。这主要是由于教材更新不及时，教师对跨文化交际的认知不足，以及教学方式单一等因素导致的。首先，教材是教学内容的载体，其质量和时效性对教学质量有着至关重要的影响。然而，许多法语专业的跨文化交际教材内容较为陈旧，没有及时更新，无法反映当前法语国家的文化现状和社会发展。这导致学生无法接触到最新的跨文化知识和信息，无法满足实际交流的需要。其次，一些教师对跨文化交际的认知不足，缺乏相关的教学经验和能力。他们可能更注重语法和词汇等语言要素的教学，而忽略了文化背景和交际技巧的传授。这导致课堂教学缺乏生动性和趣味性，无法激发学生的学习兴趣和积极性。

二、结合乡村振兴战略发展法语专业跨文化教学之实践

依托四川外国语大学2022年本科教学改革研究新文科建设专项项目"乡村振兴与文化'走出去'：法语跨文化实践教学助力重庆大渡口石盘村石文化推广"，学校组织法语专业师生（包括外教）建立了大学生文化推广队，前往石盘村考察，借助新媒体手段，让大家在了解石盘村石文化的基础上，比较中法乡村文化之异同，在提高语言运用能力的同时提高跨文化交际能力。

与以往的跨文化课堂教学不同的是，在本次教学实践中，项目团队将课堂搬到了教室外，搬进了生活中。学生所学习的跨文化内容也不再是课本上的"死"知识，而是目前的社会热点，教学内容的生动性大大提高。项目团队与大渡口石盘村乡村振兴规划企业进行了充分接洽，对考察路线进行了完善，带领学生围绕石盘村"长江、石崖、果园、田村"等丰富的旅游资源进行翻译

练习，在提高学生语言水平的同时，增加了他们的文化认同和自信。

三、结合乡村振兴战略发展法语专业跨文化教学之意义

随着全球化的加速和"一带一路"倡议的深入推进，法语作为连接中非的重要语言纽带，其在中国的教育地位逐渐上升。在新文科背景下，让法语专业学生结合乡村振兴战略，借助新媒体宣传推广本土乡村文化，帮助学生理解本土乡村文化、比较中法乡村文化，更好地开展跨文化交流。

（一）帮助学生理解本土乡村文化

石盘村历史文化底蕴深厚，周边人文景观丰富，这为实现学生对本土文化的认识和理解提供了基础。在教学中，师生围绕石盘村"长江、石崖、果园、田村"等丰富的旅游资源进行翻译、介绍、宣传，这必须建立在对石盘村风土人情的充分理解之上。通过实地考察，学生能够深入了解石盘村的文化特色，包括历史、传统、习俗等，在增强文化自信的同时，也为日后开展跨文化交流增加了知识储备。

（二）帮助学生比较中法乡村文化

在教学中，法籍教师结合切身体会和对中国文化的了解，开展课堂延伸，向学生介绍法国有代表性的乡村文化，实现从中国到法国、从本土到外国的扩展，进而尝试通过双语讨论，引导学生以积极、包容的态度比较中法乡村文化。这样的教学活动使得法语跨文化教学模式从单一的语言输入转向多维的语言、文化、能力、素养的输入与输出，通过法国文化与中国本土文化对话的形式实现了跨文化教学。

(三) 帮助学生开展跨文化交流

在中外交流的大背景下，课题成员尝试扮演"文化翻译"的角色，借助互联网、新媒体为法语跨文化教学助力乡村振兴提供了可能。师生利用短视频等媒介讲述中国故事，通过探索大滨路的美食之路、老成渝线的文宣之路、沿江步道的亲水之路、石猿路的研学之路、生产步道的生活之路、登山步道的康养之路等，以独特的视角、有趣的内容，向外国人介绍中国的变化，向中国人介绍外国人对中国乡村文化的感受。文化输出是建立在尊重其他文化的基础之上的，这也是跨文化法语教学在文化输出中的新意义。

结　语

在符合新文科建设理念的背景下，法语跨文化教学与乡村振兴战略的结合有助于法语专业的自我更新与发展。首先，教学主体的多样性得到重视。其次，教学内容因实践变得更加生动。最后，教学目的得到升华。课堂上，学生能够理解中国和法国文化；课堂下，新媒体和互联网为法语世界提供了理解中国文化的机会。三者共同发力，保障了法语跨文化教学在新文科背景下的发展。

作者简介：

　　唐果，女，1987年生，博士，教授。主要研究方向：法国文学，法语国家文化。

　　齐鑫，女，1996年生，硕士。主要研究方向：法语笔译。

　　笱程亮，男，2000年生，硕士。主要研究方向：法语文学。

新文科背景下课程思政在外语专业课程教学中的融合

——以某高校研究生专业课程"语义学"为例[*]

王天翼

(四川外国语大学英语学院　重庆　400031)

摘　要：课程思政是新文科背景下高校人才培养的新要求，以立德树人为目标。本文以某高校研究生专业课程"语义学"为例，结合问卷调查，反思该校外语专业课程思政的不足之处，探讨课程思政与专业课程教学的融合之道，切实提高学生的理论自信和文化自信，培养其创新意识和民族意识。

关键词：新文科；课程思政；立德树人；语义学；专业课程

为实现民族伟大复兴的"中国梦"，国家对高校人才培养提出了新的要求——培养坚持道路自信、理论自信、制度自信和文化自信，培养具有家国情怀和国际化视野的高水平复合型国际化人才。2020 年《求是》杂志发表习近平总书记重要文章《思政课是落实立德树人根本任务的关键课程》，文章首先指出思政教育对于提高人民综合素质、促进人的全面发展、增强中华民族创

---

[*] 本文系重庆市研究生教育教学改革研究重点项目"新时代研究生语义学课程思政建设"(项目号：yjg212030) 的阶段性成果。

新创造、实现中华民族伟大复兴具有决定性作用。其次，文章回顾了党自成立以来开展思政教育的情况，对新时代的思政教育提出了新要求，即培养"为学先立志"的社会主义建设者和接班人，树立正确的世界观、人生观和价值观，坚定"四个自信"，开展马克思主义理论教育，厚植爱国主义情怀。最后，文章指出我国思政教育存在的不足，提出高校思政教育的任务，并进一步说明思政课教师要从六个方面提高素养，从八个方面推动改革创新，强调了党对课程思政建设的带头领导作用。[①]

本文以某高校研究生专业课程"语义学"为例，研究课程思政在外语专业课程教学中的融合之道，旨在认真学习和贯彻习近平总书记的思政教育理论，推动思政教育改革创新，强化学生的马克思主义、社会主义和共产主义信仰，为中国特色社会主义事业培养有用人才。

一、某高校"语义学"课程思政教学现状

改革开放以来，我国高校的外语专业为国家培养了大批人才，其中很多人出国留学，学成归来投入社会主义建设，为国家快速发展和人民幸福生活贡献力量。然而，由于一些客观因素的限制，目前高校外语专业课程思政教学仍存在一些问题。下面以某高校研究生专业课程"语义学"为例，通过问卷调查，探讨该校外语专业课程思政教学的现状。

笔者对某高校英语学院 75 名学习了"语义学"课程的研究生进行问卷调查，发现该校课程思政教学已取得一定成果，将近 96％的学生对思政教育比较了解，认为当前学校的思政教育对他们思想政治素质的提高效果明显；近 75％的学生认为有必要在

---

① 习近平. 思政课是落实立德树人根本任务的关键课程[J]. 求是，2020(17)：4-16.

研究生阶段开设思政课程；93%的学生认为当前课程中涉及了课程思政的内容；81%的学生基本了解马克思主义哲学。然而问卷调查也反映出了一些问题，简述如下。

1. 忽略中国传统理论，使学生缺乏理论自信

教师在课堂上教授的理论多来自国外，对国内语义学研究成果提及较少。改革开放以来，我国学者大量引入国外语言学理论，包括系统功能语言学、转换生成语言学、认知语言学等。很多学者在开展研究的时候习惯于运用西方某一个理论来解释汉语语料，忽视了中国传统的语义研究方法。这些举动都在无形中让学生产生一种先入为主的思想，即外语专业只研究国外的语言学理论，长此以往，学生的理论自信很难提高。

2. 忽略中国特色社会主义核心价值观教育，使学生缺乏制度自信

一些高校的外语专业课程过于注重对语法、词汇等理论知识的学习，而忽略了对学生的思政教育。外语专业的学生是国家对外交流的储备力量，担负着对外宣传的重要任务。教师在为他们开设专业课程时忽略思政教育，可能导致学生对中国特色社会主义核心价值观的理解不充分，缺乏制度自信，不利于他们政治素养的提高。

二、课程思政在外语专业课程教学中的融合之道

国内学者已经开始探索外语专业课程与课程思政的融合。文旭针对当前语言学教材较少融入思政元素的现状，提出教材编写应考虑马克思主义世界观和方法论，传播中国语言学与中国文化思想，塑造中国学派的意识。他进一步介绍如何将句子意义、原型范畴论、"图形－背景"理论等语言学理论与中国语言学思想、

文化思想以及育人教育等思政因素结合在一起。① 黄继省具体落实了"语义学"课程思政建设，他主要介绍了课程思政的材料选取，例如讲解"义位""义素分析法""语义演变"等专业术语时可结合具体时政词条进行举例分析，润物无声地开展思政教育。② 本文基于前人研究的成果，提出了以下三点将课程思政融入外语专业课程教学的方法。

（一）与时俱进，融入马克思主义语言观

马克思主义语言观是一种基于马克思主义哲学的语言观念，它强调语言是人类实践活动的产物，并强调语言与人类思维、社会和文化的紧密关系。首先，马克思主义语言观认为语言是人们在社会实践中形成的，是人们交流和沟通的工具，也是文化和意识形态的载体。其次，它认为语言是思维的工具，是人类思维的重要载体和表现形式。同时，语言也塑造了思维方式，影响了人们对世界的认知和思考方式。此外，马克思主义语言观还强调语言的社会性。它认为语言是社会的一部分，是社会关系的反映和体现。语言不仅反映了社会的阶级关系和权力结构，也反映了社会文化和价值观的差异。总的来说，马克思主义语言观是一种全面而深刻的语言观念，它为我们理解语言提供了重要的理论框架和视角。它不仅有助于我们理解语言本身的性质和特点，也有助于我们理解语言与社会、文化、思维等方面的关系，对于我们更好地认识世界和人类社会具有重要意义。在外语专业课程中融入马克思主义语言观，不仅能帮助学生理解语言与社会、政治和经济之间的关系，而且能深化他们对马克思主义理论的理解。

---

① 文旭. 语言学课程如何落实课程思政 [J]. 中国外语，2021（2）：71-77.
② 黄继省. 谈谈《汉语语义学》课程思政材料选择的角度与方法 [J]. 汉字文化，2022（1）：50-57+70.

将马克思主义语言观融入外语专业课程的具体路径包括：首先，教师可以在课程中安排一些专题，探讨马克思主义语言观相关问题，如语言的阶级性、语言与生产方式的关系以及语言在意识形态中的作用等。其次，可以引导学生阅读马克思主义经典作家如马克思和恩格斯的著作，了解他们对语言和社会的看法，帮助学生理解语言与社会结构之间的内在联系。再次，教师可以选择一些具体的语言现象或社会语境，运用马克思主义语言观进行分析。例如，可以分析某一语言的形成和发展如何受到社会经济结构的影响，或者某一语言政策如何反映阶级关系的变化。此外，可以组织关于马克思主义语言观的讨论或辩论，鼓励学生运用这一理论分析现实生活中的语言问题。这有助于培养学生的批判性思维和独立思考能力。通过以上方法，外语专业课程不仅能提高学生的语言技能，还能培养他们的社会责任感和批判性思维。同时，也有助于推广和普及马克思主义理论。

（二）学贯中外，对比中西语义理论

调查问卷结果显示，大多学生并不了解我国传统的语义学理论，甚至有人认为我国没有语义学研究。因而，教师在课程设计可专门增加中西语义理论对比这一板块，让学生清楚地认识我国语义学的发展历史及代表理论，如指称论、观念论、证实论、功用论、行为论、语境论、意向论、认识论等，并将上述理论与西方语义理论进行对比。通过比较中西语义理论，学生可以进一步加深理解，从而更好地应用它们来解决实际问题。此外，这也可以促进不同理论之间的交流和融合，推动理论的发展和创新。

（三）线上线下混合教学，强化学生的民族优越感

线上线下混合教学是一种教学模式，它将传统的课堂教学与在线学习相结合，旨在实现更高效、更具互动性和个性化的学习

体验。在这种模式下,教师可以在课堂上进行面对面的教学,同时利用在线工具和资源让学生在课后进行自主学习和协作学习。

线上线下混合教学为学生提供了更加灵活、便捷的学习方式,也为课程思政的开展提供了更多的空间和时间。通过线上学习,学生可以在任何时间、任何地点进行思政内容学习。同时,线上学习还可以提供丰富的数字化教学资源,如视频、音频、PPT 等,使学生更加深入地理解思政内容,为线下的思政教学奠定基础。以"语义学"课程为例,教师组织学生在线上观看国家汉办暨孔子学院总部制作的 8 集人文纪录片《汉字五千年》,然后在线下教学环节开展翻转课堂,以小组为单位介绍汉字的历史。通过这样的方式,学生的学习积极性和文化自信都得到了提高。问卷显示,97% 的学生表示通过小组展示,自己对汉语历史的认识得到了深化,民族自信得到了提振。在今后的学习和科研过程中,他们将自觉地融合中西方理论思想,有意识地尝试理论创新,主动尝试跟随自己的导师对西方理论进行本土化研究。

结　语

习近平总书记指出,要通好课堂教学这个主渠道,思想政治理论课要坚持在改进中加强,提升思想政治教育的亲和力和针对性,满足学生成长发展的需求和期待,其他各门课都要"守好一段渠,种好责任田",使各类课程与思想政治理论课同向同行,形成协同效应。

新文科背景下高校应以问题为导向,结合外语专业学生的需要开展课程思政教育,将专业知识与思政因素紧密结合,通过融入马克思主义语言观、开展中西语义理论对比、线上线下混合教学等方式,提高学生的理论自信和文化自信,加强学生的创新意识、学科意识和民族意识,让学生真正意识到新时代赋予他们的历史使命。

作者简介：

王天翼，男，1979年生，博士，教授。主要研究方向：认知语言学、语言哲学。

新文科背景下高水平应用研究型高校创新创业教育改革研究

鲜京宸[*]

(四川外国语大学国际金融与贸易学院 重庆 400031)

摘 要：数字化经济时代对创新创业教育提出新要求，新文科建设为创新创业教育指明了发展方向。本文在深刻理解创新创业教育理念的基础上，探索高水平应用研究型高校创新创业教育改革路径。

关键词：新文科；创新创业教育

党的十八大以来，习近平总书记就教育改革发展发表了一系列重要讲话，提出了新理念、新思想和新观点。十九届五中全会提出"建设高质量教育体系"，到2035年"建成教育强国"的宏伟目标。在高校教育改革中，创新创业是一个重要的内容，对于推动高等教育教学改革创新，促进高等教育与科技、经济、社会的紧密结合，加快培养规模宏大、富有创新精神、勇于投身实践的创新创业人才等方面都具有重要意义。

---

[*] 本文系重庆市教育科学规划项目"新时代推进高等院校产教融合激励制度体系深化研究"（项目号：2021-GX-362）、重庆市高等教育科学研究项目"数字化转型期产学研协同创新精准创业育人模式研究"（项目号：CQGJ19B203）的阶段性成果。

一、研究背景

2018年12月20日,教育部经济和管理类教指委主任委员联席会议暨工商管理类专业教指委第一次全体会议在苏州召开,会议聚焦"新时代 新文科 新经管",对新文科建设和卓越拔尖经管人才培养进行了部署。2019年4月,教育部、科技部等13个部门联合启动"六卓越一拔尖"计划2.0,明确提出全面推进新工科、新医科、新农科、新文科建设,旨在切实提高高校服务社会经济发展能力,实现高等教育内涵式发展。[①] 2020年11月,新文科建设工作会议在山东大学召开,教育部围绕新文科建设等问题做出系列重要论述。《新文科建设宣言》构建了系统科学的新文科建设理论体系,为推进新时代新文科建设指明了根本方向,提供了重要遵循。

(一)新文科概念的提出

2018年8月,中共中央在相关文件中提出"高等教育要努力发展新工科、新医科、新农科、新文科"(简称"四新"建设),正式提出中国版"新文科"概念。新文科(New Liberal Arts)概念是与传统文科(Liberal Arts)相对而言的概念,2017年由美国希拉姆学院率先提出[②]。目前主要有两种有代表性的观点:(1)新文科是一种新的学科范式体系,是体系融合建设问题,是将新文科置于学科范畴之内去考量其学科设置、学科发展、学科关系及学科体系等整体建设问题。(2)新文科代表着一种新的教育理念,将新文科建设放置于教育范畴之内去探寻所需

[①] 教育部. "六卓越一拔尖"计划2.0启动实施[EB/OL]. (2019-04-30) [2021-03-25]. http://www.gov.cn/xinwen/2019/04/30/content_5387710.html.

[②] 樊丽明. 对"新文科"之"新"的几点理解[J]. 中国高教研究, 2019 (10): 10-11.

要构建的新模式、新目标、新路径、新方法、新逻辑等问题。

（二）创新创业的需求基础

我国的新文科建设并非简单将西方的教育理念照搬过来，其内涵与外延要丰富得多，是将上述两个代表性观点糅合在一起而得出的自上而下的创新性教育改革观念。新文科背景下的创新创业既要满足国家战略的需要，又要考虑新文科建设格局的需求，还要实现理论与实践的有机结合。

（1）国家战略的需要。

新文科建设的根本目标是培养能够适应社会发展需要的人才。因此，我们需要加快学科建设与实践需求之对接，以就业为导向，统筹各类资源，使我们的学生在了解国情、提升解决实践问题能力方面能够适应社会的快速发展需要。

创新创业教育是推进高校发展的高效之举。对于高等教育的创新格局而言，必须打通"教、研、实、赛、基"等各个环节；对于"创业"的人才培养格局而言，实践行动必须与产业挂钩，才能完成最新科研成果的转化，提升人才培养的内涵。对此，中国的高校需要抓住机遇，面向未来，通过双创教育不断提升新文科的综合实力和影响力。

（2）新文科建设格局的需求。

目前我国已经建成门类齐全、独立完整的现代工业体系，工业经济规模跃居全球首位。这对新文科提出了更高的要求，即要形成以问题目标为导向的系统化的建设格局。新文科倡导跨学科的交流交融，这种交流交融并非简单地对各学科进行各种重叠组合，而是坚持以问题目标为导向，充分发挥各学科在应对实践问题中的优势，充分借鉴学术和实践方法，实现理论与实践、认识世界和改造世界的统一，其目的正是通过跨学科的有机整合，解决重要实际问题，进而构建系统化的新文科建设格局。

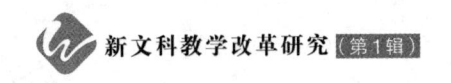

（3）理论与实践有机结合的需求。

新文科建设的根本任务之一是要回应和解决人与社会发展融合的问题，这体现为德智体美劳全面发展人才的培养质量与社会进步是否协调一致。为此，我们要通过实践教育教学理论创新，进一步加强理论与实践的有机结合，完善新文科人才培养体系和格局。

二、创新创业教育目标导向

（一）创新创业教育的重要意义

新文科的建设目标之一是推动新科技革命与文科的融合化发展，实现文科与人工智能、区块链、云计算、大数据工程、基因工程甚至未来的量子工程等新技术的深刻关联，推动文科、理科、工科、农科、医科等学科不断交融交叉，使新文科能够适应技术变革。创新创业教育以创新为基础，以培养大学生创新精神和创业能力为主要目标，其核心在于使大学生提高承受失败的能力、个人竞争力和工作能力。从这一角度来看，创新创业教育的宗旨与新文科建设理念不谋而合。

深入推进大学生创新创业教育，有助于激发大学生创新潜能和创业活力，使大学生成为创新创业的生力军，推进国家经济提质增效升级。此外，高校面向全体学生开展创新创业教育，坚持创新引领创业、创业带动就业，将创新创业教育融入各专业人才培养全过程，积极支持在校大学生创业和毕业生创业。这样做有助于文科专业学生将专业技能与创新创业实践相结合，促进自身全面发展，成为高质量的人才。

（二）创新创业教育的目标

深化创新创业已成为我国推进精准协同育人、创新人才培养机制、支撑经济社会发展的战略举措。为此，国家先后制定了一系列政策，不断明确新时代深化创新创业教育的重要性、重点任务和基本遵循。新文科的"新"是"创新"的"新"。在新文科建设中，高校既要考虑实际情况，又要考虑人才培养目标。以实践为中心的创新创业教育，需要弄清楚为适应当代社会发展的需要，大学生应该"做什么""如何做"的问题。

（三）创新创业教育的要求

新文科背景下的创新创业教育要求高校在培养大学生的时候，要在掌握专业理论知识的基础上，既关注大学生创新创业意识的养成，又关注大学生创新创业能力的提升。因此，高校培养的文科人才不仅要掌握专业理论知识，还要具备创新意识、实践能力以及符合社会需求的技能。

在此背景下，各高校都对文科专业人才培养方案进行了修订，此次修订不再是纸上谈兵，而是真正深入社会、深入企业，经过大量调查、广泛论证后进行的。修订后的新文科人才培养方案不仅包含了社会对大学生知识的要求，还涵盖了对大学生能力、素质的要求。这里的知识不仅包括文化基础知识、专业基础知识，还包括专业核心知识和专业拓展知识；能力则涵盖了基础能力、专业核心能力和专业拓展能力；素质则涵盖了思想素质、专业素质、创业素质、文化素质、身体素质、心理素质等。上述这些知识、能力、素质的培养不仅要通过实训课堂、校企合作、学科竞赛等来完成，还要通过课堂教学完成。因此，如何通过改革授课方式、创新课堂教学方法培养出符合社会需要的人才，是新文科背景下高校创新创业教育必须解决的问题。

三、"中心—比赛"双驱动创新创业教育模式构建

(一)打造创新创业导师队伍

高校要打造一支既具备创新创业精神,又具备创新创业实践经验的校内外导师队伍,实现校内导师与校外导师的优势互补,联合促进各类专业创新创业教育水平的提升。一方面,高校应加强对现有校内导师队伍创新创业精神和能力方面的培养,并引进一批有志于从事创新创业人才培养的人才;另一方面,高校可聘请创业成功的校友、具有创业经验的企业家或企业高管,以及在创新创业领域内有丰富工作经验与认证资格的专家为校外导师,让他们发挥自身优势,指导学生开展创新创业实践。

(二)完善创新创业类课程体系

高校应重视专业教育与创新创业教育的有机融合,将创新能力训练和创业意识培养整合到各种专业课程中。高校在培养方案修订和教学计划的制订过程中,要有意识地调整课程结构,大力推进研究性、探索性学习,以实施"大学生创新创业训练计划"项目为契机,全面构建创新创业教育体系并将其纳入培养方案。高校可开设一批创新创业类必修课程,主题为商业伦理与职业道德、大数据与人工智能等,以强化实践训练为基本原则制定创新创业类课程规范;也可设置一些创新创业类公共课,面向学生开放。

首先,高校要建设一批创新创业教育的必修课。创新创业教育的必修课是面向全校学生开设的专业必修课程,是对高校学生进行创业教育的主渠道。根据教育部《普通本科学校创业教育基本要求(试行)》([高教2012] 4号),此类课程的教学目标可以确定为:通过"创业基础"课程教学,使学生掌握开展创业活动

所需要的基础知识和基本理论，熟悉创业的基本流程和基本方法，激发学生的创业意识和企业家精神，提高学生的社会责任感、创新精神和创业能力，促进学生创业、就业和全面发展。

其次，高校要建设一批创新创业教育的公共课。创新创业教育公共课为面向全校所有专业学生开设的公共基础课程，通过此类课程的学习，学生可以了解创新对于推动整个人类社会发展和进步的重要意义，学习并掌握创新的基本理论、创新思维和创新技法，激发创新兴趣和热情，提高创新能力和水平。了解创业活动过程的内在规律、创业过程中经常遇到的问题和初创企业的特点。培育学生的创新意识，强化创业精神，以及资源整合、团队建设等创业技能，使学生能用创业的思维和行为准则开展工作，并具有创造性分析和解决问题的能力，为学生今后的专业学习和创新创业实践打下良好基础。

（三）建立比赛积累与转换制度

高校应采用多元化的考核制度，除了传统考试，还可以采用实验、专利、小论文、课题研究、创新创业大赛等多种形式。应设置合理的创新创业学分，建立创新创业学分积累与转换制度，探索将学生开展创新实验、发表论文、获得专利和自主创业等情况折算为学分，将学生参与课题研究、项目实验、各级各类创新创业大赛、创新创业案例作品等活动认定为课堂学习。为有意愿、有潜质的学生制订创新创业能力培养计划，建立创新创业档案和成绩单，客观记录并量化评价学生开展创新创业活动的情况。同时充分利用校外有关教育资源，承认校外部分高质量创新创业类课程、培训之学分。

（四）建设校内数智化综合实训系统

高校要积极建设校内数智化实训系统，打造高集成、高扩展、高对接的教学平台,通过丰富的产业资源与真实案例,充分支撑学生的创新创业实践练习。可以通过已有大数据教学系统和如"金融综合模拟实验平台""国际贸易综合实训平台""物流综合实训平台"等辅助资源,为学生提供进行数据采集、数据清洗、数据整理和数据分析的环境,让学生在模拟的商战状态下进行商业战略决策、扩张业务分析和流程改造,掌握企业经营管理体系和价值链整合工具方法,了解市场经营风险和企业财务风险的防范与应对策略,更好地适应创新创业所面临的激烈竞争。

在创新创业教育教学的组织与实施过程中,高校应强调综合实训,增强学生适应岗位的能力。综合实训是理论联系实际的最佳途径,应覆盖到所有创新创业课程中。高校应组织教师编写实训指导书,制定考核办法。笔者建议每位学生应至少配备一名指导教师,帮助学生完成综合实训。指导教师要做好进程记录和考核记录,从过程和结果两方面保证实训质量。

结　语

新文科背景下高校的创新创业教学应注重"学用一体化",通过"科研引领—室内试验—校内实训—校外实践"的循环来促进学生"创新创业思维—创新创业能力—创新创业实践—商业知识构建"的循环,提高学生的创新创业能力。

作者简介:

鲜京宸,博士(在读),讲师。主要研究方向:金融学。

新文科背景下"一带一路"法治人才培养论析[*]

唐海涛

(四川外国语大学国际法学与社会学院　重庆　400031)

摘　要："一带一路"倡议的推进实施，对我国培养"一带一路"法治人才提出了新的要求。在新文科建设过程中，"一带一路"法治人才的培养应坚持国际法治观的新理念，走学科交叉融合道路，坚持专业素养与道德素养高度融合，坚持国际化培养的新目标。为了实现"一带一路"法治人才的体系培养，高校应强化"一带一路"沿线区域的国际交流与合作，构建"一带一路"特色元素的国际化课程体系，建立具有"一带一路"国际化元素的实践平台，建设有"一带一路"专业背景的国际化教师队伍。

关键词：新文科；"一带一路"法治人才；培养要求；具体路径

---

[*] 本文系重庆市教育科学规划项目"'一带一路'视域下重庆与沿线国家跨境高等教育合作路径研究"(项目号：2021-GX-361)研究成果。

一、新文科背景下"一带一路"法治人才培养的现实需要

2018年12月,教育部经济和管理类教指委主任委员联席会议暨工商管理类专业教指委第一次全体会议提出"新文科"概念。2020年11月,教育部发布《新文科建设宣言》,对新文科建设作出战略性安排。当前,世界处于百年未有之大变局,逆全球化和保护主义持续蔓延,国际秩序和规则受到剧烈冲击,未来世界新秩序的推动与发展面临巨大挑战。在"一带一路"建设中,培养通晓国际规则的高水平、高素质的法治人才,对推动"一带一路"高质量发展和实现互联互通具有重要作用。在新文科建设背景下,法学教育应更好结合现实需要,培养更多优秀的"一带一路"法治人才,积极参与和服务"人类命运共同体"和"一带一路"倡议。

(一)推进实施"一带一路"倡议的迫切需要

自2013年被提出以来,"一带一路"倡议得到越来越多国家和国际组织的积极响应。2016年7月,教育部印发《推进共建"一带一路"教育行动》的政策性方案,指出高等教育理应在建立"一带一路"教育共同体中担负起基础性和先导性责任,快速提升中国高等教育的国际化水平,把中国高等教育的世界影响力从人文交流向区域秩序、经济贸易领域延伸。以基础性、支撑性、引领性三方面政策举措为框架,积极推进与沿线国家的教育政策沟通、教育合作渠道畅通、语言互通、民心相通、学历学位认证标准连通。可见,"一带一路"倡议刺激了中国以及沿线国家对国际化、专业化法治人才的需求,拓宽了法学国际化人才的施展舞台。一方面,"一带一路"倡议覆盖国家众多,各国经济发展水平、政治体制、文化传统、民族宗教、法律制度各有不

同，需要大量具有国际化视野和复合型知识的法律人才为推进"一带一路"建设提供高质量的法律服务。另一方面，"一带一路"建设涉及跨境投资贸易、市场准入、知识产权保护、技术标准、金融交易、劳工问题、环境保护等诸多专业领域的法律问题，这些法律规则不仅仅局限于某一部门法，还可能涉及宗教以及跨国文化的冲突。① 这些现实问题的解决，无不需要优秀的"一带一路"法治人才。

（二）新文科背景下涉外法治人才培养的迫切需要

新文科建设要求人才的培养必须符合时代发展的现实需要，需要培养能够解决现实问题的专门人才。② 尽管我国法学教育在培养涉外法治人才方面取得了很大的成绩，但整体来看，我国本土培养的涉外法治人才在"一带一路"建设中所起到的作用相对有限。无论是应对与共建"一带一路"国家的贸易争端，还是参与区域法律规则的制定、参与区域治理，或在诸如人权保护、环境保护、教育合作、知识产权保护、惩治犯罪、打击恐怖行为、维和行动等方面，均离不开掌握相关领域国际规则，具有娴熟处理涉外或国际事务技能，以及良好职业道德素养和心理素质、知识结构合理、政策水平高和精通外语的涉外法治人才的参与。特别是在能够熟练和积极参与"一带一路"沿线区域相关议题规则治理和实践的特殊化人才方面，培养现状与现实需要还存在较大的差距。随着"一带一路"高质量发展与合作交流的深入，我国与"一带一路"沿线国家的涉外或国际事务不断增多，国家迫切需要大量国际化培养程度高、具有国际视野、外语水平和专业素

---

① 刘晓红. "一带一路"倡议背景下的法律人才培养改革探索［J］. 法学教育研究，2020，（1）：60—72.
② 徐显明. 新文科建设与卓越法治人才培养［J］. 中国高等教育，2021，1（1）：8—10.

养高的"一带一路"法治人才。

二、新文科背景下"一带一路"法治人才培养的基本要求

新文科背景下"一带一路"法治人才的培养,既要关注对传统知识的创新与发展,也要融入高等教育的全球化发展趋势,为更好、更积极地参与和服务"一带一路"倡议高质量发展的现实需要。

(一)坚持国际法治观的新理念

新文科背景下"一带一路"法治人才的培养,既要跟随新技术革命对教育理念的冲击和更新,也要坚持人才培养理念的创新。积极把握全球化教育理念的革新与发展趋势,坚持人才培养的理念创新,深刻领会到国际法治与国内法治的联动性和相互支持性,以国内法治建设为基础,促动"一带一路"国际法治形态发展的实现。因此,"一带一路"法治人才的培养,应该坚持国际法治观的培养新理念,坚持内外结合的人才培养观,走兼收并蓄、开放包容的发展思路。培养具有"中国心"法律人才,使其能够为国家法治建设服务;培养具备国际法治观知识体系的法律人才,使其能够在国际法律服务市场上具备竞争力;培养具备实践技能的法律人才,使其能够将国际知识与实践有效结合,维护国家利益,承担社会责任,引领国际法律服务市场的发展。[1]

(二)坚持学科交叉融合的新标准

新文科之"新"在于立足跨学科融合创新"加快中国化、国

---

[1] 刘晓红."一带一路"倡议背景下的法律人才培养改革探索[J]. 法学教育研究,2020(1):61—73.

际化进程,引领人文社会科学新发展",最终实现"人的现代化"。[①] 共建"一带一路"国家众多,涉及的语言、文化比较复杂,在培养"一带一路"法治人才时,应该注重跨学科专业能力,在夯实其专业基础的同时,提高其专业外语应用能力。这样才可能满足目前"一带一路"建设对涉外法治人才的基本需要,从而让更多高端法治人才为"一带一路"建设服务。

(三)坚持专业素养与道德素养的新高度

新文科建设既要遵循知识、技术和教育逻辑,也要遵循政策、价值和历史逻辑,更要结合国家发展、社会进步和民族复兴背景。[②] "一带一路"法治人才既需要对法学理论有深入的研究,也需要积累法律实践经验,还需要具有良好的道德素养。在培养"一带一路"法治人才的过程中,必须高度重视专业素养与道德素养的结合,让其在理论研究和执业实践中,牢记国家利益,尊重不同国家、不同民族的基本道德价值和公序良俗,坚持公平正义的法律价值要求。

(四)坚持国际化培养的新目标

随着"一带一路"倡议的推进与实施,我国参与区域内的政治、经济、文化等方面的事务日渐增多。新文科背景下的"一带一路"法治人才,不仅需要对现有国际规则的理解和运用,还需要通过自身的研究和实践,结合目前国家参与"一带一路"沿线区域事务的现实需求,变革区域规则理论、创制区域规则、参与

---

① 樊丽明等. 新文科建设的内涵与发展路径(笔谈)[J]. 中国高教研究,2019(10):10-13.

② 樊丽明等. 新文科建设的内涵与发展路径(笔谈)[J]. 中国高教研究,2019(10):10-13. 杜焕芳. 涉外法治专业人才培养的顶层设计及实现路径[J]. 中国大学教学,2020(6):22-30.

区域公共事务管理。这样的人才将会对我国积极参与制定和变革区域规则、增强国家的规则治理能力产生积极的推动作用,进而增强我国的国际规则治理能力和公共事务管理的话语权。

三、新文科背景下"一带一路"法治人才培养的基本路径

(一)强化"一带一路"沿线国家的交流与合作

新文科建设目前已经成为世界高等教育领域的一种趋势,这也是教育全球化的必然结果,新文科建设必然需要在全球化的视野下来促进和推动。因此,新文科建设背景下的"一带一路"法治人才培养应该坚持教育全球化的趋势,开展多层次、宽领域的教育交流与合作。要培养优秀的"一带一路"法治人才,可从以下三个方面深化国际交流与合作:一是与"一带一路"沿线国家构建多元化的合作办学模式。合作办学是高等教育全球化不断推动和发展的结果,这对推动"一带一路"法治人才培养的国际化具有良好的效果,其具体形式包括与"一带一路"沿线国家知名高校建立学生互换机制、双学位培养模式、研究型法科学生的合作研究或协助研究等。二是与"一带一路"沿线国家建立健全学分互认机制,通过教育学习网络平台、教育服务机构、短期项目等形式,建立灵活的学分机制,这样可以实现我国与沿线相关国家在培养"一带一路"法治人才领域的深度融合。三是借鉴建立官方和民间领域的常态化交流机制,定期沟通和交流"一带一路"法治人才培养方面的实践与经验,可以在办学理念、教学模式、培养方案、课程体系设置、教学方法、质量保障方式等领域进行相互借鉴与参考。

（二）构建体现"一带一路"特色元素的国际化课程体系

有学者认为，国际化课程体系建设是高等教育国际化的重要组成部分，是实现培养国际化人才的主要途径。[①] 构建科学合理的课程体系是人才培养目标实现的载体，含有区域特色的国际化课程体系，是培养"一带一路"法治人才不可或缺的基本要素。因此，要实现"一带一路"法治人才的培养目标，必须注重开放多元的国际化课程体系建设。具体而言，可主要从以下四个方面着手：一是坚持英语的习得与培养。目前，英语仍然是全球化程度较高的语言，要培养"一带一路"法治人才，法律英语系列课程的地位不可动摇。二是注重"一带一路"沿线区域特色的多元化语言课程，注重对多门外语的融合，扩大语言课程涵盖的语种范围。除了英语，还应涵盖阿拉伯语、法语、德语、俄语、日语、西班牙语、葡萄牙语、波兰语、希伯来语、印地语等。三是建立"一带一路"特色的公共课程，可以将涉及"一带一路"沿线区域历史、法律、宗教、哲学、科技、经济、外交与礼仪等课程纳入通识教育，体现新文科背景下"一带一路"法治人才培养的跨文化特色，同时也可以增强学生的交流与合作能力。四是坚持实践实训课程的特色化、实务化，让商事仲裁模拟法庭、WTO争端解决实训、国际法院仲裁实务等课程，成为培养"一带一路"法治人才的加速器。

（三）建立具有国际化元素的实践平台

新文科背景下的法学专业建设与人才培养必须走实务化、服务型的发展道路，而"一带一路"法治人才的培养，也需要在传

[①] 杜焕芳. 涉外法治专业人才培养的顶层设计及实现路径［J］. 中国大学教学，2020（6）：22-30.

授法律知识、培养学生国际化视野的同时,注重培养学生的实践能力,特别是处理国际事务的能力,这就需要建立具有国际化元素的实践平台。具体而言,可以从三个方面入手:一是与"一带一路"沿线区域的国际或国内组织建立专业化的实践、实训项目。通过各种路径,建立相关的合作机制,开展常态化的实践实训项目,通过选派方式,将法科学生送往"一带一路"区域的国际或国内组织开展实习工作,在实践、实训中培养学生处理跨国事务的能力。二是与国内从事涉外业务的律所或其他机构进行合作,建立教学科研实践基地,选派学生实习或挂职,在具体国际诉讼或仲裁实务中得到锻炼。三是建立专业的竞赛队伍,积极组织学生参加国际、国内举办的重要国际法律竞赛,如模拟联合国大会、杰赛普模拟仲裁庭、"贸仲杯"模拟仲裁庭等,不断提升学生的法学逻辑思维和专业知识应用能力。

(四)建设有"一带一路"专业背景的国际化教师队伍

新文科建设也需要建立一支具有扎实专业知识基础和国际视野的教师队伍,这对于培养"一带一路"法治人才也具有重要的保障作用。具体而言,可以从五个方面着手:一是加强与境外法律教育人才交流,设立法律教育人才交流机制,定期开展论坛与研讨,选派教师到"一带一路"沿线区域著名高校或科研机构进修、讲学或从事科研工作,拓宽其视野和思维,促进其提高学术素养、科研能力、教学水平。二是注重对具有"一带一路"语言专业背景的法律教育人才的引进工作,特别是注重对本科、硕士、博士阶段有语言和法律交叉融合背景人才的聘用,这对我国培养"一带一路"法治人才将起到非常重要的支撑作用。三是注重吸引"一带一路"沿线国家的优秀毕业生或教师,特别是在一些"一带一路"特色化课程的师资方面,可以考虑引进专门国家的毕业生或现有教师,这对提升"一带一路"法治人才的培养深度将起到重要作用。四是注重聘请国际实务机构中的专业人才来学校担任行业导师，从涉外法律实务的角度来为学生的培养做行业指导，从而加强教师队伍的国际化与实务能力。五是定期邀请"一带一路"知名的法学教育专家开展交流，可以通过客座教授、学术会议、专家论坛、课程讲授等多种形式，拓展"一带一路"法治人才培养的视野与宽度。

作者简介：

唐海涛，男，博士，教授。主要研究方向：国际经济法。

新文科背景下 TBL 教学法在工商类课程教学中的应用研究[*]

谭 亮 胡晓青 余爱玲

(四川外国语大学国际工商管理学院 重庆 400031)

摘 要：本文以新文科背景下 TBL 教学法为主要研究对象,围绕其在工商类课程教学方面的应用这一研究主线,在分析相关背景与存在问题的基础上,通过具体的教学实践并结合调查问卷的基础研究方法,对 TBL 教学法在教学应用过程中的现状与问题、前景与优势等方面进行阐述,继而提出解决问题的相关建议,为其更深入的理论探索和创新实践做贡献。

关键词：TBL；教学法；工商类课程；教学改革

伴随着全球经济一体化国际环境的深入以及教育部新文科建设的不断推进,经济发展对于高素质人才的需求日益迫切,工商类课程的教学模式改革也随之产生了更多的尝试与创新。遗憾的是,上述改革尚未取得突破性成果,工商类课程教学仍存在教学方法单一、教学内容单调等问题。在此情况下,研究小组合作式学习（Team-Based Learning，TBL）教学法在工商类课程中的

---

[*] 本文系四川外国语大学国际工商管理学院教学改革研究项目"新文科背景下'跨国公司经营与管理'TBL 教学方法的研究与实践"的阶段性成果。

应用具有重要的理论意义和现实意义。

一、对 TBL 教学法的认识

TBL 教学法，即小组合作式学习，1979 年由美国俄克拉荷马州州立大学的 Larry Michaelsen 教授提出，并于 2002 年正式命名为"Team-Based Learning"。该教学方法以小组团队讨论合作为主要形式，以提高学生自主探究、合作学习、语言表达以及沟通交流能力等个体因素为目标，同时具有课堂气氛活跃、师生互动性好等优点，在提高学生学习效率和综合素质上具有较大的优势。[①] 该教学方法是基于 PBL（Problem-Based Learning）问题式学习教学法进行改革创新，并逐渐兴起和应用的一种新型教学模式。

完整的 TBL 教学过程通常分为三个阶段，教师可根据实际情况灵活组织教学：（1）课前准备。教师首先划定学习范围，并引导学生完成团队组建，进行课前预习和相关知识的储备。（2）课堂应用。教师抛出问题，先在组内讨论并由小组代表发言，小组间再进行讨论，最后教师精讲，得出结论。（3）知识考核。教师对学生的学习情况进行考核，分为对学生个体的测试和对小组团体的测试。学生们也将在这一过程对学习情况和最终小组成果进行自由形式的展示，教师及时给予反馈。

二、TBL 教学法应用在工商类课程教学应用的环境

全球经济局势与我国高校工商类课程教学的现状为 TBL 教学法提供了广阔的应用环境。

2020 年以来，全球经济遭受了前所未有的负面影响。而中

---

① 理查德·M. 费尔德等. STEM 教学实践指南 [M]. 重庆：重庆大学出版社，2022：208—209.

国经济的持续稳定发展,对全球经济局势的稳定起到了保障作用。作为第一货物贸易大国,我国的货物与服务贸易总额居全球第一,进出口国际贸易取得飞跃式发展。我国强大的市场也为跨国公司提供了巨大的发展空间。

然而,目前国内大多数高校教师在开展工商管理类课程时所采用的传统教学法,如理论讲授法、案例教学法以及 PBL 问题式学习教学法等,已经不适合当下市场对人才的需求。采用这些传统教学法虽然可以保证教师在课程安排上具有较高的自由度,通过灵活而又系统细致的演示和讲解将知识传授给学生,但其形式往往比较单一,且较难调动学生的积极性,教学效果难以实现突破性提升,工商类课程教学方式亟须改革。

三、TBL 教学法在工商类课程教学中的应用实践

笔者于 2021 年秋季学期在"跨国公司经营与管理"课程教学中应用了 TBL 教学法。具体做法如下:首先,让学生在卓越企业修炼(Goal-Role-Process-Interpersonal,GRPI)模型的指导下组建学习团队;其次,让学习团队从 2020 年的《财富》世界 500 强排行榜中选取一家跨国公司,运用宏观环境分析(Politics-Economy-Society-Technology,PEST)模型、价值链模型、波特五力分析模型等对所选取的跨国公司进行分析;最后,让学习团队依次分享分析结果。上述教学安排既体现了笔者从以教师为中心向以学生为中心的教学思维转变,也反映了 TBL 教学法在工商类课程教学中的应用优势和难点。

(一)应用优势

1. 活跃课堂氛围

传统教学法下的课堂,氛围一般比较沉闷,师生之间很难进行良好的互动。TBL 教学法下的课堂,学生需要根据教师提出

的问题，组建团队展开讨论，教师亦需要及时为学生解答疑惑。这有助于师生之间、生生之间的互动，课堂氛围也更加活跃。

2. 调动学生学习的积极性，强化学生对知识的掌握和运用

TBL 教学法下的课堂，教师需要先进行理论输出，然后下达任务，最后让学生进行团队展示。在此过程中，学生需要自主完成分析行为，通过自学或请教他人等方式自主解决所遇到的问题，其获取知识的积极性大大提高。

此外，在理解教师提出的任务、进行讨论总结和分享成果的过程中，学生对知识的掌握和运用程度也会得到提高，从而能更恰当地将理论运用到实际生活中。并且，学生以团队的形式完成作业，过程中逐渐培养起团队合作精神和竞争意识，也提高了发现问题和解决问题的能力。

3. 提升教师个人能力

TBL 教学法一方面可帮助学生突破固有思维限制，另一方面也对教师提出了较高的要求。通过提前设计和具体实施教学方案，教师的专业知识变得更加扎实，实践经验也变得更加丰富，组织、激励和协调能力得到进一步强化。

4. 提高课堂教学质量

教学的目的不是让学生能够把课本上的文字记忆下来，而是使其学会如何将知识运用到实际工作生活中，并且不断锤炼思维与能力。TBL 教学法以理论为出发点，以设定好的问题引导学生进行学习，通过相互讨论，思维碰撞，激发创新；学习团队间的相互分享，可以帮助学生加深对理论的理解，感受知识在实际问题中的应用，并举一反三，拓展延伸，掌握更多的知识。

（二）应用难点

在 2021 秋季学期结束后，结合实际教学效果和 TBL 教学法的相关特点，笔者对相关专业学生进行了问卷调查。调查问卷

(见表1)共设置有14个封闭式题目,每个题目分为"完全同意、基本同意、一般、基本不同意、完全不同意"共5个评价,另设一个开放式题目(您对TBL教学模式有何建议和看法?)。问卷采用不记名方式填写,共发放问卷200份,回收170份,有效问卷回收率为85%。

表1 工商类专业学生对TBL教学法的评价(n=170)

序号	TBL教学法调查内容	5	4	3	2	1
1	TBL教学法能让您容易地完成预习任务	4.71%	6.47%	24.71%	42.94%	21.18%
2	TBL教学法能充分调动您的学习积极性	5.29%	11.18%	27.06%	37.06%	19.41%
3	TBL教学法能使您上课注意力更集中	4.12%	6.47%	35.88%	35.88%	17.65%
4	TBL教学法能为您提供知识补充	2.35%	11.18%	30.00%	38.24%	18.24%
5	TBL教学法有助于提高自主学习的能力	3.53%	12.35%	24.12%	38.24%	21.76%
6	TBL教学法有助于增加您对知识的理解和记忆	4.12%	8.82%	32.35%	35.29%	19.41%
7	TBL教学法有助于您提高知识的实际应用能力	4.12%	8.24%	28.82%	39.41%	19.41%
8	TBL教学法有助于提高您的人际交往能力	3.53%	7.65%	25.88%	40.59%	22.35%
9	TBL教学法有助于您培养团队合作精神	4.71%	8.82%	30.59%	37.65%	18.24%
10	TBL教学法有助于您促进师生相互交流	4.12%	9.41%	30.59%	33.53%	22.35%
11	TBL教学法令您更善于倾听他人意见	4.12%	7.65%	29.41%	37.06%	21.76%
12	TBL教学法使教学内容新颖且生动有趣,您容易被吸引	4.12%	10.59%	32.35%	27.06%	25.88%

续表

序号	TBL教学法调查内容	5	4	3	2	1
13	与传统教学方法相比,您对TBL教学更能接受	4.71%	8.24%	32.94%	32.35%	21.76%
14	与传统教学方法相比,TBL教学更适合您	5.29%	14.71%	30.59%	30.00%	19.41%
15	您对TBL教学模式有何建议和看法?					

注:5-完全同意;4-基本同意;3-一般;2-基本不同意;1-完全不同意

根据调查结果,学生对于TBL教学法的认可程度并不高。在开放性题目38条有实际意义的回答中,有代表性的如下:"感觉有时候小组任务并不如一个人效率高""小组成员容易推卸责任""多联系实际""如何避免划水选手""老师的指导很重要""需要严格把控小组人数和规则设置,才能让每个人都能有所收获"。

由此可见,虽然TBL教学法具有独特的优势,但也不可避免地存在一些应用难点,简述如下。

1. 对团队合作的效果要求更高

TBL教学法在应用的过程中,以团队合作为基础。这种方式虽然从非个人角度提高了学生分析和解决问题的能力,但是在团队合作的过程中,会出现较多的问题,如团队分工不清以及个人技能不足等。这些问题对教师和学生都提出了更高的要求。一方面,教师需要思考如何在组织学生开展团队合作时对其进行监督,保证每一个学生的自觉参与;另一方面,学生需要增强自律性和自觉性,提高团队意识,从而提高团队合作效果。

2. 为教师带来了教学模式重组的新难题

当前许多教师仍然依赖传统教学法,不擅长向学生提出问题，而是习惯性地讲述知识。TBL教学法要求教师在课前精心准备教学内容，并科学地设计问题和准备答案。教师讲课的速度以及每节课教学内容的多少，也需要根据学生对知识的掌握程度而实时调节，这对需要按学期完成教学要求的教师来说是不小的考验。由于TBL教学法的应用参考文献较少，教师通常需花费大量时间制定规则，管理教学过程以及设计能够量化的完善的考评体系。

3. 对学生的自主学习能力提出了更高的要求

传统的教学法以教师讲解为主，需要学生预习的内容并不多。在这样的背景下，大多数学生并没有养成良好的预习习惯，自主学习能力也不强。而TBL教学法要求学生对课程内容进行预习，才能更好地将其应用到团队合作的实践中去，这对学生的自主学习能力提出了更高的要求。学生需要通过设定明确的目标、制订详细的学习计划、寻找和利用各种学习资源、培养主动学习习惯、学会自我评估以及寻求帮助和支持，逐渐提高自主学习能力，为未来的学习和职业生涯奠定坚实的基础。

四、有效应用TBL教学法的相关建议

笔者认为，要梳理TBL教学法在工商类课程中的应用模式及原理，解决TBL教学法在已有教学实践中的应用难点，可以从高校、教师和学生三个层面入手。

（一）高校层面

1. 创建智能教室，配备相关技术人才

智能教室的使用可为TBL教学法的实施提供硬件支持。具体而言，智能教室桌椅布局能够满足团队合作要求，便于进行小组讨论。同时，智能教室还可以设置能够满足头脑风暴的书写墙、电子屏等设备，以满足老师下达任务以及小组间分享展示等

需求。

2. 为教师提供针对性支持

目前 TBL 教学法在工商类课程中的应用尚不纯熟，高校可在绩效考核、专题研讨、经费待遇等方面做好相关工作，鼓励和支持相关教师团队开展关于 TBL 教学法应用的课题项目，为其进一步应用提供理论基础。

（二）教师层面

1. 传统教学法与 TBL 教学法相结合

教师实施 TBL 教学法时，应注意学生的适应情况，可以采取将传统教学法与 TBL 教学法相结合的方式，循序渐进，扬长避短，让学生慢慢适应。

2. 理论指导与教学实际相结合

在教学过程中，教师不应一味跟随教案实施教学，而应关注学生实际，作出适时调整。如教师可通过课前交流等方式简单了解学生情况；为激起学生的学习热情，教师所选取的案例要尽量新颖；在进行小组讨论时，教师应及时跟进学生的任务完成进度，必要时给出相应指导，推动教学进程。

3. 终结性评价与形成性评价相结合

教师应重新搭建更加灵活和完善的考评方式，将终结性评价与形成性评价相结合，可以仍然以期末测试成绩为重点，也应适度提高课堂表现成绩。如可将教师对团队成果的评价、队内互评、队间互评等都纳入学生平时成绩的组成部分，将课堂表现与期末测试有机结合，有助于提高学生的贡献度和参与度，从而激发学习动力，提升学习效果。

4. 学生自愿与教师调整相结合

在 TBL 教学方法的实施过程中，学习团队的合理组建十分重要。首先要严格控制小组人数，以避免小组成员间出现偷懒、相互推脱、分工不明确等现象，确保每个学生都能有所收获。教师可设定以学生自愿为主，根据学生的性格、技能、知识水平等因素作出细微调整，注意队内成员的互补性和多样化，使得各学习团队的水平总体均衡。

（三）学生层面

1. 及时转变学习观念，适应新的教学模式

学生一直以来接受的都是传统的教学，在实行 TBL 教学法之初，他们可能一时难以适应。学生可以自主对 TBL 教学法进行了解，或向教师请教，熟悉其基本程序和实施步骤，将"跟着老师学"等此类先入为主的认知转变为"我要主动学"。学生转变了学习观念，提升了学习主动性，TBL 教学法的实施才会更加顺利，也更能达到教学目的。

2. 修正学习方法，积极配合教师开展教学

新的教学模式实施后，学生应及时进行自我激励、自我审视、自我实践和自我评价，调整学习方法。在课堂上主动参与，积极配合教师完成课堂任务。课下多向教师请教，及时沟通与解决问题，最终实现自我教育，提升学习效率，在对新教学模式的适应过程中获取新观念和新角度。

总体而言，推进 TBL 教学方法在工商类课程中更深入和完善的应用，还需多方共同探索。我们有理由相信，TBL 教学法是有活力、有创造力的教学模式，其与工商类课程的结合是关乎新文科背景下教学改革成效的一次有价值的尝试，将为人才培养机制的创新提供更多借鉴和参考。

作者简介：

谭亮，男，1965 年生，博士，教授。主要研究方向：公司治理与区域经济。

胡晓青，女，2001年生，硕士。主要研究方向：公司治理与财务运营。

余爱玲，女，2002年生，硕士。主要研究方向：管理会计。

新文科建设背景下外语专业双创教育改革思考*

曾 静

(四川外国语大学德语学院 重庆 400031)

摘 要：双创教育作为深化高等教育改革的重要范式，在外语专业人才培养中的吸引力和效果一直不尽如人意，这既与我们对双创教育宗旨和目标认识不到位有关，更体现了外语专业传统人才培养模式存在的问题。新文科建设的实施为双创教育发展指明了方向，也对外语专业人才培养模式创新提出了必然要求。这有利于我们重新认识外语专业双创教育的价值，反思外语专业双创教育改革的有效路径。

关键词：新文科；外语专业；双创教育；人才培养

从 2002 年教育部确定清华大学、中国人民大学等 9 所高校作为创业教育改革试点院校开始，创新创业（简称"双创"）教育至今已施行 20 余年。20 余年来，双创教育在高校培养人才创新意识、创意思维、创业能力等方面发挥了积极作用，但集中体

---

* 本文系 2023 年四川外国语大学教改项目"新文科视域下外语院校双创教育示范模式建构与实践"（项目号：JY2380105）、2023 年重庆市教改项目"新文科视域下外语院校双创教育示范模式建构与实践"（项目号：232093）的阶段性成果。

现在理、工、农、医等学科和应用型专业人才培养方面，人文社科专业的双创教育开展存在一定困难，人才培养的效果也不够显著。特别是外语专业，其双创教育开展面临着难以调适实践的难题，不仅难以形成有效的教育体系，各类双创赛事的参与也多处于被动状态，效果不尽如人意。此外，对外语专业双创教育实践的研究也亟待发展。现有的研究或从外语人才双创能力培养的价值方面强调双创教育改革的重要性，或通过调研外语院校双创教育的现状，指出其在课程开设、教师团队建设、专创融合、实践教学、产学研协作等方面存在的短板，这些研究虽然有一定的指导和现实意义，但仍未能从根本上廓清认识。对于外语专业双创教育存在的问题，不能仅从实践结果入手进行原因分析，还应从外语专业传统人才培养特点与双创教育模式的契合度方面进行本质反思。2018 年，教育部印发《关于实施基础学科拔尖学生计划 2.0 的意见》，为外语专业双创教育改革提供了全新的理论和实践指导。本文以上述文件为指导，反思当前高校外语专业双创教育开展现状，探讨新文科建设对解决上述问题的指导意义及新文科建设背景下外语专业双创教育改革的路径。

一、高校外语专业双创教育开展现状

当前，高校外语专业双创教育效果普遍较差，这既与双创教育早期的发展重点有关，更是外语专业传统人才培养模式影响的结果。

早期的双创教育强调市场效应，重视学生创业能力的培养以及就业竞争力、知识的应用能力、技术或产品的服务开发能力等，这与外语专业人才培养定位、理念和目标有较大区别，也因此导致部分教师产生了双创教育与外语专业联系不大的刻板印象，且这种刻板印象至今仍旧存在。受此影响，部分教师对双创教育缺乏了解，开展双创教育的积极性不高。

此外，外语专业传统人才培养模式的局限性对双创教育的开展也产生了一些阻碍。长期以来，外语水平高、翻译能力强是外语专业人才培养的核心标准，围绕师资、教学、实践等方面的专业建设也以此为主要目标，对人文精神的塑造重视程度不足。受此影响，教师在开展教学时侧重于学生语言能力培养，忽略了对目的语使用国家的介绍以及对跨文化交际的深入思考，更不用说其他专业领域知识的学习和交叉应用。这导致外语专业学生普遍缺乏综合社会能力的训练，较少参与产学研合作项目，学术写作能力以及发现、解决问题的能力相对不足，创新意识不强，技术处理能力滞后，不利于双创教育的开展。

二、新文科建设对解决上述问题的指导意义

2018年8月，中共中央颁发文件提出"高等教育要努力发展新工科、新医科、新农科、新文科"（简称"四新"建设），在国内正式提出"新文科"这一概念。2019年4月29日，教育部、科技部、财政部等部门在天津联合召开"六卓越一拔尖"计划2.0启动大会，标志着国家"四新"建设工程正式开启，"新文科"从概念提出走向正式实施。2020年1月3日，全国新文科建设工作会议在山东大学召开，会议发布了《新文科建设宣言》，全面部署新文科建设工作，掀起了全国人文社会科学改革创新的热潮。新文科建设不忘本来、吸收外来、面向未来，其目的是推动文科教育的守正与创新，实现以文化人、以文培元。"新文科"概念的提出，对于解决当前外语专业在双创教育方面的问题具有重要的指导意义。

首先，新文科建设强调跨学科、跨领域的综合性教育，这要求教育者转变传统的教育理念，注重培养学生的创新精神、批判性思维和解决问题的能力。通过了解新文科的概念和内涵，可以间接推动外语专业教师重新认识双创教育，改变对双创教育的刻

板印象，提高其开展双创教育的积极性。

其次，新文科建设强调教学方法的革新，如案例教学、项目驱动、翻转课堂等，以激发学生的学习兴趣和主动性。这些新兴的教学方法同样适用于双创教育，可以帮助教师丰富教学活动，提高学生的学习兴趣。

再次，新文科建设倡导实践能力的培养，这与双创教育的理念相契合，能够在一定程度上弥补外语专业传统人才培养模式的不足。如上所述，外语专业传统人才培养模式侧重于对学生语言能力的培养，相对忽视了提高学生的实践技能。而双创教育强调通过实践锻炼提高学生的创新创业能力。在双创教育中，学生可能会参与到真实的创业项目中，通过实际操作来解决实际问题，这样的实践过程能够帮助学生更好地理解和掌握知识，同时也能提高他们的创新思维和解决问题的能力，使其更好地适应市场需求，为未来的创新创业活动打下坚实的基础。

最后，新文科建设强调提高学生的社会责任感和使命感，这为双创教育的开展指出了一个新的方向。双创教育也应关注社会热点问题，引导学生参与社会实践和公益活动。这不仅可以培养学生的社会责任感和使命感，还可以拓展他们的视野和思维方式，为未来的创新创业活动打下坚实基础。

总之，新文科建设背景下的双创教育应注重培养学生的创新精神和实践能力。教师可通过转变教育理念、革新教学方法、强化实践环节以及拓展社会参与等方式，有效推动双创教育的深入开展，为培养创新型外语人才做出积极贡献。

三、新文科理念下外语专业双创教育改革的未来路径探索

新文科建设使外语专业双创教育改革成为必然要求，也为其他方面的改革创造了前提条件。在此背景下，外语专业双创教育

改革的未来路径，总体上就是要根据双创教育要求，通过新文科建设，解决传统外语人才培养与双创教育"两张皮"的问题，解决被动开展双创教育的问题。外语专业教师要根据新文科建设要求，从各方面优化硬件和软件，推进专业教育高质量发展，主动开展外语专业人才培养模式创新，把双创能力作为外语人才培养的重要目标，从教育理念、师资队伍、课程建设、教学方法、实践教学、竞赛组织等方面开展双创教育改革，使双创教育成为外语专业人才培养的有机组成、质量要求和效果体现。

具体而言，我们主要可以从六方面推进新文科理念下面向未来的双创教育。

第一，重塑双创教育理念，坚持专创融合，深度挖掘外语教育中蕴含的双创教育元素，将双创作为教育教学改革的重要目标和主要方向。

第二，建设专创融合型师资队伍。师资队伍是推进双创教育的关键。高校要强化师资队伍建设，提升教师专创融合的教育能力；推进校内外双创师资融合，实现协同育人。

第三，强化双创系列课程建设。一方面，可结合交叉专业、微专业、辅修专业的教育教学改革，在课程中融入双创教育元素，培养学生创新意识和创新能力；另一方面，可结合通识教育改革，强化双创通识课建设力度，推广普及型双创教育。此外，还可以在新文科理念指导下，在外语专业教育中融入双创教育元素，建设双创融合型示范课程。多管齐下，推进外语专业教育与双创教育的融合发展。

第四，应用现代教学方法。结合双创教育发展特点和外语专业教学改革趋势，应用新兴的现代教学方法，提升双创教育质量。例如，在双创教育中开展小班化教学，综合运用小组合作学习法、翻转课堂等教学方法，提升教学质量。

第五，创新双创实践教学形式。例如，建设双创实践平台，组织文理交叉、学科交融的双创实践活动，推进实践育才。

第六，优化完善双创竞赛组织机制。根据中国国际"互联网+"大学生创新创业大赛、"挑战杯"全国大学生课外学术科技作品竞赛、"挑战杯"中国大学生创业计划竞赛、全国大学生电子商务"创新、创意及创业"挑战赛等双创竞赛对人才培养的新要求和新方向，优化外语院校创新创业竞赛组织模式，探索优秀项目选培模式，以赛促创、以赛促学。鼓励学生广泛参与双创类和专业类赛事，跨专业、跨学科组建参赛团队。引导学生结合专业所学，打造文化创意类精品项目，让学生在竞赛中提升创新实践能力，学以致用。

总之，新文科背景下外语专业双创教育的改革，既是外语专业人才培养改变单一模式，适应国家战略，提高社会服务能力的需要，也是新文科建设对外语学科专业领域推进教育教学改革的必然要求。我们必须在思想上做到高度重视，在观念上实现彻底转变，在理念上做到准确定位，在举措上追求科学精准，才能适应新时代外语教育的新要求，完成新时代外语教育的新使命。

作者简介：

曾静，女，1975年生，硕士，高级会计师。主要研究方向：创新创业教育。

新文科背景下融入思政的全英课程教材建设探索与实践[*]

——以"国际市场营销（英语）"为例

徐 亮 汪世珍

（四川外国语大学国际工商管理学院 重庆 400031）

摘 要：在重庆市来华留学一流课程建设和全英课程改革过程中，"国际市场营销（英语）"课程以融入思政教育的自编全英课程教材作为重要载体和关键抓手。本文首先分析了经管类学科教材现状及发展趋势，然后论述了自编全英课程教材的选题价值与内容设计，最后探讨了融入思政教育的全英课程教材建设路径，以期为新文科建设、全英课程建设以及课程思政改革等方面的理论研究和实践探索提供借鉴和参考。

关键词：新文科；课程思政；全英课程；教材建设

---

[*] 本文系 2022 年重庆市高校来华留学英语授课一流本科课程"国际市场营销（英语）"、重庆市高等教育教学改革研究项目"融媒体时代大学生在线课程学习效果评估与提升路径研究"（项目号：202325）、四川外国语大学教学改革研究项目"新媒体时代大学生在线课程学习的自主能力评价与提升"（项目号：JY2062220）、四川外国语大学"三进"课程思政教学改革研究专项"非语言类专业全英课程融入'三进'课程思政的教学改革研究：以'国际市场营销（英语）'为例"（项目号：SJ223015）的阶段性成果。

2020年11月3日，全国新文科建设工作会议召开并发布了《新文科建设宣言》，标志着新文科建设进入全面启动阶段。"新文科"的核心要义是立足新时代，回应新需求，促进文科的融合化、时代性、中国化和国际化[1]，为新时代高校特别是外语院校的人才培养、课程提质以及专业优化等方面的改革创新和内涵式发展指出了明确的方向。教材是高校开展课程思政和落实立德树人根本任务的重要载体，也是新时代中国特色高校课程与教材内容一体化设计和融合创新的重要载体。[2] 在新文科背景下探讨融入思政教育的全英课程教材建设，对于新文科建设、课程思政以及全英课程建设等具有重要的理论和实践意义。

随着我国进入"双循环"新发展格局、"一带一路"倡议顺利实施以及我国跨境电商国际竞争力的不断增强，培养我国及共建"一带一路"国家跨境电商人才已成为我国在新时代面临的迫切战略需求。在此背景下，外语院校电子商务、国际经济与贸易等经管类专业的全英专业建设和课程改革面临着时代赋予的新挑战。如何培养兼具家国情怀与国际视野的"专业＋国际化"高素质复合应用型跨境电商人才，实现专业能力与跨文化交际能力的融合发展，是当前外语院校经管类专业，特别是应用实践性较强的电子商务、国际经济与贸易等进行专业建设及课程提质的时代之问。

"国际市场营销（英语）"课程是重庆市一流本科专业建设点"电子商务"和国家级一流本科专业建设点"国际经济与贸易"的必修课，被评为2022年重庆市高校来华留学英语授课一流本科课程。该课程在一流课程建设和全英课程改革过程中，以融入

---

[1] 樊丽明. "新文科"：时代需求与建设重点[J]. 中国大学教学，2020（5）：4-8.

[2] 康晓伟，王刚. 铸魂育人：新时代教材建设的思想遵循[J]. 课程. 教材. 教法，2020，40（9）：4-10.

思政教育的教材建设为重要载体和关键抓手,课程组自编的全英课程教材 International Marketing: Practices of Chinese Companies Going Global（《国际市场营销:中国企业"走出去"的实践》）获得四川外国语大学 2021 年新文科教材建设基金资助。本文以"国际市场营销（英语）"课程为例,探讨新文科背景下融入思政的全英课程教材建设的实践经验,以期为丰富新文科建设、课程思政以及全英课程建设等方面的理论研究和实践探索提供借鉴和参考。

一、经管类学科教材现状及发展趋势

（一）经管类学科教材现状

笔者认为,目前经管类学科教材存在以下两个问题。

1. 现有教材难以满足"外语+专业"教学需求

以"国际市场营销（英语）"课程为例,目前国内高校所使用的教材大多为全中文教材或中英双语教材,其中较有代表性的全中文教材有:《国际市场营销》（王莉等,清华大学出版社,2017 年版）、《国际市场营销》（王晓东,中国人民大学出版社,2019 年版）等；中英双语教材有《国际市场营销》（田盈、徐亮主编,人民邮电出版社,2013 年版）等。然而,这些教材都难以满足当前国家培养"专业+国际化"高素质复合应用型跨境电商人才的需求。以中英双语教材为例,它们大多以中文阐释为主、英文注释为辅,学生过分依赖中文进行理解和学习,从而达不到"双语"教学之目的。即使学生了解了个别专业术语的英文表达,也难以在涉外商务场景中熟练地运用,遑论实现顺畅沟通和充分交流。

2. 引进教材不符合我国国情，难以体现中国特色

以"国际市场营销（英语）"课程为例，目前国内高校引进的全英文教材并不多，比较有代表性的有菲利普·R. 凯特奥拉等著的《国际营销》（*International Marketing*）等。这些引进教材主要针对欧美市场，教材中的案例多为西方国家企业的国际营销实践及做法，与我国国情不甚相符。部分教材虽偶有涉及中国企业，但不是信息不全，就是所持立场失之偏颇。在课堂上使用这些教材，很难讲好"中国故事"，也很难引起学生的学习兴趣和思想共鸣。

（二）经管类学科教材发展趋势

笔者认为，新文科建设背景下经管类学科教材的发展趋势主要有三，具体如下。

1. 富有中国特色

随着国际竞争力的不断增强，我国的经管实践越来越具有借鉴意义。因此，经管类学科教材在编写时应纳入更多具有中国特色的案例。以"国际市场营销（英语）"课程为例，其教材建设应根据我国国际化企业在海外市场上进行国际市场营销的发展实践进行梳理和总结，分享具有中国特色的发展经验、模式和理论。

2. 具有交叉融合性

人工智能、大数据、云计算、区块链等新技术的发展与应用，使得经管类学科的教学和研究实践发生了很大的变化，学科交叉理念的提出促进了文科内部以及文科、理科的互相融合，推动了新文科建设的发展。在这样的背景下，经管类学科教材建设也需要体现交叉与融合。例如，"国际市场营销（英语）"课程教材的建设需考虑我国企业"走出去"的发展需求，与跨境电商、国际贸易、国际支付与结算、国际商务沟通与谈判、国际商法、

精准营销等领域进行交叉与融合。

3. 具有前沿创新性

目前，世界经济格局正在发生深刻变化，而我国经济社会发展正处于向高质量发展转型的重要时期。经管类教材建设需依据我国及全球经管领域的发展前沿和未来趋势，以培育具有创新能力和创新精神的社会主义现代化人才为目标，阐述与介绍世界经管领域最前沿的理论与实践，从而促进教材内容的与时俱进，体现教材建设的前沿创新特性。

二、"国际市场营销（英语）"课程自编教材的选题价值与内容设计

（一）选题价值

1. 有利于填补"国际市场营销（英语）"课程教材的空白点

作为国际经贸及国际商务等领域相关专业的核心课程之一，"国际市场营销（英语）"课程的理论知识涉及国际市场环境分析、国际营销战略设计以及策略分析等，具有较强的涉外性。然而，该课程现有的国内教材难以满足其全英文教学的需求，引进教材又不符合我国国情、难以体现中国特色。因而，出版一部既具有中国情怀，又具有国际视野，还适合我国国情的全英课程教材，有利于填补目前"国际市场营销（英语）"课程教材的空白点，能够有效满足全英课程教材建设的迫切需求。

2. 有利于满足培养高质量国际化复合型人才的迫切需求

随着我国扩大高水平对外开放战略的推进以及"一带一路"倡议的顺利实施，我国与国际社会，特别是与共建"一带一路"沿线国家的商务往来以及人文交流日益频繁。越来越多的留学生选择来我国高校深造，高校国际化教育作为提升我国国际影响力

和软实力的重要途径，改革已迫在眉睫。"国际市场营销（英语）"课程自编教材的出版既可以促进高校国际化教育改革，也可以满足培养我国及共建"一带一路"国家高质量国际化复合型人才的迫切需求。

3. 有利于发展具有中国特色的国际市场营销理论

"国际市场营销（英语）"课程自编教材在国内外同类型教材的基础上，根据我国国情，对我国企业"走出去"的实践进行梳理和总结，形成具有中国特色的国际市场营销理论。

（二）教材内容设计

随着"一带一路"倡议的顺利实施以及我国企业竞争力的不断增强，越来越多优秀的中国企业"走出去"开展国际市场营销实践。本教材关注全球市场营销环境的深刻变化，并聚焦我国企业"走出去"的国际市场营销案例，体现了新的历史条件下我国企业国际市场营销的实践发展以及与时俱进的时代特征。

本教材共分为十章，首先介绍国际市场营销的基础知识，明确国际市场营销的概念、国际市场营销和国际贸易的关系、企业国际化的动机以及发展阶段和方式等；其次分析国际市场营销环境，剖析国际市场营销的宏观和微观环境的构成因素及国际市场营销环境的影响；其后介绍国际市场营销调研的步骤与技术，探讨国际目标市场选择与国际市场进入方式，并考察国际市场营销战略；接着分别阐释国际市场营销的产品策略、价格策略、渠道策略以及促销策略等。每一章中都穿插了我国企业进行国际营销的案例。

三、融入思政教育的全英课程教材建设路径

"国际市场营销（英语）"课程教材建设紧扣四川外国语大学国际化特色高校办学定位以及国际化发展规划，依据该校经管类专业"专业+国际化"人才培养目标,依托重庆市一流专业建设点(电子商务)、国家级一流专业建设点(国际经济与贸易)以及学校全英专业(电子商务和国际经济与贸易)建设,关注本土企业国际营销实践案例,在教材编写过程中深入挖掘思想政治教育资源,在教材内容中有机融入课程思政元素,积极探索创新融入思政教育的全英课程教材建设模式和方法路径。

(一)优化融入思政教育的全英课程教材设计框架

本教材编写组结合学校办学定位、专业特色和人才培养要求,依托电子商务和国际经济与贸易等一流专业和全英专业建设,进一步优化融入思政教育的全英课程教材设计框架,将"全英+思政"进行深度融合,在国际化视野和全英语言环境下将国际市场营销理论与我国企业"走出去"营销实践进行有机结合,精选课程思政案例,优化课程思政内容,实现价值引领,完成"课程育人"的总体目标以及"立德树人"的根本任务。本全英课程教材建设总体设计框架如图1所示。

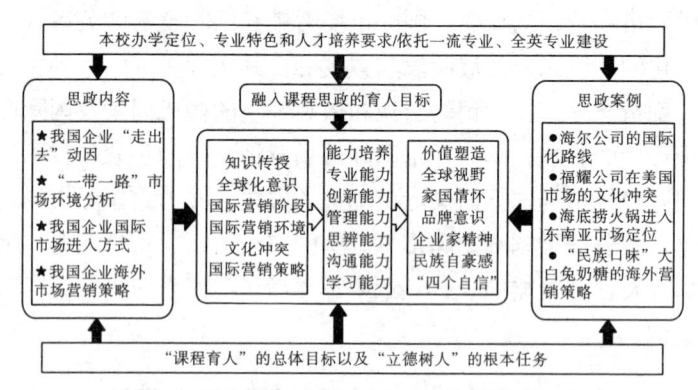

图1 本全英课程教材建设总体设计框架图

（二）明确 OBE 理念下教材建设的思政教育目标体系

本教材编写组根据成果导向教育（Outcome based education，OBE）理念，构建教材的思政教育目标体系，从知识层、能力层、素质层以及价值层等方面重塑课程教学目标，详见表 1。

表 1　教材的思政教育目标体系

	教学目标
知识层	掌握国际市场营销环境的关键要素，掌握企业在东道国市场上经营时面临的国际市场营销战略与策略，掌握国际市场营销活动的基本程序和方法
能力层	能够运用国际市场营销的理论和方法，科学地分析、诊断和解决国际市场营销管理问题，能够进行产品或项目进入海外市场的国际营销策划，具有良好的公众演讲能力和沟通技巧，能够用英语进行商务沟通和交流
素质层	具有明确的国际市场营销意识和全球化视野，具有批判性思维和创新精神，树立遵纪守法的法律意识和诚实守信的营商理念，建立主动学习的学习习惯，具备团队合作精神
价值层	树立民族品牌意识，具有企业、社会和国家责任感，具有民族自豪感和"四个"自信，践行社会主义核心价值观，拥有实现中华民族伟大复兴的远大理想和坚定信念

（三）在教材内容和课程设计中有机融入思政元素

本教材编写组整理了近年来我国学者在国际市场营销理论上的最新学术成果，搜集了中国企业国际市场营销的实践案例，教师可以通过在课堂上与学生进行分享和探讨，培养学生分析和解决实际问题的能力，树立学生的民族自豪感和"四个自信"，实现知识层、能力层、素质层和价值层等多维思政教育目标体系之构建。此外，本教材指导教师将教学目标、教材内容与灵活多样的教学方式相融合，综合运用讲座、课外阅读、自主学习、视频观看、案例分析、小组讨论、团队实践等多元化方式组织教学活动的开展。融入思政元素的"国际市场营销（英语）"课程教学设计如表 2 所示。

表 2　融入思政元素的"国际市场营销（英语）"课程教学设计

教学阶段	教学模块	教学内容	思政元素融入点	教学目标	教学方式
1—3周	国际市场营销概述	国际市场营销的概念；企业国际化经营的动机；国际市场营销的发展	中国企业"走出去"的动机；中国企业参与国际化经营的方式	知识层、价值层	讲座、视频观看、小组讨论
4—8周	国际市场环境分析	国际经济环境；国际政治、法律环境；国际社会、文化环境	共建"一带一路"国家市场环境分析；我国企业海外投资经验与教训	知识层、能力层、素质层、价值层	讲座、视频观看、案例分析、课外阅读
9—11周	国际市场营销机会评估	全球营销调研；市场细分、目标市场选择以及定位；海外市场进入战略	我国企业选择国际市场的战略和进入方式	知识层、能力层、素质层、价值层	讲座、视频观看、案例分析、课外阅读
12—16周	国际市场营销策略	国际产品策略；国际定价策略；国际分销策略；国际促销策略	我国企业在海外市场的国际营销策略	知识层、能力层、素质层、价值层	讲座、案例分析、团队实践

结　语

本文以"国际市场营销（英语）"课程的教材建设为例，在新文科背景下探讨了融入思政教育的全英课程教材建设的探索与实践。在分析经管类学科教材现状和发展趋势，阐述自编教材的选题价值与内容设计的基础上，从优化融入思政教育的全英课程教材设计框架、明确 OBE 理念下教材建设的思政教育目标体系以及在教材内容和课程设计中有机融入思政元素等路径方面，深入探讨了融入思政教育的全英课程教材建设的实践经验，以期为丰富新文科建设、全英专业和全英课程建设以及课程思政改革等方面的理论研究和实践探索提供借鉴和参考。

作者简介：

徐亮，女，1980年生，博士，副教授。主要研究方向：国际市场营销、国际企业管理。

汪世珍，女，1963年生，学士，教授。主要研究方向：市场营销、创新与创业管理。

新文科背景下应用研究型本科院校英语专业听力课教学探索

徐婷婷

(四川外国语大学英语学院　重庆　400031)

摘　要：新文科建设突破了传统文科的思维模式，而外语教育作为新文科建设重要的组成部分，在当前国际交流日益频繁和密切的时代背景下，需要加强与其他学科的交叉融合，在培养学生外语能力的同时，拓宽学生的知识体系，丰富学生的精神素养。本文结合笔者英语听力课程教学实践，尝试探讨应用研究型本科院校如何顺应时代与社会的要求培养优质复合型人才。

关键词：新文科；价值核心；英语专业听力课

一、研究背景

"新文科"这一术语由美国希拉姆学院（Hiram College）于2017年10月率先提出，指的是将新技术融入传统哲学、文学、语言等课程中，为学生提供综合性的跨学科学习。新时代新形势需要高等教育文科的创新发展，在这样的背景之下，2018年10月，中国教育部印发了《关于加快建设高水平本科教育全面提高人才培养能力的意见》，提出了"四新"建设，即新工科、新医科、新农科、新文科建设的总体部署。2019年4月29日，教育部、科技部、财政部等部门在天津联合召开"六卓越一拔尖"计划 2.0 启动大会,标志着国家"四新"建设正式开启。由此,"新文科"从概念提出走向正式实施。①新文科作为我国高等教育"四新"学科发展战略的组成部分之一,旨在建设具有中国特色的新文科体系,引导高校加快专业建设,振兴本科教育,提高文科人才培养质量。高等教育应该具有前瞻性、主动创新性和指导性,这样培养出来的人才知识储备才能跟进时代的发展,满足社会发展的需要。

2019 年 3 月,教育部高等教育司司长吴岩在北京召开的第四届全国高等学校外语教育改革与发展高端论坛上做了"新使命 大格局 新文科 大外语"的主旨报告,进一步明确了外语教育的未来发展方向。报告探讨了新时代高等外语教育改革发展的总体要求、总体思路、总体措施、总体标准和总体目标,指出高等外语教育应该主要围绕"三变、两新、两大"。"三变"即识变、应变、求变,"两新"即新使命、新文科,"两大"即大格局、大外语。②对于新文科之于外语专业的意义,郭英剑认为"学界通常认为新文科之'新'主要体现在三个方面:一是超越传统文科的观念与边界;二是打破传统文科的学科体系与人才培养模式;三是构建传统文科所不具备的方法论,包括使用现代科技手段研究人文学科"③。

从以上讨论可以看出,新文科突破了传统文科的思维模式,外语作为文科类专业,也需要突破传统的封闭式发展模式,走向

---

① 黄启兵,田晓明. "新文科"的来源、特性及建设路径[J]. 苏州大学学报(教育科学版),2020(2):75—83.
② 吴岩. 新使命 大格局 新文科 大外语[J]. 外语教育研究前沿,2019(2):3—7+90.
③ 郭英剑. 新文科与外语专业建设[J]. 当代外语研究,2021(3):29—34+113.

多学科交叉与融合，从"以学科为导向"转向"以需求为导向"，实现复合型人才的培养。新文科建设背景下，外语专业如果要谋求长足发展，就不能将自身视为单一性学科，否则便无法汲取足够有价值的养分以促成学科内部生机的形成，最终必然会抑制该学科自身多元化、多层次的生长和发展。① 新文科建设指向人才培养，必然需要创新知识生产和服务于社会需求，但最终需要构成对"育人活动"的滋养与支持，进而实现"育人模式"的变革与优化。②

目前，我国的新文科建设已从理论建构阶段逐渐过渡到实践探索阶段。对英语专业而言，传统教育模式已经难以全面适应现代社会问题复杂化、知识应用综合化对复合型、创新型和全面发展人才的新需要。听力课作为英语专业核心课程之一，抓住新文科建设的契机，在具体的教学实践中进行行之有效的探索，具有非常重要的意义。基于此，本文拟从教学目标设定、课程内容设计、价值核心构建、综合性评价等方面，探究如何使英语专业听力课程教学符合新文科建设之要求。

二、新文科背景下英语专业听力课教学之路径

（一）教学目标设定

传统听力课的教学拘泥于听力技巧的打磨，题材相对单一，学生参与度不高，对听力课重视不够。新文科背景下，教师应结合学生学习主动性较差的特点，引导其提高学习积极性，更好地完成听力课程的学习任务。因此，教师在设定教学目标时，需要

---

① 刘玉梅. 外语学科专业建设的反思与超学科前瞻[J]. 中国外语，2018，15(3)：4-12.

② 吕林海. 中国大学"新文科教育"建设：价值蕴意、核心内涵与实践路径. 大学教育科学，2021（5）：49-59.

贴近现实，将更多的实践情境引入听力教学。充分利用语言资源，突破单一学科内部的探索，实现学科交融，帮助学生熟悉和掌握不同专业背景下英语视听信息的篇章结构、句法结构、话语特征和修辞手段等。在夯实学生语言基础、提升学生语言技能的前提下，结合新文科构建复合知识结构及培养复合型人才的目标，在听力材料中丰富知识主题，激发学生的思维活力，鼓励学生克服自身知识的局限，跨越学科边界，培养跨学科意识；同时整合出价值意蕴，倡导沟通交流、协作互动的学习模式，在建构知识、发展能力的同时，涵育精神和情感。

（二）课程内容设计

当今世界，学科的交叉和融合渐渐成为主流。因此，教师在进行听力课内容设计时，需要打破知识壁垒，设计涵盖语言文化、社会科学、自然科学、金融商贸、科技创新、行业发展、职业规划等多元主题的听力课堂，让学生接触并了解与听力材料相关的专业知识，满足学生对跨学科知识的需要，满足新文科背景下学科交叉融合的需求。

外语的习得离不开对相关背景知识的学习。学生如果对听力材料所涉及的内容不够清楚，就很难做到完全理解。例如，在学习体育运动话题时，了解奥运会的发展史对于深刻理解体育运动的竞技精神有重要作用。在学习人文、艺术领域的话题时，提前了解相关的术语能帮助学生理解文学或艺术作品之价值。因此，在搜集听力材料的过程中，教师要充分利用网络资源，帮助学生获取相关材料，通过深刻理解听力话题的背景知识，更准确地理解听力内容，提高英语水平。此外，教师可以组织学生组成学习小组，通过讨论、探究、分享等活动，增加知识的交流和思想的互动。如果听力材料中涉及人工智能等科技相关信息时，教师还可以向学生推荐网络平台上的相关视频或课程，帮助学生提升对相关话题的理解能力，拓宽文化视野。

上述课程内容设计，既顺应了当下信息爆炸的时代特点，又是对新文科理念的呼应，符合英语听力课程自身的发展要求。只有跨越学科界限，选取难度适宜、趣味性十足、有时代感、题材多样的话题，选用包括新闻报道、对话访谈、公共演讲等在内多种形式的听力材料，给学生创设真实的视听场景，才能让学生适应更为立体和多元的跨文化交流需求。教师还可以将教学过程融入自己的科研之中，并以此来反哺教学，与教学共成长。

（三）价值核心构建

新文科教育倡导"价值引领"，即把价值培养融于专业学习中。通过教学设计，彰显专业知识背后所蕴含的精神追求、人性价值，促成学生的价值成长。全球化时代，能够与来自不同文化背景的人进行有效的沟通交流是外语专业学生必须具备的能力和素质。在教学过程中，教师需要兼顾"中外文化"，彰显新文科背景下英语教育的人文导向和价值导向。在听力材料的选择上，应有意培养学生跨文化的视野和比较意识。目前的听力教学内容多以专题为主，在设计其他国家语言文化背景时，可适当进行"文化关联"和"文化比较"。例如，针对与英国下午茶相关的听力材料，教师可以为学生扩展中国茶文化相关知识，弘扬中国传统文化，帮助学生树立文化自信和文化自觉。同时，通过对比中英两国茶文化的特点，让学生学会尊重他国文化，提高人文素养、培养思辨能力，在文化自信的基础上发展文化移情，帮助学生构建出更为宏阔的文化视野。

新文科建设超越"学科体系"的视域，立足于学生的现实生活世界。美国教育家杜威曾说，生活和经验是教育的灵魂，离开生活和经验,就没有生长,也没有教育。[1]文科教育蕴含对美好生活、美善精神的向往,旨在培养学生形成完整的人格和丰富的精神,使学生更健康地成长。结合这一需求,教师在设计听力教学时还应整合出有利于学生身心健康的材料,构建学生生命成长的逻辑,帮助学生汲取更丰富、更有活力的知识,从而领悟更多元的精神价值,收获更灵动的成长。

(四) 综合性评价

新文科建设鼓励打破专业界限,突出价值内涵,因此需要关注教育主体,即学生在知识习得、技能提升、能力拓展、精神素养等方面的变化,对其进行成长性评价。传统听力课的评价方式以考试为主,基于学生的学习结果进行,对学生的学习过程有所忽视,无法如实检测学生学习能力的发展规律。这既影响了教师对教学行为的反思与总结,也不利于学生自主学习能力的调动以及有效学习方法的积累。因此,教师应加强对学生平时学习情况的监测,如通过微信平台小程序打卡等方式,动态检验学生的泛听能力;还可以设计一些以小组合作为基础的听力实践练习,在学习通、雨课堂等平台上让学生分小组完成学习任务,并推选一名小组成员进行汇报。教师可以给出详细合理的评分标准,让各小组互评,并结合在平台上收集的学生完成的数据,对学生进行综合性评价。教师在开展评价时,要注重学生的个体发展的独特性,围绕学习成绩、团队理念、学习方法、竞争意识、创新精神、努力程度、实践能力、情感管理等多方面进行考量,关注学生是否发展了积累专业知识和技能以外的素养、态度和能力,从整体上对学生进行科学、合理的评估。

---

[1] 约翰·杜威. 民主主义与教育 [M]. 王承绪,译. 北京:人民教育出版社,2001.

结　语

新文科背景下外语专业的教学改革正如火如荼地进行。作为教师，我们需要积极拓宽教学思路，汲取前沿的教育经验，努力从国际上所提倡的学习科学的诸多实践模型中获得行动的启示，如布朗所构建的"社会共享认知的系统设计和合作研究的组织模式"、克洛德纳所构建的"基于案例的学习助手的模式"、克拉斯克所构建的"基于项目的学习模式"、斯塔尔所构建的"计算机支持的写作学习模式"等重新设计课堂和学习环境，从而使学习者能够更有效和更真实地学习。[①] 教师应从内容、素材和形式上进行创新，给学生带来既新颖又深刻的学习体验；从多维度开展数据统计，及时、准确地评价学生学习状况；开展师生互动学习、探究，用教学研究反哺教学，促成师生共同成长。扩展教、学、研时空结构和活动方式，帮助师生实现智慧教学与智慧学习。

新文科建设为学生提供了更多的成长可能性，也为教育赋予了更多的情感关爱和责任。教师应坚持以培养"复合型英语人才"为目标，准确把握国家需求，为社会服务。同时，促成时代化、应用性、智能化、人文性和个性化发展相结合，实现英语教学向"以需求为导向"转变。以此来探索适合应用研究型本科院校英语专业人才培养实际情况的教学模式，达成外语专业在新文科背景下进行创新建设的要求。

作者简介：

徐婷婷，女，1972年生，硕士，副教授。主要研究方向：英语教育、主要英语国家社会文化研究。

---

① 基思·索耶. 剑桥学习科学手册 [M]. 徐晓东，等译. 北京：教育科学出版社，2010：1.

新文科背景下跨境电商人才培养专业集群发展模式研究[*]

——以四川外国语大学国际工商管理学院为例

徐小斌

(四川外国语大学国际工商管理学院 重庆 400031)

摘 要：随着"一带一路"倡议的推动和发展，社会对复合型人才的需求愈发迫切。高校现有的以单个专业为主的发展模式，受培养计划相对固定、师资队伍建设不充分、教学资源分配不均等因素之影响，已经不能适应社会动态变化的人才培养要求。建立新的跨学科、相互融合、彼此促进的专业集群人才培养及发展模式，实现专业间的互通、共享、共建，已经成为高校的一个重要课题。本文以四川外国语大学国际工商管理学院电子商务、物流管理、大数据管理三个专业的集群发展探索为例，分析以培养跨境电商人才为目标的专业集群发展路径。

关键词：跨境电商；专业集群；转型；模式

全球经济的发展、国际市场竞争的加剧，都使得社会对跨学

---

[*] 本文系重庆市教委教学改革研究项目"协同、融合、共生：新文科背景下国际化人才培养专业集群发展研究——基于跨境电商人才的视角"（项目号：223259）的阶段性成果。

科、高素质国际商务人才的需求迅速增长。同时，在"一带一路"倡议的推动和疫情、信息化、网络化浪潮的影响下，跨境电商正在以前所未有的速度发展，这对高校相关专业的人才培养工作也提出了更大的挑战。①

然而，目前我国高校中设置的与跨境电商相关的专业，大多呈单一发展模式，这种发展模式虽然延续性强，但很难开展跨学科合作，对于人才培养目标的定位亦较为滞后，总体上与社会需求不相适应，无法满足当今社会的人才需求。

本文以集群发展理论为指导，以四川外国语大学国际工商管理学院电子商务、物流管理和大数据管理三个专业的集群发展实践为分析对象，探讨适合现阶段我国发展需求的高校跨学科、高素质跨境电商人才培养专业集群发展模式。

一、高校现有的单个专业发展模式之困境

笔者认为，高校现有的单个专业发展模式面临的困境主要如下。

首先，单个专业的培养计划跟不上时代发展前沿，新文科内涵融入受限，人才培养短板效应明显。当前社会发展呈现出复合多样化的特点，受此影响，新文科背景下的人才培养工作具有一专多能、动态变化的特征。而高校现有的单个专业发展模式由于受到既有的专业分工和资源边界的限制，培养计划相对固定，这使得教师和学生都缺乏打破专业壁垒的主动性。

其次，师资队伍建设的不充分，使得单个专业的跨学科建设之路困难重重。新文科建设要求各个学科开展跨专业的融合变革，要求教师离开自己的舒适区，学习新的观念和知识。然而，

---

① 杜娟等. 应用型本科高校专业集群建设现状及对策研究［J］. 中外企业文化，2021（4）：62-64.

部分教师对新文科建设的认识尚不全面,投身新文科建设的积极性不高,自身素质提升缓慢,故步自封、闭门造车的现象时有发生。

再次,教学资源的分配不均,使得某些处于弱势地位的专业难以实现发展。在现有的以专业为单位的发展模式下,教学资源的分配往往遵从学校、学院、专业的管理规则,优势专业重复建设和资源占用的现象频发,而某些弱势专业则因缺乏教学资源,难以实现在教学内容、教学模式以及人才培养方面的发展,遑论打破跨专业壁垒。

综上所述,高校现有的单个专业发展模式不仅造成专业各自为政、故步自封的不利局面,也难以满足当今社会对复合型人才的需求。高校需要寻求行之有效的改革路径,建立新的跨学科、相互融合、彼此促进的专业集群人才培养及发展模式,实现专业间的互通、共享、共建。

二、融合新文科思想的跨境电商人才专业集群发展结构重塑

专业集群是以区域内的产业集群为服务对象,对应产业集群上同一产业链、创新链的需求,按照群落状建设的原则,以与主干学科关联度高的核心专业为龙头,实现若干个学科基础、对象与技术领域相同或相近的、具有内在关联的若干专业的有机集合。[①] 在新文科思想的指引下,跨境电商人才专业集群将以培养跨境电商人才为目标。这个专业集群中的每个专业相当于集群上的节点,各个专业有机集合或者有序连接,形成一个对接跨境电商产业链、创新链人才培养与科技创新需求的复合系统。

① 李琴. 应用型高校专业集群建设的价值导向与实践路径 [J], 沈阳工程学院学报(社会科学版), 2021 (3): 119—124.

从整体规划来看，跨境电商人才专业集群将向产业链、创新链的物流、网络经济、商务数据分析的集中区域集结，服务面向或者目标指向国际商务、跨境电子商务的聚焦。从内部关系来看，跨境电商人才专业集群是一个有不同特征要素的竞合战略区块，处于由集群内部的校企与集群外部的环境共同构成的治理系统中，不仅集聚起来的专业（群）相互之间会产生交流互动，而且与产业链创新链相应节点之间的企业也会产生交流互动，实现知识的产生、传递和积累，培养人才的同时服务社会。从动态匹配来看，跨境电商人才专业集群与产业链动态匹配必然是一个开放系统，相关专业、不同企业都可以动态加入，并通过灵活的双向选择、交流互动及任务调整而实现系统均衡，推动整个生态体系的良性循环。基于以上分析，本文认为跨境电商人才专业集群发展需要结合专业发展的内核（培养计划）、师资、外延（与产业链的融合），梳理各节点专业的发展思路，重构发展结构和路径（见图1）。

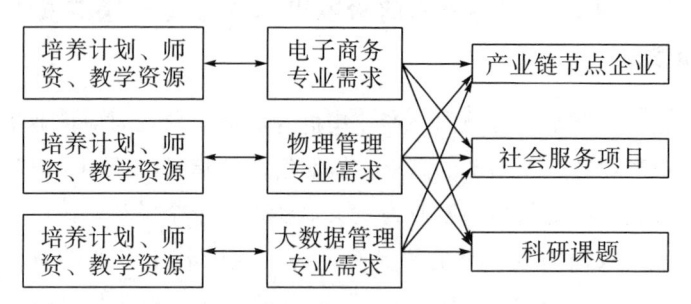

图1 跨境电商人才专业发展结构和路径

这种跨境电商人才专业集群发展模式具有以下4个特征。

1. 能够实现跨境电商人才内核转型升级

这是新文科指导思想下的人才培养计划与定位升级。新文科建设下专业集群的发展需要充分认识人才培养目标与现实之间的差距，动态寻找与社会产业集群发展相匹配的人才定位。跨境电商人才专业集群既需要完成电子商务、国际物流、商务数据分析、国际金融等方面的专业能力培养任务,又需要完成跨文化交际能力培养任务。因此,这个专业集群在进行人才培养时,首先要以电子商务知识为基础,以专业能力培养为核心,以国际贸易知识为聚焦点,以国际物流、国际金融、商务数据等知识为支撑,培养学生开展跨境电商活动的能力。其次,要以良好的商务沟通为目标,以跨文化能力为内涵,融入跨文化素养配套课程。再次,要站在整个产业链的高度完善既有的人才培养计划,紧跟时代发展步伐。这就要求专业集群内的节点专业,放弃以往各自为政的人才培养模式,构建专业集群统一思想、集体协同制订培养计划的内核转型升级运营模式。

2. 能够促进师资队伍素质的提升

新文科建设背景下,要想高质量地建成覆盖面广、更新速度快、新技术特点突出的前沿专业课程,必然需要深厚的师资力量。跨境电商人才专业集群通过师资互通、专业互融、教师资源共享的模式,能够在保持师资稳定的基础上实现课程质量的迅速拓展和提升。跨境电商人才专业集群在打破原有教师专业壁垒的基础上,以与产业链对口方向为主导,展开专业集群边界范围内的教师课程组或科研团队组建,匹配建设对口的课程、教学要素、科研项目和综合性社会服务项目,实现师资互通、专业互融,促进师资力量的教学科研结构优化、自我成长。该模式能够显著改善师资的专业知识短板,在跨专业合作领域也能够实现集群效应,在打破原有师资力量限制、提升教学承载力、拓宽教学面的基础上,还能够有效减轻专业发展的岗位和财政压力,让教师队伍更加稳定,良性发展。

3. 能够实现外延空间的信息化整合与发展、更高层次及范围的资源共享及相应的管理结构重构

有效的跨境电商人才专业集群资源整合及应用,能够快速响

应专业集群所面临的国际化产业链服务的知识结构要求和实验实训教学要求，也可以解决现有的单个专业发展模式教学资源分配不均问题。跨境电商活动与国内电商活动相比，流程更加复杂，内涵更加丰富，教学资源建设的资金压力和技术压力都很大。建设跨境电商人才专业集群模式不仅能够使对口节点教学内容的覆盖面变得更广，还能在专业技能和数据技术方面实现有效深入和细化。

4. 能够实现集信息化、网络化、智能化于一体的社会资源平台的构建及发展

在原有的发展模式下，由于人才培养目标差别较大，跨境电商各专业所搭建的社会资源平台不仅数量有限，资源的利用也存在局限性。很多社会资源平台的建设存在明显的间断性，不仅造成社会资源的闲置和浪费，也给合作企业带来了不良的影响。专业集群建成后，跨境电商的企业合作伙伴在产业集群方面将会实现资源利用拓展，合作节点增多，人员交流内容丰富、频次增加，资源利用率快速上升，如此不仅有利于资源的维护，也有利于企业设计和配套更多的资源、设计合作模式和综合培养人才，乃至为企业带来有益的发展补充要素（如知识植入、人员成长等），实现双赢。

综上所述，跨境电商人才专业集群发展模式将形成一个拥有大量服务资源的融合性平台，在跨学科类教学、科研合作中起到更好的厚基础、宽口径作用，并具有组合柔性，能够迅速和方便地组织开展多层次的综合性、跨学科的教学科研项目。同时，完善的产业链配套和服务体系，使得学生能够在优质的成长环境中获得系统的素质培养，实现人才培养的最终目标。

三、四川外国语大学国际工商管理学院跨境电商人才专业集群发展实践

四川外国语大学国际工商管理学院设有电子商务、物流管理、大数据运用及管理等专业，上述专业作为外语类院校的非外语类专业，面临着专业竞争力不足、师资力量单薄、教学资源有限等问题。与其他非外语类院校的相同专业相比，它们的发展都不具备优势。因此，如何构建差异化竞争优势并探索系统性的发展路径，是它们必须解决的问题。新文科建设下的跨境电商人才专业集群发展模式，为上述专业明确了发展方向。四川外国语大学国际工商管理学院以电子商务为核心专业，组建了电子商务（跨境电商）、物流管理（国际物流）、大数据应用及管理（跨境电商数据分析）专业集群，服务于西南乃至全国的跨境电商产业链集群。在制订专业培养计划、打通对口产业链课程群、开展科研、教学资源共享共建等方面，做出了非常有益的尝试。

1. 专业集群内涵凝练，优化人才培养计划

重庆是西南地区唯一的直辖市，"渝新欧"国际铁路的起点，与东盟国家的贸易往来发展迅猛。我国西南地区高校的跨境电商专业集群建设需要服务于跨国电商领域的信息流、资金流、商流和物流产业集群，其培养计划应该围绕上述内容展开和优化，以跨境电商的整个产业链为服务对象，培养具有跨境电商、国际物流、商务数据处理等方面专业知识的人才。四川外国语大学目前为电子商务、物流管理、大数据运用及管理等三个专业制订了共通的人才培养计划，即以跨境电商全系统为服务对象，构建以"电子商务（英语）""商务数据分析""国际物流管理""供应链管理"等基础课程和"国际市场营销（英语）""跨境电商实务""国际企业沙盘模拟实训""跨文化沟通"等特色课程为主的课程体系，建设跨境电商产业链教育平台。学校结合国家教委规定，

为三个专业各设置了5—6门专业课,再加上"管理学(英语)""宏观经济学(英语)""微观经济学(英语)""国际贸易(英语)"等国际化的学科基础课程,打造出了厚基础、宽口径、显特色的差异化培养计划,将学校文化多元和语言底蕴深厚的优势充分发挥出来,有效提升了国际化教学的质量和层次,凸显专业集群优势。

2. 专业集群资源融合,实现资源共享

在推动专业集群资源融合时,学校以合力打造核心优质课程、科研课题为手段,推动三个专业的教师自由交叉组队,在教学及科研方面融合协同发展。在教学方面,目前已经构建"管理学(英语)""宏观经济学(英语)""国际市场营销(英语)""国际贸易(英语)""电子商务(英语)""跨文化交流(英语)"等多个国际化课程团队。组建专业集群的一年内,有2门全英课程获得了重庆市一流课程、四川外国语大学一流课程的立项建设。科研方面,在学院支持下,构建了覆盖多个专业的交叉科研团队,参与人员中既有学院管理学科的教师,也有英语学院、东语学院、德语等多个语言专业教师,在开展跨境电商的战略、市场、跨文化交流、电商平台、消费者研究等多个方面展开联合研究。此外,在软硬件环境方面,突破了单个专业自身发展的限制,覆盖专业集群专业,构建了跨境电商实训平台,购置和支持跨境电商虚拟运营、物流全流程管理、商务数据分析等完整框架的跨境电商教学,教师团队携手开发实验教程。这种模式有效推动了教师教学、科研方面的交流与提升,还带动了科研课题的发展。

3. 实现了专业集群"雁行"模式的构建与专业发展层次的优化

学校以电子商务专业作为"领头雁",物流管理和大数据专业作为"两翼",协同发展。各专业的综合实力均得到显著提升,目前已成功申报重庆市一流专业（电子商务）、学校全英专业（电子商务），共计开展了8门全英课程联合建设，联合申报了一项重庆市教改课题、一个重庆市一流课程。

4. 实现了专业集群外延发展，即社会资源的信息化共建、网络化共享以及智能化协同运行

当构建了专业集群后，原来各专业的社会资源利用也进入了一个良性循环。三个专业将原有的合作企业资源进行了整合与共享，努力消除原有合作模式中的间断性、离散型和低效率环节，积极推动联合人才双向培养（学校、企业）多要素、多形式合作机制，提升服务质量。

结　语

四川外国语大学国际工商管理学院的跨境电子商务专业集群组建的时间并不长，但在实践的过程中，其优势已经展现。与单一专业发展模式相比，跨境电商人才专业集群发展模式不仅能够解决多门前沿课程的开设问题，还能构建良好的产业人才培养生态，推动多种交叉专业活动的开展，保障人才培养质量并凸显特色。在师资队伍发展方面，该模式能够促进专业教师素质的全方位提升。在科研课题的开展方面也能够取得一些突破。而在社会服务方面，该模式可以改变产、学、研的服务性质，从单节点服务变成集群多元服务，并形成新的合作框架和模式。不难发现，在当今竞争趋于激烈的环境中，集群化发展为专业建设指出了一条新的路径，将在未来助力更多专业腾飞。

作者简介：

徐小斌，男，1973年生，博士，副教授。主要研究方向：跨境电子商务、创新创业管理。

新文科视域下课程思政创新的路径设计研究[*]

徐新鹏

(四川外国语大学国际金融与贸易学院　重庆　400031)

摘　要：新文科建设与课程思政建设既是高校加快培养新时代拔尖人才、提升国家文化软实力的重要手段，更是落实高校立德树人根本任务的顶层设计和关键之举。在新文科建设背景下，高校的课程思政建设要牢固树立党建引领课程思政理念，保证正确方向，强化顶层设计、考核激励机制，立足新文科的教育教学实践，找准突破口和具体实施路径，形成新文科背景下推进课程思政全员、全程、全方位协同育人的共识与合力。

关键词：新文科；课程思政；党建

习近平总书记指出，要在构建中国特色哲学社会科学中，充分体现中国特色、中国风格、中国气派。该论述的核心内容为新文科建设。外语类高校应围绕立德树人根本任务，充分发挥党的

---

* 本文系四川外国语大学2021年度党建和思想政治教育项目"大思政视域下高校基层党建引领课程思政建设路径研究"（项目号：sisu202157）、四川外国语大学研究生教改项目"新文科视域下国际商务专业硕士体系培养模式构建研究"（项目号：yjsjg202209）、重庆市教委人文社科项目"共建共治共享视域下党建引领小区精准治理模式的创新研究"（项目号：21SKGH134）的阶段性成果。

建设等对新文科建设的指引作用,把握新时代中华民族伟大复兴的战略全局,强化价值引领,呼应时代主题,立足服务经济社会发展和国家对外开放的大格局,坚持多措并举,不断推进具有外语特色的新文科建设走深走实,助力加快建设特色鲜明的高水平应用研究型外国语大学的目标。

一、新文科建设的主要要求

新文科建设的任务是构建世界水平、中国特色的文科人才培养体系,具体任务包括明确总体目标、强化价值引领、促进专业优化、夯实课程体系、推动模式创新、打造质量文化等6个方面。新文科是相关学科门类、多元学科功能等交融而生的有机体,唯有跨界融合和功能互联,才能深刻理解新时代新文科的建设内涵,使之更具变革力和生命力。新文科建设的主要方向有两个,一是突出学科交叉,主要方向有文工、文理交叉等;二是深度融入现代信息技术。在这两个方向引导下,高校文科的教学内容、人才培养环节、培养平台或载体均需做出较大的调整。新文科建设中的各类文科形态、文科实践、文科教育等,都体现着上述要求,新时代要致力组建"求知+育人+服务"的学科有机体。这对文科课程思政建设提出了三个方面的新要求:如何革新内容体系,深入推进习近平新时代中国特色社会主义思想进教材、进课堂、进头脑;如何创新实施路径,加强高校基层党建与课程思政的融合力度,更加系统地培育和践行社会主义核心价值观;如何拥抱现代信息技术,拓宽实施渠道。这些都需要结合一线教学实践,不断探索创新。[①]

---

① 杨国栋,马晓雪.新文科视域下课程思政与知识传授融合的基本逻辑与实现路径[J].高校教育管理,2022(5):96-105.

二、新文科建设与课程思政建设的内在联系

（一）新文科建设助推课程思政建设

新文科建设对课程思政建设具有助推作用，且二者在理念上具有一定的相通性。新文科建设强调的文科教育与思政教育的融合，以及优化文科专业结构和提高文科教育整体水平的目标，都与课程思政建设的目标相符合。首先，新文科建设注重文科教育与现代信息技术的融合，可以为课程思政建设提供更多的教育资源和手段，推动思政教育与知识体系教育的有机结合。其次，新文科建设通过优化文科专业结构，提高文科教育的整体水平，可以为课程思政建设提供更好的学科支撑和教育环境。再次，新文科建设坚持立德树人，全面推进高校课程思政建设，可以为课程思政建设提供更强有力的支持和保障。综上所述，新文科建设对课程思政建设具有助推作用，可以为课程思政建设提供更多的教育资源和手段，推动文科教育与思政教育的融合，优化文科专业结构，提高文科教育的整体水平，从而引导学生树立正确的世界观、人生观和价值观。

（二）课程思政建设反哺新文科建设

课程思政建设旨在将思想政治教育融入各类课程中，强化学生的思想道德素质和社会责任感，而新文科建设则注重培养学生的综合素质和创新能力，强调跨学科的学习和实践。课程思政建设对新文科建设具有一定的反哺作用，可以为新文科建设提供有力的思想保障和智力支持。通过课程思政建设，可以引导学生树立正确的世界观、人生观和价值观，培养学生的社会责任感和公民意识，提高学生的思想道德素质。这些素质的培养对于新文科建设中的跨学科学习、社会实践和创新创业等方面都具有重要的

推动作用。

新文科建设是国家站在提升国家综合实力、展现文化自信、培养担当民族复兴大任的时代新人的角度上作出的战略部署，对高校文科课程建设、教师授课调整、学生学习转变提出了更高的要求。高校的课程建设要进一步打破学科、专业壁垒，推动文科专业之间的深度融通，融入现代信息技术。特别是以文科专业为主的外语类院校，必须重新赋能文科教育，实现自我革新。

三、当前课程思政建设存在的主要问题

（一）课程思政与专业课的契合度不高

课程思政的本质是在专业课教学进程中，润物细无声地加入思政元素，让学生在学习专业知识的同时提高思想觉悟。但是从目前的情况看，其效果并没有达到预期。这主要是因为现有的课程思政多采用在原有课程中加入思政元素的方式开展，而不是根据专业课教学内容设计课程思政，契合度不高。这就导致了课程和思政"两张皮"的问题较为突出，影响了学生对专业课知识的吸收消化，育人与引领效果也大打折扣。

（二）课程思政重点任务出现偏差

新文科讲求文理交叉、文工交叉，是相关学科门类、多元学科功能等交融而生的有机体，跨界融合是其鲜明特征之一。而理工科专业对课堂实践、社会实践等要求较高。因此，在新文科建设的背景下，课程思政的开展需要做到理论课程和实践课程的双轮驱动。目前部分高校课程思政建设重点任务出现了偏差，这主要表现为过分强调理论课的课程思政建设，在一定程度上忽视了实践课程。在"四新"建设交叉融合的背景下，如何培养动手能力强又富有人文情怀的学生，是高校不得不思考的问题。单纯突

出理论课的课程思政，必然也会导致"言传思政"多于"身教思政"。

(三) 师生协同化水平较低

新文科建设背景下，课程思政建设主导教师授课，虽然在授课内容、授课方式等方面对教师提出了新要求，却忽视了对学生主观意愿的了解，师生协同化水平较低。教师在授课后，并未针对课程思政内容对学生进行调研，了解其组织的教学活动是否符合学生的"口味"，亦未对教学内容或教学方式进行调整。这导致了"一厢情愿"状况的产生，即教师讲的内容学生听不懂或者不愿听，教师因为学生学习兴趣低，对思政教学产生畏难情绪。新文科建设背景下，课程思政改革的着力点是在专业课程中融入思政元素，这种融入应该是润物无声的，而不是"硬融入"或者盲目融入。教师要遵循专业课，特别是文理交叉专业课的教学规律和学生的知识掌握规律，如果脱离了这一主线，将会让课程思政"黯然失色"，达不到教育的目标，也完不成育人的基本任务。

(四) 高校基层党组织作用发挥不足

高校基层党组织是高校最前沿的战斗堡垒，其引领功效、政治把关功效、育人功效、评价功效等对于课程思政建设至关重要。目前高校基层党组织作用发挥不足，思政育人功效缺位的状况也较为突出。其主要原因有二：一是高校基层党组织特别是教工党支部组织领导能力较弱。支委班子配备不科学，在评优树先、职称评审等环节话语权不足。二是教工的主要业务为教学和科研，部分教工对党建重要性认识不足，参与活动不积极。在这样的情况下，高校基层党组织很难发挥引领作用，遑论搭好筑牢课程思政教育平台。

四、新文科视域下党建引领课程思政的路径设计

习近平总书记在中国人民大学考察时强调,思政课的本质是讲道理,要注重方式方法,把道理讲深、讲透、讲活,老师要用心教,学生要用心悟,达到沟通心灵、启智润心、激扬斗志的效果。新文科建设背景下高校的课程思政建设需要教师、学生、学校、社会等多个主体协同开展,以新文科建设的思维,抓住以下四个关键点,推进创新发展。

(一)构建系统化的顶层设计

新文科建设背景下,课程思政要坚持学科分类和课程评价体系改革,系统推进各学科体系课程思政的科学化、专业化路径建设。万变不离其宗,课程思政的主业应该是课程,特别是专业基础课程知识的掌握。文理工医等学科在开展课程思政设计过程中,要特别注重遵循学科发展规律,响应新文科建设要求,关注不同专业的特点,选择恰当的思政元素,让其润物无声地融入课程。同时,要注重优化课程思政全过程监督考核机制,注重倾听学生反馈,提高课程思政的实操性和科学性。

(二)推进师生协同思政

结合新文科建设的基本要求,课程思政建设要立足教师能力和学生能力"双能力"体系建设,实现课程思政主体协同推进。课程思政建设的根本目标是落实立德树人根本任务,新文科建设背景下课程思政建设能否走深走实,关键在于是否能抓住其主体,即教师和学生。教师的课程思政教学能力主要体现在教学思想、教学方法等方面,要提高其教学能力,途径有二:一是增强教师自身意识,提升政治素养;二是开展引导、培训,或对教师进行考核。而要提升学生的课程思政能力,主要在于加强引导,

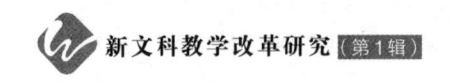

提升其思想认知水平。

（三）打造体系化的评价机制

一是充分利用好信息化平台建设，以信息化助力专业化，提升课程思政效率与效力。在信息化背景下推动科学合理的课程思政教学体系、考核评价体系建设，利用好互联网等信息技术，从技术层面创新课程思政教学、学习、评价、反馈全流程。二是搭建课程思政评价的科学体系。评价提醒要深入细致掌握新文科视角下课程思政的新要求，深挖细查具体环节，科学厘定考评细节，激发教师主体进行课程思政建设的积极性和原动力，同时也形成一定的框架约束力。要注重对课程思政主体评价、过程评价、绩效评价进行分类开展，分门别类地制定细则要求，例如岗位评价等具体标准。将课程思政效果与职称晋升等相结合，加大培训力度，主动解决教学过程中的实际问题，及时总结经验，并通过信息化手段实现快速推广复制。

（四）发挥高校基层党组织引领作用

无论是新文科建设还是课程思政建设，党的领导都是根本保证。要充分发挥基层党组织，特别是教工党支部的基本育人功效。一是配强基层党组织领导班子，注重发挥基层党支部书记"双带头"人工效应，建好"双带头人"工作室。二是加大对基层党支部课程思政保障功效的考核力度，制定考核细则，明确考核标准，安排考核任务，突出考核实效。三是发挥基层党支部的平台建设功效。将支部建设成为课程思政思想保障平台。通过积极引导、激励先进、树立典型等方式，提升党员教师课程思政积极性，同时发挥党员带动作用，引导其他非党员教师开展课程思政工作。

新文科建设与课程思政建设的理念是一脉相通的，其主要功效都是为了实现立德树人的根本任务。通过新文科思维推动课程思政建设,一方面可以发挥好文科教育的基本功效,实现价值引领和德育培养;另一方面,通过课程思政巩固政治引领,同时实现专业教学目标。二者是相辅相成、不可分割的有机统一体。

作者简介:

徐新鹏,男,1986年生,博士,副教授。主要研究方向:劳动与社会保障、党建与课程思政等。

新文科背景下国际经贸复合型人才交叉专业培养实践探索

——以四川外国语大学"国际经济与贸易+商务英语"教改班为例[*]

许 劲 哈 冰

(四川外国语大学国际金融与贸易学院 重庆 400031)

摘 要：新文科背景下的专业交叉是培养高素质复合型人才的重要模式之一。为实现国际化复合型人才培养，四川外国语大学开设了校内交叉专业教改班。本文以"国际经济与贸易+商务英语"交叉专业教改班为例，总结了该校推进交叉专业建设的具体举措、实践成效，以期为国家新文科战略实施和高校新文科建设实践提供经验借鉴。

关键词：新文科；国际经贸人才；人才培养；专业交叉

---

[*] 本文系重庆市教育科学规划课题"新文科背景下国际商务人才能力素质定位与跨界融合培养路径研究"（项目编号：K22YG209174）、重庆市高等教育教学改革研究项目"'双万计划'背景下地方特色高校一流专业与一流课程协同建设路径研究"（项目编号：213226）、重庆高等教育学会教育科学研究重点课题"'一带一路'背景下复合型国际商务人才培养的多主体动态协同机制研究"（项目号：CQGJ19A17C）、四川外国语大学校级教改研究项目"新文科视域下高素质复合型国际商务人才跨界融合培养机制与实现路径研究"（项目编号：JY2296224）、"新文科视域下'课赛融合'人才培养实践教学模式探索——以 SISU 国贸专业学生跨专业组队参与'全国高校商业精英挑战赛'为例"（项目号：JY2296281）的阶段性成果。

引 言

2019年4月,教育部、科技部、财政部等部门在天津联合召开"六卓越一拔尖"计划2.0启动大会。会议指出,按照《加快推进教育现代化实施方案(2018—2022年)》要求,全面实施"六卓越一拔尖"计划2.0,发展新工科、新医科、新农科、新文科(简称"四新"),推动全国高校掀起一场"质量革命"。作为"四新"中的重要一环,"新文科"概念的提出,旨在回应时代变化对高素质复合型人才的需求,并在这些变化的基础上对人才培养和科学研究进行创新。新文科建设服务于国家战略发展规划,如"一带一路"倡议和"人类命运共同体"理念等。高校需要加强课程体系整体设计,探索培养具有全球视野、"一专多能"、"一精多会"高素质国际化复合型人才之路径。

一、文献综述

综观我国学者对新文科建设的相关研究,主要集中在内涵释读、宏观路径探索以及某具体专业人才培养等三个方面,现将有代表性的观点呈现如下。

1. 内涵解读方面

安丰存和王铭玉着重解读了新文科的战略性、创新性、融合性、发展性四大特点内涵。[1] 冯果认为,新文科是相对于传统文科而言的,其目的在于打破专业壁垒和学科障碍,为学生提供更契合现代社会需求的素养训练。[2] 吕林海指出新文科教育建设的核心内涵具体体现为:培育"有价值引领的人",创生"突破边

---

[1] 安丰存,王铭玉. 新文科建设的本质、地位及体系[J]. 学术交流,2019(11):5-14+191.

[2] 冯果. 新理念与法学教育创新[J]. 中国大学教学,2019(10):32-36.

界"的文科课堂，打造多样而灵动的"育人共同体"，构建"超越绩效"的成长性评价。①

2. 宏观路径探索方面

周毅和李卓卓认为新文科建设要以现有文科专业为基础，同时根据科学技术和社会发展的新需求推动教学内容和教学模式的变革。② 宁琦从人才培养和知识创新两个维度分析了新文科建设的路径，认为重点在于分层分类培养以及打破学科壁垒。③ 熊澄宇对新文科建设及学科融合进行了相关思考，探索"文理工艺"交叉融合新文科建设范式。④ 马璨婧和马吟秋结合新文科学科交叉融合的学科体系、学术体系、话语体系，从研究、实践和评价分析了建设路径。⑤

3. 某具体专业人才培养方面

姜智彬等⑥和王军哲⑦探讨了新文科背景下外语学科面临的新形势与新任务。李梦莹⑧和刘国利⑨分别探讨了新文科背景下

---

① 吕林海. 中国大学"新文科教育"建设：价值蕴意、核心内涵与实践路径[J]. 大学教育科学，2021（5）：49—59.

② 周毅，李卓卓. 新文科建设的理路与设计[J]. 中国大学教学，2019（6）：52—59.

③ 宁琦. 社会需求与新文科建设的核心任务[J]. 上海交通大学学报（哲学社会科学版），2020（2）：13—17.

④ 熊澄宇. 关于新文科建设及学科融合的相关思考[J]. 上海交通大学学报（哲学社会科学版），2021（2）：22—26.

⑤ 马璨婧，马吟秋. 新文科学科交叉融合的体系建设与路径探索[J]. 南京社会科学，2022（9）：156—164.

⑥ 姜智彬，王会花. 新文科背景下中国外语人才培养的战略创新——基于上海外国语大学的实践探索[J]. 外语电化教学，2019（5）：3—6.

⑦ 王军哲. 新文科背景下外语类院校一流本科建设探索与实践[J]. 外语教学，2020（1）：3—6.

⑧ 李梦莹. 新文科建设背景下政治学专业人才培养方式创新路径研究[J]. 黑龙江教育：高教研究与评估，2020（3）：38—40.

⑨ 刘国利. 新文科建设背景下内蒙古高校法学人才培养改革思路[J]. 民族高等教育研究，2021（4）：8—23.

国际政治学、法学人才培养相关问题。此外，王嘉和王利等分析了新文科建设背景下新闻传媒学科的创新路径。[①]

以上文献为本文提供了研究基础，表明国内学界就新文科建设的理念与路径已进行了初步探索，虽然取得了一定研究成果，但还存在以下问题：第一，新文科现有研究成果多集中在宏观、中观的理论分析和逻辑层面，针对新文科人才培育的研究多停留在理论建构的"应然"层面，缺乏"实然"层面的行动研究。真正具体到操作层面、微观层面的新文科人才跨界融合培养机制与实现路径的研究却十分缺乏，不利于新文科建设推进。第二，从交叉专业视角来研究新文科背景下专业人才培养模式的论文较少，涉及复合型国际经贸人才培养模式的更为鲜见。基于上述情况，笔者选择以四川外国语大学开设的"国际经济与贸易＋商务英语"交叉专业教改班为例，探索交叉专业对复合型国际经贸人才培养模式的成效，并提出相关建议，以期为高校新文科建设实践提供思路。

二、四川外国语大学"国际经济与贸易＋商务英语"交叉专业的基本情况

（一）建设理念

四川外国语大学根据教育部发布的新文科建设相关文件和重庆市研制出台的《普通高等学校新文科建设实施方案》，于2021年启动新文科建设特色项目申报，包括新文科交叉专业、微专业、校企联合培育项目、现代产业学院、新文科特色教材等5个类别。2021年批准立项14个交叉专业教改班，2022年批准立项

[①] 王嘉，王利. 新文科视野下地方本科院校新闻学人才培养的路径［J］. 教育理论与实践，2022（30）：23－26．

5个交叉专业教改班。学校要求，新文科交叉专业需从核心课程、师资团队、实践教学、教材建设、质量保障等方面进行系统设计和体系建设。"国际经济与贸易＋商务英语"交叉专业系原有的国际经济与贸易（国际金融与贸易学院开设）与商务英语（商务英语学院开设）两个专业交叉而成，下分两个专业方向：商务英语方向和国际贸易方向，其班级编制与其他单一专业相同。

（二）培养方案

根据学校要求，国际金融与贸易学院和商务英语学院对该交叉专业的人才培养方案进行了梳理讨论，确定了其人才培养目标、核心课程、实践教学模块、师资团队等。下面以人才培养目标和核心课程为例，分析该交叉专业人才培养方案与原有单一专业之差异。

1. 人才培养目标

原商务英语专业的人才培养目标是培养"能在国际环境中用英语从事商务、经贸、管理、金融等工作的商务英语人才"，原国际经济与贸易专业人才培养的目标是培养"掌握国内外经济、贸易的运行机制、发展规律和国际贸易惯例的复合型、应用型、创新型涉外商务人才"。这两个专业的人才培养目标都与商务和英语相关，但侧重点不同。新开设"国际经济与贸易＋商务英语"交叉专业，其人才培养目标实现了两者的融合，既强调经贸类专业知识的深度融入，也重视提升学生的商务英语水平。

2. 核心课程

学校根据新文科建设对高素质复合型人才的要求，结合办学特色和传统优势，设置了"国际经济与贸易＋商务英语"交叉专业的核心课程。商务英语方向的核心课程在原商务英语专业课程的基础上增加了包括综合英语、英语阅读、英语听力和英语口语等在内的英语类课程，相较于原来，英语类课程增加了 253 课时。而国际经济与贸易方向，也在原国际经济与贸易专业英语类课程的基础上增加了 32 课时的商务英语课程。同时，学校也为该交叉专业增加了数学、金融学、管理学、宏观经济学、国际服务与技术贸易等专业基础课程和专业发展课程。

3. 实施情况

（1）招生。人才培养方案制定完成后，学校要求各学院将其发布至年级群中，让学生先行查看阅读。然后，召开招生宣传说明会，为感兴趣的学生说明交叉专业的具体情况，为学生答疑。学生可根据个人意愿申请，学校根据学生简历，择优录取。

（2）教学。商务英语学院和国际金融与贸易学院选派经验丰富的教师参与授课，学生由两个学院联合管理，派专人担任班主任及教学秘书，负责教学工作即学生管理工作。该交叉专业所有教学活动都纳入学校正常的本科教学管理。

三、四川外国语大学"国际经济与贸易＋商务英语"交叉专业培养成效

（一）学生培养方面

1. 学生的自主学习意识与专业核心素养不断提升

由于本交叉专业教改班采取学生自愿参加、学校择优录取的形式，该专业学生与原单一专业的学生相比，存在一些差异，主要体现为：首先，学习自觉性较高，据笔者统计，该专业学生每周去自习室或者图书馆学习的频率比原单一专业的学生高；其次，学习的主动性较强，其完成超星学习通平台上单元作业的比例也较原单一专业的学生高出 10.8%；再次，学习内驱力强，据调查，该专业学生对学习之意义的认知较为清晰，在回答"为什么要学习"这一问题时，选择"学习主要是完善提高自我"一

项的比例比原单一专业的学生高3%。此外，由于交叉专业增加了一些有难度和深度的专业课程，这些课程团队任务较多。比如"经济学"课程要求学生分组阅读诺贝尔经济学奖获奖文献并进行课堂展示汇报，学生间、师生间的交流也比原有单一专业频繁。

除此之外，学生的专业核心素养也得到提升。以商务英语方向学生为例，他们还学习了一些数学课程，比如"微积分""概率与数理统计"等，这些课程既为"宏微观经济学""国际贸易"等课程教学的开展奠定了基础，也为学生申报创新创业项目提供技术支持。

2. 学生的跨学科意识与创新创业能力不断提升

"国际经济与贸易＋商务英语"交叉专业学生通过参与学科竞赛训练、专业社会实践、创新创业项目，跨学科意识与创新创业能力不断提升。在第十二届全国商业精英挑战赛国际贸易竞赛中，该专业组织了4支学生队伍参加，在校内选拔赛和重庆市教委组织的决赛中都表现不俗。尤其是在撰写展销策划书、组织全英产品发布会等比赛环节，该专业学生都处于优势地位。这充分说明交叉专业建设在提高学生跨学科能力和创新创业能力方面的积极作用。

（二）教师协同成长方面

"国际经济与贸易＋商务英语"交叉专业建设加强了不同专业背景的教师之间的合作与交流，实现教学能力和专业知识的互补与提升。这种协同成长的方式对于教师的专业发展具有重要意义。首先，交叉专业可以促进教师之间的知识共享和资源整合。其次，交叉专业可以促进教师之间的教学方法和策略的交流与借鉴。最后，交叉专业可以促进教师之间的合作研究和学术交流。

以经济学相关课程为例，原商务英语专业设有"微观经济学

(英语)"课程，配备教师 3 名，而原国际经济与贸易专业只设有"宏观经济学""微观经济学"等课程，配备教师 10 名，拥有市级一流课程 1 门、校级虚拟教研室 1 个、已出版教材 2 部、拟出版教材 3 部。相比而言，原国际经济与贸易专业的经济学相关课程教学实力强一些。"国际经济与贸易＋商务英语"交叉专业教改班成立以后，两个学院的教师加强了合作，首先共享了商务英语学院建设的"微观经济学（英语）"在线课程资源，又共同建设经济学课程群虚拟教研室与商务英语虚拟教研室。可见，交叉专业建设增加了教师协作，实现了虚拟教研室、在线课程共享，避免了资源的重复建设。

作者简介：

许劲，女，1974 年生，博士，教授。主要研究方向：国际经济与合作、国际贸易研究和国际化商科人才培养研究。

哈冰，女，1970 年生，硕士，副教授。主要研究方向：外贸经济、国际贸易。

全球胜任力为导向的实践型涉外人才培养体系的创新与实践*
——以四川外国语大学为例

席桂桂　郑瑞珺　吴雨彤

(四川外国语大学国际关系学院　重庆　400031)

摘　要：新文科通过倡导学科交叉融合与协同创新人才培养新理念，推进中国式教育现代化建设。涉外人才培养是新时代高校积极承担服务国家和地方高水平对外开放的重要使命。全球胜任力作为衡量学生综合素养的一项指标，已经成为诸多高校涉外人才培养的重要内容。经过十余年探索，四川外国语大学总结出了一套以全球胜任力为导向，以"三实共育"为特征的涉外人才培养模式，通过丰富实践课程设计、搭建实践能力取向的立体化实践育人平台、创新在地国际化实践教学模式、完善实践教学评价体系，共同助力涉外人才综合能力培养。

关键词：全球胜任力；新文科；涉外人才；培养体系

新文科建设是为了响应全球化发展新趋势，应对国际秩序构

---

* 本文系重庆市高等教育教学改革研究项目"'新文科'背景下外语院校学生全球胜任力实践教学模式探索与成效研究——以四川外国语大学为例"（项目号：223247）的阶段性成果。

建的新时代而提出的教育创新理念,它克服了传统人才培养学科单一化、能力碎片化的缺陷,主张通过学科交叉融合、新科技与文科的融合,以及推进产教融合协同育人等理念,推进中国式教育现代化建设。2019年,教育部、科技部等13个部门正式联合启动"六卓越一拔尖"人才培养计划2.0,要求全面推进包括新文科在内的"四新"建设,并倡导在教育理念、教学模式、课程体系、教学评价等多个方面进行改革。"新时代"与"新文科"的双新背景对高校涉外人才培养提出了更高的要求。早在2016年,习近平总书记就国际化人才培养提出要求,强调参与全球治理需要一大批熟悉党和国家方针政策、了解我国国情、具有全球视野、熟练运用外语、通晓国际规则、精通国际谈判的专业人才。2020年6月,《教育部等八部门关于加快和扩大新时代教育对外开放的意见》正式印发,把培养具有全球竞争力的人才摆在重要位置,要求高校人才培养需要积极向国际社会贡献教育治理中国方案。2022年,党的二十大报告指出:中国始终坚持维护世界和平、促进共同发展的外交政策宗旨,致力推动构建人类命运共同体。要实现这一战略目标,高校需要创新涉外人才培养模式,注重其全球胜任力的提高。

衡量国际化人才培养的一个重要指标是考察国际组织中国籍雇员的比例。根据联合国系统首脑理事会(CEB)统计,截至2021年12月31日,联合国系统雇员为119870人,其中中国籍雇员有1471人,人数低于泰国(1985人),更远低于意大利(4322人)、美国(10489人)和瑞士(12010人)等发达国家。而2019年以来,中国已经成为联合国第二大会费与维和摊款国,足额缴纳联合国会费数额达到3.47亿美元。然而,无论是从人员数量还是职位级别,中国籍雇员的比重都远远滞后于中国缴纳的会费比重。

随着国家的崛起,中国在世界的影响力日益增强,急需大批熟悉相关规则、具有竞争力的国际化人才。因此，将联合国（UN）、经济与合作发展组织（OECD，简称"经合组织"）等提出的"全球胜任力"人才培养标准纳入高校人才培养目标，已经成为我国高校国际化人才培养的强势参考指标。

一、全球胜任力人才培养标准的建立

随着冷战的结束，全球化进一步发展，学界开始关注全球化背景下人才培养的核心素养问题，一些发达国家和国际组织逐渐建立起全球胜任力人才培养标准。1988年，美国国际教育交流协会在其《为全球胜任力而教》报告中正式提出"全球胜任力"概念，将其界定为知识、同理心、支持、外语能力、工作表现。[1] 1997年，经合组织通过发布全球胜任力研究报告，构建了21世纪技能和素养培育的整体框架。[2] 经合组织将全球胜任力界定为三种能力：表达胜任力、人际胜任力、战略胜任力（如图1所示）。经合组织关于核心素养概念的培育和发展，对国际教育界产生了重要影响。2018年，经合组织在国际学生评估项目（PISA）中增加了全球胜任力评估，通过公开排名方式通告各国教育系统的水平和人才产出质量，借助国际组织的话语权和软实力评价并影响国家的教育政策和人才培养方向，成为国际教育治理领域的积极参与者。[3]

---

[1] 石岿然等. 守正创新　行稳致远[M]. 北京：中国金融出版社，2023：23.
[2] 邹丽丽，郭瑞. 核心素养培育的国际取向——基于PISA全球胜任力报告的思路与借鉴[J]. 世界教育信息，2022（2）：21-25.
[3] 丁瑞常. 从"国际教育政策论坛"到"全球教育治理参与者"——经合组织在教育领域的角色流变[J]. 教育学报，2020（5）：87-96.

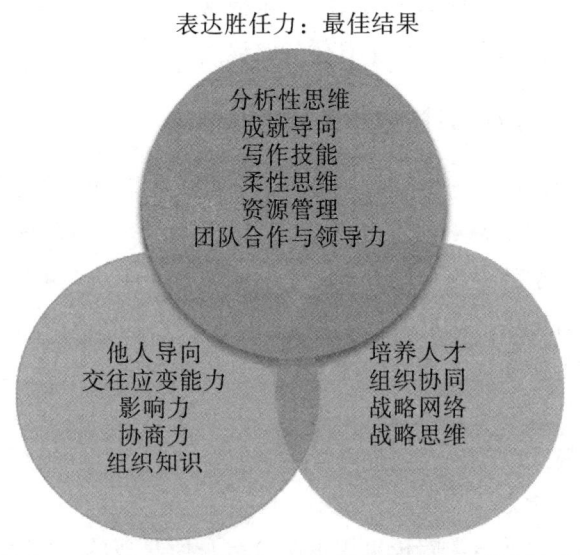

表达胜任力：最佳结果

分析性思维
成就导向
写作技能
柔性思维
资源管理
团队合作与领导力

他人导向
交往应变能力
影响力
协商力
组织知识

培养人才
组织协同
战略网络
战略思维

人际胜任力：建立良好人际关系　　战略胜任力：规划未来

图1　全球胜任力的界定

联合国对全球胜任力（文件中用"未来胜任力"）的定义与经合组织基本一致，将其界定为与胜任工作直接相关的技能（skills）、特质（attributes）和行为（behaviors）的结合。2009年，联合国秘书处人力资源管理厅发布《联合国未来胜任力报告》，2010年又发布《联合国胜任力发展——实践指南》，构建起联合国关于国际公务员任职的核心素养。联合国未来胜任力模型包括3项核心价值观、8项核心胜任力和6项管理胜任力等共计99项阐述各项价值观或胜任力的行为指标。[①] 2015年，联合国教科文组织第38届大会发布了"教育2030行动框架"，倡导优质教育包括培养让公民过上健康幸福的生活、作出明智决策、

---

　① 滕珺，曲梅. 联合国未来胜任力模型分析及其启示［J］. 中国教育学刊，2013（3）：5-7.

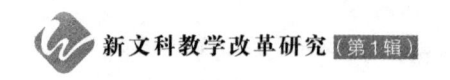

应对当地和全球挑战的技能、价值观、心态和知识。这为全球胜任力的国际实施提供了具体的路线图。

二、国内高校涉外人才培养情况

国内各综合性院校积极参与涉外人才培养工作，并将"全球胜任力"作为一项重要内容。以清华大学为例，早在2016年，清华大学就提出将培养具有全球胜任力的涉外人才作为学校人才培养目标，将全球胜任力界定为在国际与多元文化环境中有效学习、工作和与人相处的能力。在具体实践中，清华大学借助强大的内外资源平台，通过丰富多元的海外学习项目推进国际化人才培养模式改革，全面提升学生的综合素质、国际视野、科学精神和创新能力。①

我国外语类院校也积极结合自身所具备的现实条件与资源，探索具有中国特色的涉外人才培养体系。现阶段我国外语类院校的涉外人才培养主要集中在国际组织人才培养和国际公务员能力建设项目两方面，在具体实践中产出了诸多成果，如四川外国语大学国际组织人才实验班、北京外国语大学北外学院、上海外国语大学卓越学院等。

从涉外人才培养体系看，现阶段我国外语类院校主要通过学科融合式（如"外语+专业"或"专业+外语"）和2—3门联合国通用语种的复语式（如外交学院的复语专业人才班）培养涉外人才，并强调实践教学的重要性。实践教学以解决问题为导向，强调理论联系实际，旨在让学生掌握并灵活运用规则，具备现场解决问题能力，拥有自我审查能力、责任感与领导力，以主动学习的态度贯穿实践活动的始终。实践教学既有助于学生全球胜任

---

① 房雯, 钟周, 张传杰, 邓宇. 清华大学—西点军校全球胜任力培养双向交流项目的经验与启示 [J]. 黑龙江高教研究, 2018 (12): 22—26.

力的提高，也能从"知识—能力—素养"三个维度提高学生的综合素养，是涉外人才培养的重要环节。

三、以"三实共育"为特征的实践型涉外人才培养模式

四川外国语大学（简称"川外"）位于重庆市，是国家较早设立的四所外语专业高等院校之一。重庆是"西部大开发"的重要战略支点，处在"一带一路"和长江经济带的联结点上，具有重要战略地位。这样的现实给川外涉外人才培养提出了更高的要求。经过十余年探索与实践，川外形成了以"全球胜任力"能力建设为导向，以"三实共育"为特征的涉外人才培养模式。所谓"三实共育"，指的是实践课程育人、专业社团实践育人以及实践基地协同育人（见图2）。

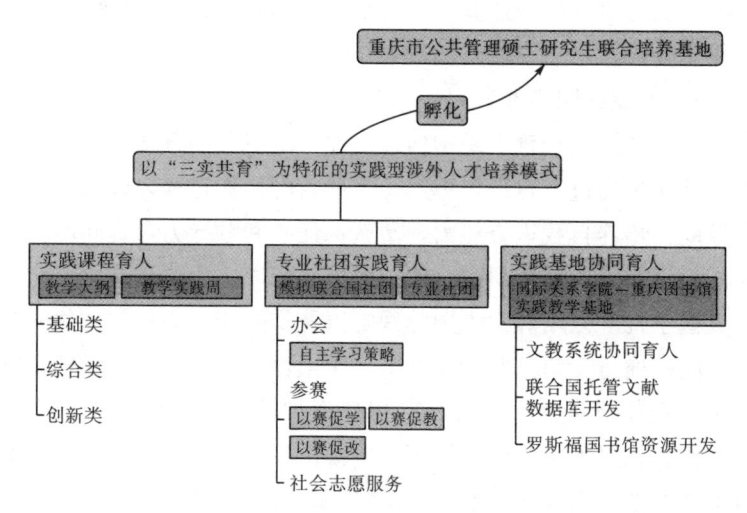

图2 以"三实共育"为特征的涉外人才培养模式

1. 实践课程育人

实践课程育人主要体现在课程设计以及教学实践周设置上。

(1) 课程设计。一方面,学校通过开设实践类课程建设,如"实验外交学""外交外事模拟"等,开展实践课程育人。另一方面,每一门实践类课程都有实践学时,力争将理论与实践相结合,培养学生运用理论知识分析社会现象的能力。

(2) 教学实践周设置。学校每学期都会开展教学实践周活动,由川外教务处牵头,各学院结合自身特色与资源积极筹划。实践活动分为基础类、综合类和创新类三种,类型丰富,针对性强,能覆盖所有年级的学生。其中基础类实践活动主要关注学生知识的习得,以讲座为主,涉及科研学术、学业规划等内容。综合类实践活动主要是通过朋辈教育方式观照学生特别诉求,例如分享升学就业、学科竞赛等经验,传递并塑造学生积极团结、奋发向上的精神风貌。创新类实践活动所占比重最大,旨在提高学生专业技能和综合素养,形式包括求职就业工作坊、组织和举办各类外交外事模拟专业竞赛、时事辩论赛、情景剧模拟以及论文写作比赛等。

2. 专业社团实践育人

专业社团实践育人是指通过类似"游戏"的方式,让学生在专业社团中通过亲自操作理解一个项目的运作过程,以解决问题为导向,培养自我审查能力,塑造责任心和领导力,提高团队协作能力。川外拥有模拟联合国、模拟 APEC、模拟金砖国家协会和纵横学社等以培养学生国际视野以及实践能力为目的的优秀专业社团,通过参与这些专业社团,学生可以提高运用所学知识解决实际问题的能力。2022 年,川外模拟联合国社团与重庆图书馆合作,在凤鸣山中学开展了一次模拟联合国大会实操培训,取得了良好的社会反响。截至 2022 年 12 月,川外模拟联合国社团共获得国家级及以上荣誉超过 80 人次,省级、市级奖项 135 人次,超过 20 人成功进入联合国系统以及其他国际组织实习及工作,产生了积极的社会影响。

3. 实践基地协同育人

实践基地协同育人是通过与文教系统共建协同育人实践基地，利用相关资源培养涉外人才。以川外为例，其与重庆图书馆建立了长期合作，利用重庆图书馆联合国托管文献数据库等特色馆藏资源，搭建协同育人实践基地，积极推动实践教学内容的项目化、教学形式的在场化、在地资源的国际化以及教学师资的复合化。通过革新实践教学模式，推动文教系统实践基地在涉外人才培养过程中体现独特价值。其中，在地资源的国际化被认为是进行全球胜任力培养的重要途径。它指的是利用所在地本土资源开展国际化交流活动。川外利用重庆图书馆特色馆藏资源提高学生开展国际化交流的能力，实现了在地资源国际化。此外，川外将重庆图书馆关于涉外专业课程体系建设等方面的资源引入学校，开展包括专业课程建设、师资派遣、师资培训、教学实施、课程实训及项目实训等工作，为学生涉外能力建设提供高质量的教学和实习实践服务，实现了教学师资的复合化。

结　语

本文以川外为例，对以全球胜任力为导向，以"三实共育"为特征的涉外人才培养体系进行了系统的梳理和探讨。以川外为代表的西部地区高校在涉外人才培养方面的创新与探索，虽与北京、上海、广州等发达地区高校相比，在实践人才培养模式创新、国际组织岗位实习实践的数量方面仍然存在较大差距，但也取得了一些成果，对培养涉外人才提出了可操作方案。希望本文能对地方高校尤其是外语类院校的涉外人才培养模式的创新与改革提供参考。

作者简介：

席桂桂，女，1982年生，博士，副教授。主要研究方向：

联合国与可持续发展问题。

郑瑞珺,女,1985年生,硕士,讲师。主要研究方向:国际组织、教学法。

吴雨彤,女,2002年生,本科。主要研究方向:外交学。

新文科背景下外贸人才闭环培养模式探索
——以四川外国语大学电子商务外贸校企合作实践基地为例

赵 阳

(四川外国语大学法语学院 重庆 400031)

摘 要： 在新文科建设思想的指导下，四川外国语大学积极开展校企合作，探索"理论—实践—检验"的外贸人才闭环培养模式路径，旨在实现学校、企业、学生三方共赢。

关键词： 校企合作；电子商务；外贸人才培养

近年来，随着经济市场化和高等教育大众化，用人单位的要求越来越高，高校毕业生就业形势日渐严峻。各用人单位因招不到高素质的员工而感到苦恼，大量的毕业生也因为找不到合适的工作而感到沮丧。为了走出这种困境，高校和企业应积极寻求合作，建立校企联合实践基地。

作为一所外语类院校，四川外国语大学（简称"我校"）培养的学生在毕业后有很大一部分都在从事与外贸相关的工作。他们利用语言优势，为国家的外贸事业开辟了一片新天地。然而，大部分学生在学校时没有机会学习专业的外贸知识，与外贸企业的接触也不多，这导致他们在就业后往往需要一段时间才能适应企业的工作模式。

因此，对大学生职业能力的培养不能仅仅局限在书本上，高校应该创造机会，让大学生多多与企业接触，尽早做好从象牙塔走向现实的准备。以此为思路，我校和重庆某进出口贸易有限公司建立了电子商务外贸校企合作基地（简称"合作基地"），将法语学院和英语学院 80 余名对外贸行业感兴趣的学生组织起来，成立了电商外贸学习小组，利用合作基地，对其进行系统培训。

校企合作项目能够成功有效地实施，必须建立"理论—实践—检验"的闭环路径。基于此，我校积极进行外贸人才闭环培养模式的探索，整合多方资源，以期实现学校、企业和学生三方共赢的目的，促进教师队伍建设和学生素质提高。

因此，本文将按照"理论—实践—检验"这一闭环的顺序，介绍我校电子商务外贸校企合作基地的建设实践，以期为其他有志于建立外贸人才闭环培养模式的高校提供借鉴。

一、理论环节

参与合作基地项目的学生来自我校法语学院和英语学院，他们大部分语言能力过关，但对外贸专业的相关知识缺乏了解。为了帮助学生积累相关知识，我们通过调研，选择了阿里巴巴国际站这个目前国内甚至世界范围内最大的跨境电商平台，带领他们利用该平台进行系统的外贸知识学习。我校与阿里巴巴平台签署了合作院校协议，获得了阿里巴巴国际站上的教育资源，其中便包括与外贸相关的线上课程，学生可随时登录平台学习。我校还联系了阿里云高校计划的技术人员，为每一位学生开通了实操账号，鼓励学生一边学习外贸知识，一边在实操系统里面进行实践。此外，我校积极引导学生考取相关从业资格证书，如阿里巴巴跨境人才认证证书等，并积极邀请相关企业来我校开展讲座，帮助学生理解行业需求，与时俱进。通过上述学习，学生已基本掌握外贸专业相关知识，为进一步开展实践做好了准备。

二、实践环节

为了让学生能够将他们在平台上学到的知识转化为实操技能，我校经过多方联系，与重庆某进出口贸易有限公司签署了合作协议，拟定了具体的合作条例。该公司为重庆一家资深的外贸公司，成立于2008年，年出口超过1000万美元。该公司具有优良的经营环境和健康的企业文化。经协商，我们和该公司共同开展如下学生实践活动。

（一）业务实践

重庆某进出口贸易有限公司作为阿里巴巴平台的优质商家，拥有多个平台账号，可以为学生提供实践机会。该公司业务范围涉及世界许多国家和地区，包括北美洲、欧洲、亚洲，出口产品主要为轻工类商品，包括一次性餐具、婚庆用品以及厨房小家电等，主要工作语言为英语，也涉及法语。该公司为我校学生提供了大量业务实践的机会，让学生以企业运营人员的身份，全程参与产品的运营工作。通过业务实践，学生能迅速熟悉阿里巴巴国际站的平台规则，熟练平台操作，提高综合网站推广、产品推广、线上客户维护等能力。学校为每一位学生配备了具有丰富从业经验的企业导师，在他们的引导下，学生顺利完成了从理论知识到实践的过渡，一步步将理论知识转化为实际的订单。业务实践结束以后，学生的外贸工作能力得到了提高，不仅能用外语对产品进行准确的描述和介绍，也能与客户进行商务谈判。

（二）企业文化讲座

学生从校园走向企业，需要一定的适应时间。我校一向重视对学生企业文化适应能力的培养，鼓励学生提前接触企业文化。这不仅能帮助他们形成提前规划职业生涯的意识，还能让他们端正工作态度，提前养成良好的行为规范，在正式参加工作后迅速适应工作节奏。

重庆某进出口贸易有限公司具有优良的经营环境和健康的企业文化，在学生参加校企合作基地项目期间，该公司人力资源部会不定期地组织企业文化讲座，讲座主题包括"人生幸福方程式""庄子：奋斗职场，舒展人生""行动课：修身齐家"等，以线上和线下的模式，介绍该公司的发展历史、经营理念等，用生动的创业故事、形象的管理案例引导学生形成科学的职业价值观，全方位了解外贸行业的特点和对人才的需求，帮助学生明确学习方向，调动其学习积极性。每次讲座之前，人力资源部会将会议链接发给学生，鼓励学生提问。讲座结束以后，会要求学生整理听课笔记，通过这种方式促使学生接触企业文化，理解企业的价值观。

（三）外出参观

我校以校企合作基地为突破口，引导学生走出校园，通过参观、观摩、访谈、讲座等多种方式，进入相关的行业，如参观数字工业园、参加重庆大渡口区国际贸易商会、访问重庆市中小企业跨境贸易公共服务平台等，让学生深入了解外贸行业，为学生的职业规划提供新思路。同时，我校积极创造机会，鼓励学生参加其他相关岗位的社会实习、实践活动，积累工作经验，为以后的就业打下基础。

三、检验环节

检验校企合作成果是一个综合性和多维度的过程，涉及多个方面的考量。我校在充分调查研究的基础上，决定依托全国大学生电子商务"创新、创意及创业"挑战赛（简称"三创赛"），检验学生在参加合作基地项目后是否已经具有开展外贸工作的能力。

三创赛是在 2009 年由教育部高校电子商务类专业教学指导委员会主办的全国性在校大学生学科性竞赛，旨在激发大学生兴趣与潜能，培养大学生创新意识、创意思维、创业能力以及团队协同实战精神。三创赛"跨境电商实战赛道"的诸多内容，与合作基地项目契合度较高，学生的参赛结果可以作为检验本次合作成果的重要指标。学校共选拔 9 名学生代表参赛，这 9 名学生组成了 2 个战队，且都获得了令人满意的成绩。

结　语

我校通过校企合作探索"理论—实践—检验"外贸人才闭环培养模式的实践，初步取得了一些成果，既响应了新时代国家对外贸人才的需要，又为学生提供了了解企业用人需求及企业文化的机会。我们相信，这种人才培养模式必将促进学生实践能力和综合素质的提高，是外语类人才培养改革的一个创新之举。

作者简介：

赵阳，女，1974 年生，硕士，副教授。主要研究方向：法语外语教学法。

新文科背景下外语类创新创业人才培养模式研究[*]

周 伟

（四川外国语大学教务处 重庆 400031）

摘 要：近两年，外语专业学生的就业率不断下降，究其原因，主要是外语专业本身的建设和人才培养模式出现了僵化。高校创新外语类创新创业人才的培养模式，既是新文科建设的要求，也是社会的需要。外语专业教师要以创新创业实践育人理念为导向，通过营造适合外语类创新创业人才成长的环境、构建外语专创融合教育课程体系、加强校企联合培养人才体系、灌输外语类人才职业规划创新理念等途径，帮助外语专业学生实现高质量就业创业。

关键词：新文科；外语；创新创业人才；模式

一、研究背景

美国希拉姆学院于 2017 年首先提出"新文科"概念，倡导文科专业重组，把以数字技术、计算机技术、信息技术为代表的

---

[*] 本文系四川外国语大学教学教改研究项目"'双一流'背景下新文科实验室体系创新与实践"（项目号：JY2296226）的阶段性成果。

现代技术融入人文课程，打破专业壁垒，进行跨学科学习和研究。① 2018 年，教育部高教司提出全面推进"新工科、新医科、新农科、新文科"（简称"四新"）建设，高等教育迈入创新时代。2019 年 4 月，教育部、科技部等 13 个部门联合启动"六卓越一拔尖"计划 2.0，全面推进包含新文科在内的多个新学科建设。② 新文科不仅仅是一个新概念，更是一种跨学科的思维与理念。新文科建设积极借助新兴科技手段，从以学科为导向转向以需求为导向、从专业分割转向交叉融合、从适应服务转向支撑引领，通过学科融合解决单一学科无法解决的问题，为外语类人才培养模式创新提供了广阔的思路。在当今社会信息综合化、社会网络化、问题复杂化的背景下，外语专业学生的就业和创业受到极大的影响，限制了其职业发展。外语类院校需要打破传统，积极求变，探索外语类创新创业人才培养模式。

二、外语专业毕业生就业现状

随着信息科技、资源共享、人工智能的普及，以及归国留学生的冲击，外语专业毕业生的就业形势日益严峻。以 S 校为例，该校外语 2018 届本科毕业生的就业率为 95.56％，2019 届为 93.19％，2020 届为 82.35％，2021 届为 81.16％，总体呈断崖式下跌趋势，情况不容乐观。笔者总结了出现上述情况的原因，具体如下。

（一）技能单一，缺乏竞争力

外语专业学生以学习语言为主，掌握的技能较为单一，与其

---

① 王永. 新文科建设的三个理论前提 [J]. 现代传播，2020（5）：159－163.
② 张兆端. 新时代公安高等教育改革发展的多维思考（上）[J]. 公安教育，2020（3）：46－52.

他专业的学生相比，竞争力较弱。外语专业的课程体系看起来包罗万象，往往涉及一个或多个国家的语言、人文、历史、地理、政治、经济等知识，但深度却远远不够，技术性和实用性也不强。与其他专业精通外语的学生相比，外语专业学生并不具备技术优势，难以在激烈的职场竞争中取胜。

（二）人才培养脱离市场需求

目前，多数外语类院校仍沿用学术型、研究型人才的传统培养模式，既没有添加实践类课程，也没有设置跨学科课程，这与市场需求严重脱轨，对外语专业创新创业人才的培养造成极大影响。当今社会，用人单位对外语人才的要求越来越高，不仅要求其拥有熟练的语言运用能力，对相关工作领域的专业知识有较为深入的了解，还要求其具备优秀的沟通协调能力以及常见办公软件的使用能力。

（三）外语专业学生职业规划模糊

外语专业的学生往往注重语言技能的学习，而忽视了实践经验的积累，导致他们在就业市场上缺乏竞争力。随着全球化和数字化的加速发展，外语专业的就业市场也在不断变化。而大部分外语类院校仍沿用传统的人才培养模式，重理论、轻实践，既没有引导学生通过课外实践了解就业市场，也没有为学生提供与时俱进的职业生涯规划指导。大多数学生对自己的专业持怀疑态度，不知道努力的方向。

三、新文科背景下外语类创新创业人才培养路径

1999年，联合国教科文组织在《21世纪的高等教育：展望与行动世界宣言》一文中提出：毕业生将愈来愈不再仅仅是求职者，而首先成为工作岗位的创造者。新文科建设背景下，以问题

导向培养跨学科创新型复合人才,把创新创业教育融合进专业学习成为必然的趋势,在国际创新创业教育如火如荼的大背景下,对外语专业学生实施创新创业教育,既是顺应新形势下国家培养创新型人才的要求,也是提升外语院校办学质量、保障外语专业学生高质量就业创业的必然举措。[①]在当前形势下,新文科理念的普及意味着跨学科的创新性思考将会贯穿人才培养的各个环节,为了应对外语专业毕业生的就业难题,外语类院校不仅要开展跨学科教育,还需要建立培育创新创业的环境,构建外语专创融合教育课程体系,深化校企联合培养人才体系,灌输外语人才职业规划创新理念。

(一) 营造培养外语类创新创业人才环境

在日常教学和宣传中,应倡导积极、健康、创新的择业观念,大力宣传新兴就业观念、新兴就业渠道、新兴就业类型等,解读人工智能、物联网、大数据、区块链等新兴技术与外语专业的联系,让外语专业学生能够在积极导向下认清社会现状,理性进行职业选择,通过创新创业的实践行动,不断提升就业竞争力。同时,加大对新文科背景下创新创业教育的投入,鼓励学生通过参加各级各类创新创业活动、实践、比赛等开阔视野,增强动手能力。

(二) 构建外语专创教育课程体系

外语专业教育是创新创业教育的载体之一。外语专业的课程不仅要强调语言技能应用,也要注重人文素养、思维方式等的培养,这对学生的智力发展以及社会责任意识的培养有重要作用,

---

① 黄柑莲,黄贵闽. 创新创业教育视域下理工科院校文科生就业困境与对策——以 F 大学为例 [J]. 创新与创业教育, 2019 (12): 72-74.

是创新创业人才不可或缺的素质。为主动适应新产业、新业态的发展需求，外语类院校应确立以培养学科相融、专博相济的复合型新文科人才为目标，引导外语专业学生将专业知识和创新创业理念融会贯通，做好职业生涯规划，投身专业领域的发展和变革，以期在未来的工作岗位上发挥创业精神和革新能力。

为满足新形势下用人单位对人才的素质要求，创新创业教育改革应当纳入学校顶层设计，以润物细无声的方式融入外语专业教学当中，从而改进外语教学方式；适当增加实践比重，促进外语为主、多学科专业为辅、贯穿创新创业理念的专创融合实践教学模式，以解决现实问题和社会问题为最终目标，反过来激发学生的学习积极性和思维创新性。院校可以创新创业教育为抓手，结合社会产业需求，搭建融合外语专业和各学科、各实验室的共享平台，鼓励外语专业学生与其他专业学生组队到平台上参与项目产品设计和开发。外语专业学生也可以用增加异国情调的文化创意、提升外国用户体验等方式帮助其他专业学生改进产品，真正让各学科知识相互碰撞、交叉融合，让外语专业的学生通过创新创业之桥全面提升自己的综合能力，而非在就业市场上"插科打诨"，沦为其他专业的点缀。①

在创新创业教育融入外语专业教育的过程中，不仅要利用多学科融合培养学生用创新思维发现问题、分析问题和解决问题，还要利用立项形式开展实践教学，让学生成立团队，参与项目课题设计、调研、创造与建设，使学生在创新中实践，在实践中创业，主动学习其他专业知识以完成项目，挖掘自己的潜能，培养吃苦耐劳、勇于创新的品质，提高组织管理、团队合作、资源利用和解决问题的能力。

---

① 邱坤. 新文科背景下高校文科创新型人才培养对策研究［M］. 牡丹江教育学院学报，2021（3）：34—37.

（三）加强校企联合培养人才体系

创新创业教育与学生的就业紧密相关，凸显其实践性和社会性。外语专业教师大多以课堂教学为主，实践经验不足，与企业家相比，在创新创业的经验和拥有的资源上都难以望其项背。要使创新创业教育真正融入外语实践教学，必须以市场为导向，利用社会资源，包括企业导师和企业实践平台，直接建立起企业和学生信息共享的沟通机制，让企业介入学生的专业学习当中，也让学生深入了解企业的运行机制和创业流程，为校企联合培养人才、促进学生高质量就业打下坚实的基础。①

在新文科建设背景下，学生将致力解决问题的学习，致力对口就业的学习，故而校企合作将变得更为普遍，这样不仅能推动外语学科建设与产业发展相适应，也能使校企协同育人机制从稚嫩变得逐渐完善和成熟。

近年来，中国国际"互联网+"大学生创新创业大赛新增加了"产业命题赛道"，该赛道针对企业开放创新需求，聚焦国家"十四五"规划新兴产业方向，围绕新工科、新医科、新农科、新文科对应的产业和行业领域，基于企业发展真实需求进行课题发布，由参赛学生提出策划方案。这是一个非常生动的将校企联合具象化的方式，既可以让企业有解决痛点的机会，也可以让在校学生直接参与行业建设。

在日常的教学中，教师可以让企业参与进来，把外语专业的学生带入与企业问题相关的科研实验和学习实践中，在企业和校内导师的共同指导下，让外语专业学生和其他专业学生共同参与项目立项、分析问题和解决问题的全过程，不断加强学生创新思

---

① 马福华. 新文科背景下大学外语教育改革创新路径探析［M］. 内蒙古财经大学学报，2021（2）：17—20.

维的培养和实践能力的锻炼。另外，校企合作应该常态化，企业可以成为学校的创新创业实践基地，定期供学生实践训练，还可以共同举办创新创业赛事，培育学生有潜力的创意，把创意变成现实成果，反哺社会和企业。

（四）灌输外语人才职业规划创新理念

学校提前向外语专业低年级学生灌输职业规划创新理念，帮助他们了解国内外新兴领域、新兴产业、新兴技术给本专业带来的挑战和机遇，培养学生用外语打开世界、用跨学科专业改变世界的创新思维；在高年级阶段，学校应开展新文科特色创新创业指导，引导学生有计划、有深度地涉猎其他专业，理解岗位创业，形成较为准确的自我定位，培养发现问题、分析问题、解决问题的项目管理思维，对职业进行较为合理的规划。

结　语

在新文科背景下，外语院校要应变、识变、求变，适应社会需求，培养外语专业学生形成创新创业意识，以问题为导向，整合多方资源，推动外语与多学科的交叉融合，帮助他们认识在大数据、物联网、信息流、自媒体、人工智能时代背景下外语专业和多学科结合的创新创业光明前景，引导他们打破传统、创新思维、勇立潮头、改造社会，从而保障和促进他们举好创新之旗，实现高质量就业创业。

作者简介：

周伟，男，1979年生，硕士，实验师。主要研究方向：实验教学管理、数字化经济与管理创新。

新文科建设背景下"国际商务谈判"课程教学改革创新研究[*]

邹思晓

(四川外国语大学国际金融与贸易学院　重庆　400031)

摘　要：新文科建设要求教学内容与学生对现实社会的认知有机融合在一起，在面对全球新科技革命、新经济发展、中国特色社会主义进入新时代的背景下，我国企业目前在对外经济合作中面临巨大的国际商务谈判人才缺口问题。企业急需懂专业、善沟通、具有民族自豪感且能传播中国文化的国际商务谈判人才。尽管高校经管类和商务英语等专业为此开设了"国际商务谈判"课程，但由于课程教学模式单一、教学内容陈旧、教学脱离实践

---

[*] 本文系重庆市教育科学"十四五"规划2021年度一般课题"新文科建设背景下国际商务谈判人才培养的创新探索与实践研究"(项目号：2021-GX-360)；四川外国语大学教学改革研究项目"产学融合、协同育人：国际商务谈判课程三方交互式实训与实践创新"(项目号：JY2380255)；四川外国语大学教学改革研究项目"新文科背景下'双线教学'在国际经济与贸易专业《经济学原理》课程教学中的应用与研究"(项目号：JY2296223)；四川外国语大学研究生教学改革研究项目"'三全育人'背景下导师包容性指导对国际商务研究生科研素质提升的机制研究"(项目号：yjsjg202217)；重庆市高等教育教学改革研究项目"'双万计划'背景下地方特色高校一流专业与一流课程协同建设路径研究"(项目号：213226)；四川外国语大学教学改革研究项目"新文科视域下'科赛融合'人才培养实践教学模式探索——以SISU国贸专业学生跨专业组队参与'全国高校商业精英挑战赛'为例"(项目号：JY2296281)等的阶段性成果。

等问题，学生的学习成效并不显著，不能顺利同现实需求对接。本文从调整教学内容、改进教学方法、激发学生自主学习、构建学生谈判能力评价体系等方面提出解决对策，以期提升"国际商务谈判"课程的教学效果，为社会培养更多优秀的国际商务谈判人才。

关键词：新文科；国际商务谈判；教学改革；创新

引　言

2018年，教育部首次提出"新文科"概念，意在推动我国教学范式和教学理念的转变。2021年，教育部颁布《关于推荐新文科研究与改革实践项目的通知》和《新文科研究与改革实践项目指南》，对新文科建设理念、专业建设、人才培养模式等几大问题的研究与实践给予了指导。新文科旨在打破学科壁垒，推进教育和育人的有机融合，培养具有创新意识、高度社会责任感、跨学科知识和国际化视野的高素质人才，而"国际商务谈判"这门课程本身就体现出了新文科建设的精神，要求学生具备跨专业的知识基础，实现理论与实践的有机结合，并且在跨文化的商务谈判中做到既站在中国视角上思考问题，又拥有国际视野。

现今中国与其他国家交往日益密切，各级政府、企业乃至个人与国外接触日益频繁，对外贸易的快速发展不仅要求国际商务谈判人才具备基础的商务沟通能力，还要求其在沟通中展现中国优秀文化。然而，当前国内具备上述能力的国际商务谈判人才稀缺，满足不了国家对外开放的现实需求。因此，高校必须加快推进此类人才的培养工作，为国家排忧解难。

人才培养必须结合社会需要。为此，各地高校陆续开设了"国际商务谈判"课程，并以此作为培养国际商务谈判人才的主要途径。该课程主要介绍国际商务谈判的相关理论、技巧和方法,具有知识面广、实践性强、系统性强的特点。通过该课程的学习,学生能够掌握国际商务谈判的程序、技巧,懂得与国际商务谈判相关的法律规定,判断和化解谈判过程中遇到的风险。该课程能够有效提高学生的国际商务沟通和谈判能力,帮助其掌握必备的谈判技巧,快速成长为合格的国际商务谈判人才。

一、"国际商务谈判"课程的理论研究及具体实践现状

目前,许多高校积极培养国际商务谈判人才,不仅为国际经济与贸易专业和商务英语专业开设"国际商务谈判"课程,还将其纳入必修课的范畴。但由于起步较晚,许多高校对于"国际商务谈判"课程的理论研究和具体实践都存在很多不尽如人意的地方。

从理论研究来看,王立非(2014)认为商务谈判研究主要集中在商务谈判的行为、策略和谈判艺术方面,对于外语专业的跨学科联合培养的国际商务谈判人才培养则鲜有探讨。[1] 张永莉(2019)认为"国际商务谈判"虽然是一门综合性非常强的课程,但就目前来看,相关教材建设还未能满足一些语言专业的学生进行跨学科学习的需求,加上很多任课教师在商务谈判中的实践经验不足,导致学生过于依赖书本理论而缺少实践基础。[2] 龚雨齐(2021)认为,目前国际商务谈判理论缺乏应用性,教学模式过于传统,学生无法通过课程灵活掌握谈判技能,学习效果差。[3]

---

[1] 王立非,张斐瑞. 商务英语谈判:国际研究现状分析及拓展(2004—2013)[J]. 外语教学,2014(4):5—10.

[2] 张永莉. 跨学科视野下的国际商务谈判人才培养模式研究[J]. 中国商论,2019(16):253—254.

[3] 龚雨齐. 基于OBE理念的《国际商务谈判》混合式教学[J]. 百科知识,2021(27):65—66.

因此，刘瑛（2019）建议将传统的学习方式与数字化（网络化）学习的优势结合起来，开展线上线下的混合教学模式，提升"国际商务谈判"课程的趣味性和合作性。[1] 赵美娜（2021）则通过对本科高年级学生在"国际商务谈判"课程学习期间最喜欢参与的教学活动进行问卷调查，发现学生对实时互动和情景模拟等任务更感兴趣，并就如何提升学生的课堂投入程度提出了一些建议。[2]

从具体实践来看，朱新颜和刘伟（2015）指出，尽管各个院校开始重视"国际商务谈判"这门课程，但在开展具体教学活动时还存在学时较短及实践教学环节较少等问题。[3] 罗丽琼（2018）发现"国际商务谈判"的课堂中，学生参与感不强，教师构建的国际商务谈判情景单一，实践教学无法落实到位。[4] 田文菡和贺宇涛（2020）指出，目前很多应用型本科院校重理论、轻实践，导致培养出来的国际商务谈判人才无法满足企业实际需求，"国际商务谈判课程"教学改革势在必行。[5] 潘春宇（2017）提到，高校可以通过建立校企"双教师"合作教学模式，加强与企业沟通，了解企业对国际商务谈判人才的要求，提升"国际商务谈判"课程的实用性。[6] 此外，就考核方式来看，朱新颜和刘

---

[1] 刘瑛. 数字化背景下"国际商务谈判"课程混合式教学实践研究[J]. 中国多媒体与网络教学学报（上旬刊），2019（8）：52−53.

[2] 赵美娜. 基于大学生认知能力的教学设计研究——以"国际商务谈判"课程为例[J]. 黑龙江教育（高教研究与评估），2021（8）：66−67.

[3] 朱新颜，刘伟.《国际商务谈判》教学改革的几点思考[J]. 现代企业，2015（10）：68−69.

[4] 罗丽琼. 基于学习需求为导向的《商务谈判》课程实践教学探索[J]. 品牌研究，2018（6）：202+204.

[5] 田文菡，贺宇涛. 应用型本科院校国际商务谈判课程教学改革与创新研究[J]. 林区教学，2020（9）：69−72.

[6] 潘春宇. 校企"双教师"合作教学模式的实践与探索——以广东女子职业技术学院"国际商务谈判"为例[J]. 山西广播电视大学学报，2017（3）：34−37.

伟（2015）认为，作为一门重实践的课程，"国际商务谈判"目前的考核方式过于单一，片面强调理论知识的掌握情况，无法体现实践技能的提高。① 胡琳祝（2019）认为，教学质量评价不仅对教学改革有促进作用，对课程和教学方法的改革也会有监督和检验的作用，她赞同美国学者比尔提出的"三层塔"教学思想，认为应该从基础知识的掌握、技巧的灵活运用以及学科的融会贯通三个层面来评价学生掌握知识的情况。②

二、"国际商务谈判"课程教学改革策略

针对上述问题，笔者结合自身教学经验及外语类院校特点，提出了以下四个"国际商务谈判"课程的教学改革策略。

（一）充实教学内容

高校应鼓励教师积极参加国内外高水平会议以及各类专家学者的讲座，提高与同行交流的频率，及时了解国际商务谈判领域最新的研究成果和重要案例。积极参与本校及外校的各类国际商务谈判教改项目及教材的编写工作，形成良好的业界合作机制。此外，高校还应同企业保持联系，建立校企合作协同育人机制，邀请业内人士到校为师生开办讲座、分享国际谈判经验；定期带学生参加一些外贸企业的展销活动，为学生提供参与国际商务谈判的机会。

（二）丰富教学形式和考核方式

高校应鼓励教师丰富教学形式，提高学生的学习兴趣。首

---

① 朱新颜，刘伟.《国际商务谈判》教学改革的几点思考[J]. 现代企业，2015（10）：68—69.

② 胡琳祝. 浅析国际商务谈判课程教学方法改革[J]. 读与写（教育教学刊），2019（9）：23.

先，学校要保证课时的充足，每周的授课时间不少于3课时。这是教师丰富教学形式的基础。其次，学校可定期为教师开展教学技能培训，让教师了解最新的课堂教学方法，并结合"国际商务谈判"课程的内容，开展适合的教学活动。例如，教师可以组织模拟谈判，帮助学生将课堂所学付诸实践；也可以联合其他学校教师开展校际谈判竞赛，让学生与其他学校的谈判"高手"切磋交流；还可以带领学生"走出去"，观摩或参与企业国际谈判实践，积累经验。

在考核方式方面，学校应引导教师改变观念，摒弃以往以期末考试成绩为主、一锤定音式的考核方式，提升平时成绩占总成绩的比例。

（三）重视教学实践

"国际商务谈判"课程的教学效果与教学实践的开展息息相关，教学效果既依赖于教学实践，又会从教学实践当中体现。笔者认为，可以从以下两个方面开展教学实践：一是在课堂上利用每个教学单元设计的案例分析或是模拟谈判进行即时的场景讨论和谈判任务安排。将谈判分工落实到临时组建的谈判小组每位成员的头上，教师可以通过旁听小组谈判计划和安排，了解学生对理论的掌握程度和对案例的理解程度，在模拟谈判过程中及时发现每位参与者在临场表现和发言中存在的问题，场外旁听的学生也可以进行事后点评和讨论。二是通过谈判竞赛提高学生面对谈判对象时的应变能力。笔者认为，参加谈判竞赛是一个切实有效提升学生谈判素养的途径，在面对不同对手的过程中，参赛者会不断地调整和优化自己的谈判策略，通过赛前、赛中和赛后的选手交流以及业内评委的点评，提高综合实力。考虑到上述两种教学实践的可实施性以及学生的自主性，笔者建议学校建立商务谈判社团，在校内举办谈判竞赛，并同其他兄弟院校组织联合竞赛，利用本校的外语优势，培养优秀的国际商务谈判人才。

（四）利用高科技助力教学改革

在大数据、云计算、人工智能等技术飞速发展的今天，教师对教学效果的追踪可以采用更加智能且便捷的方式。例如，教师可以在每个学期的期中和期末各设置一个问卷调查环节，并在学生毕业前和工作一年后进行追踪调研。前两个问卷可以了解短期的教学效果和学生的学习感受，便于及时调整教学安排和设计；后两个问卷可以了解学生在就业前和就业后对自己的商务谈判和沟通能力的主观评价。通过学生的反馈，学校能够更有针对性地按照当前社会经济活动的需求调整人才培养模式，明确改革重点。

结　语

总体来看，在新文科建设的背景下，"国际商务谈判"课程的教学改革已经引起了社会的高度重视。在未来的一段时间内，高校仍然需要努力，多方位、多角度地提升教学效果，借助社会各方力量，探索出一套既符合实际行业需求，又能在课堂教学中有效实行的教学模式，为国家和社会培养更多优秀的国际商务谈判人才。

作者简介：

邹思晓，女，1985年生，硕士，讲师。主要研究方向：国际经济。

计量史学视角的"计量经济学"课程思政理论与实践探索[*]

邹小勤[1] 刘晓薇[2] 许 劲[1]

(1. 四川外国语大学国际金融与贸易学院 重庆 400031；
2. 四川外国语大学马克思主义学院 重庆 400031)

摘 要：在新文科建设背景下，探索"计量经济学"课程思政势在必行。大数据时代，计量经济学已经渗透到社会科学研究的各个方面。但以往的教学只是注重了计量经济学的工具理性，而不太注重挖掘其价值理性。本文基于计量史学的角度，深入探讨了"计量经济学"的课程思政，首先对"计量经济学"的课程思政研究进行了简单的评述，随后探讨了在该门课程中开展思政教学的条件与方法。

关键词：计量史学；计量经济学；课程思政

计量史学视角的"计量经济学"课程思政研究是新文科建设背景下的大胆尝试。新文科建设要求高校在开展课程改革时兼顾创新性、战略性和融合性，特别是在各学科的深度融合中，要解

---

[*] 本文系四川外国语大学教改项目"党的二十大精神融入'马克思主义基本原理'课的价值意蕴与实践路径"（项目号：JY2380265）、四川外国语大学研究生优质课程"经济学分析与应用"建设项目（项目号：yjskc0403）和四川外国语大学经济学课程群虚拟教研室建设项目的阶段性成果。

决与人们思想观念、精神价值等有关的重大理论和实践问题。习近平总书记在全国高校思想政治工作会议上指出，要用好课堂教学这个主渠道，思想政治理论课要坚持在改进中加强，提升思想政治教育的亲和力和针对性，满足学生成长发展的需求和期待，其他各门课都要守好一段渠、种好责任田，使各类课程与思想政治理论课同向同行，形成协同效应。

计量经济学毕竟是舶来品，国外的有益做法可以借鉴，但从根本上讲必须扎根中国实际。我们既要培训学生用计量经济学相关理论开展实证研究的能力，更要基于立德树人的要求，培养具备"四个自信"的时代人才。因此，在"计量经济学"的教学过程中，教师需适当地加入计量史学的内容，开展课程思政。

一、国内外研究现状述评

本文以计量史学为切入点，探索如何在"计量经济学"课程中实施课程思政。因此，笔者在整理国内外研究现状时主要集中在两个方向："计量经济学"的课程思政建设概况和计量史学相关研究的开展情况。

（一）"计量经济学"的课程思政建设概况

目前以"计量经济学"课程思政建设为主题的研究成果还不多。截至2023年4月，笔者在中国知网学术平台上仅搜索到8篇相关文献，其中最早的是张翼和张禹在2019年发表的论文，这篇文章虽然涉及计量经济学的课程思政问题，但并不是专门针对本课程所展开的研究课程思政。后面的研究针对性越来越强，对"计量经济学"课程思政多个方面的问题都有所涉及，如地方应用型本科院校"计量经济学"课程思政的改革路径[①],"计量经济学"授课对象的思想特征、成长背景对课程思政设计的影响[②];"计量经济学"课程思政的"思政+课程+科创"模式可行性与路径[③];"计量经济学"课程思政的学科逻辑及思辨性内涵[④];"计量经济学"课程思政的案例选择问题[⑤];等等。总体来说,"计量经济学"课程思政建设才刚刚起步。

(二)计量史学相关研究的开展情况

本质上,经济学和历史学研究是一回事,只不过,经济学研究的是"较短"的历史,而传统意义上的历史学是研究"较长"的历史。计量史学发端于19世纪50年代。1958年,康拉德和迈耶发表论文《南北战争前南部奴隶制经济学》,提出经济学应该是一门用以解释历史过程的科学。这篇文章启示我们,历史学中的因果假说是可以证实或证伪的,其方法是通过收集历史事件的资料数据,做统计推理。也就是说,量化历史研究不应该停留在简单的"用数字说话",而是基于历史数据和理论框架检验关于历史的假说。至此,通过计量方法探讨历史事件对后世之影响的研究层出不穷。

近年来,计量史学的相关研究也在中国快速发展。夏明方

[①] 肖攀,苏静,李文丽. 地方应用型本科院校计量经济学课程思政的改革路径[J]. 西部素质教育,2020(6):33—34.

[②] 杨慧敏. 基于00后大学生计量经济学课程思想政治教育的探索[J]. 环渤海经济瞭望,2020(4):197—198.

[③] 李青,李博,陈红梅. "思政+课程+科创"育人模式探索与实践——以"计量经济学"为例[J]. 林区教学,2021(7):19—23.

[④] 陈婷婷,张淑丽,刘晓宇. 课程思政视角下计量经济学课程教学改革探索[J]. 才智,2021(25):67—70.

[⑤] 赵明. 计量经济学课程思政的案例选择[J]. 现代商贸工业,2021(13):150—151.

(2014)基于大数据研究中国灾害史[①];陈志武(2018)认为,中国"历史大数据时代"已经到来[②];姚沁和陈硕(2021)研究了明清两代(1368—1911)10465位省部级以上官员任职信息并在此基础上构建治理稳定性指标,从而研究政治精英治理的趋势、特征及决定因素[③]。总的来说,目前我国计量史学相关研究已取得了一些成果。

二、"计量经济学"课程思政实施基础

(一)我国计量经济学研究与应用的普及

计量经济学是一门综合性强的学科,主要以统计资料为基础,以一定的经济理论为指导,综合运用数学、统计学与电脑技术,以建立经济计量模型为主要手段,定量分析研究具有随机特性的经济变量关系。目前计量经济学主要有理论计量经济学和应用经济计量学两个分支。理论计量经济学主要研究如何运用、改造和发展数理统计的方法,使之成为经济关系测定的特殊方法。应用计量经济学是在一定经济理论的指导下,以反映事实的统计数据为依据,用计量经济方法研究经济数学模型的实用化或探索实证经济规律。

中国的计量经济学研究与应用起步较晚,大约在1978年以后。1980年,以克莱因为团长的美国经济学家代表团应邀在北京颐和园开办为期7周的计量经济学讲习班,利用暑假时间对中

---

① 夏明方. 历史上的旱灾:最厉害的天灾[J]. 时代青年(视点),2014(8):40-45.
② 陈志武. 量化历史研究与新知识革命[J]. 中国社会科学文摘,2018(11):65-66.
③ 姚沁,陈硕. 明清政治精英治理:趋势、特征及决定因素(1368—1911)[J]. 经济学,2021(5):1773-1792.

国的100余名学者集中讲授了计量经济学的基础与前沿课程。[①] 此后,我国的计量经济学研究与应用逐步与国际接轨。目前,全国各大高校和研究所的经济管理类专业均将"计量经济学"设置为必修课程,政治学、社会学和历史学等非经济管理类学科也设有"计量经济学"选修课。

(二) 我国计量史学研究的快速发展

我国计量史学研究起步较晚,但进步较快。

中国传统的历史研究以叙述、考证和道德说教为主。这种研究方式虽然可以重现历史画面,但内容大多偏向于宏观层面的大事件,掩盖了许多细节,不一定经得起逻辑的推敲和事实的验证。而计量史学的研究方法可以弥补传统历史研究的不足。

根据学者王爱云(2013)的归纳,中国的计量史学研究主要集中于如下四个领域。[②]

(1) 人口史领域。由于我国人口基数大,学者们尝试用数学模型和统计方法推演我国人口数量的变化规律和人口结构的演化过程,并基于人口普查数据推演人口发展趋势,如魏高峰和龙克柔(2007)的文章《中国人口演化模型与中国未来人口预测研究》。[③]

(2) 经济史领域。这是计量史学理论应用最多的领域,也是取得成果最多的领域。较有代表性的成果有学者董志凯(1989)运用计量史学方法研究了土地改革的经济原因,并探讨了土地改

[①] 吕明华,张翼,于建春. 计量经济学 [M]. 北京:中国商业出版社,2020:5.

[②] 王爱云. 计量史学方法在当代中国史研究中的运用 [J]. 当代中国史研究,2013(6):94—102+128.

[③] 魏高峰,龙克柔. 中国人口演化模型与中国未来人口预测研究 [J]. 科技咨询导报,2007(13):102—104.

革对中国社会生产力的促进作用的论文等。①

（3）社会史领域。该领域计量史学理论应用也比较多，因为很多社会史问题与经济史问题是交织在一起的。

（4）政治史与军事史领域。在传统研究中，这两个领域的定性研究较多。但随着计量史学理论方法在人口史等领域的大量应用，这两个领域也一改定性研究传统，加强了定量研究。如徐焰（2011）基于1950—2009年军费开支数据，研究了军队费用构成的变化。②

三、计量史学视角的课程思政元素提炼

上述分析表明，虽然计量史学在国内外各学科研究中已有大量的应用，但很少有学者从世界观和方法论的角度进一步挖掘"计量经济学"的课程思政元素。下文主要从马克思主义的唯物史观的角度，提炼该课程在方法论层面的思政元素，以提高学生对中国文化的自信心和自豪感，更自觉地学好这门课程。

（一）观察事物要有基准

第一个方法论层面的思政元素是观察事物要有基准。无论是历史还是现实，人类社会都是复杂的。任何一个现象都有无数的影响因素，如何在分析某一现象时只考虑某一个因素的影响，是我们开展研究时最难解决的问题。对于此问题，我们可以参照计量史学的因果推断理论，其要点有四：第一，因果效应的定义只取决于潜在结果，而不取决于究竟哪个潜在结果被实际观测到（实际发生）；第二，因果效应永远是在同一时点上的不同结果之

---

① 董志凯. 三大改造对我国工业化初创阶段的两重作用［J］. 中共党史研究，1989（1）：56-61.
② 徐焰. 我党建军历经六年坎坷［J］. 党建文汇，2011（8）：38-39.

间的比较；第三，因果推断的基本难题就是数据缺失，我们永远只能至多观察到一个潜在结果，没有观察到的那个潜在结果叫作反事实；第四，因果分析的关键就是构造反事实，无论是横截面比较还是事前事后比较，都不是因果效应的定义。以上述理论为基准，我们在分析各种因果现象时就有了统一的参照。

（二）世界充满不确定性

计量经济学有下述基本模型：
$$Y_i = \beta_1 + \beta_2 X_i + \mu_i$$

其中，μ_i 称为随机扰动项。从专业的角度理解，随机扰动项代表未纳入模型变量的影响，即理论的不完全性。即使模型中包括了所有变量，其内在随机性也不可避免，这是因为某些变量所固有的内在随机性，也会对被解释变量产生随机性影响。随机扰动项还代表了度量误差，并且由于存在主客观因素，在取得观测数据时，往往还存在测量误差。

教师在讲解随机扰动项相关知识时，可将此作为课程思政元素，让学生明白，一个因素会受到其他因素的影响，因此，世界充满不确定性。

（三）世界充满普遍联系

仍以上述基本模型为例，我们往往假设解释变量 X_i 与随机扰动项 μ_i 不相关；将 X_i、μ_i 的期望值或均值赋为零；设置随机扰动项无自相关性。但现实中这些条件基本上是不成立的。这说明世界是充满普遍联系的，万物是相互影响的。这刚好与马克思主义的唯物史观相呼应。教师在开展教学时，可将此作为课程思政元素，向学生介绍唯物主义之联系论。

四、计量史学视角的课程思政的实现路径

笔者认为,教师可以运用以下方法开展计量史学视角的"计量经济学"课程思政。

(一)开展小组活动

在进行具体培养之前,先要进行详细的操作设计。首先是课程思政元素的提炼。这一部分内容在上文中已有体现,故不再赘述。其次,教师需要组建探索性学习小组,将收集的文献分发给各小组阅读,引导各小组开展讨论,并在课堂上讲解。最后,教师要把好关。随时掌握各小组开展学习活动的情况,掌握好"引"和"发"的关系。

(二)重视阅读与写作

阅读与写作应同时进行。首先,教师要带领学生针对思政元素搜集阅读材料,选出经典的中外计量史学文章,既要考虑到文章的可读性,又要考虑到学生的可承受性。在阅读过程中,教师需要求学生将文章内容复述出来。其次,教师应要求学生做读书笔记。可为学生提供模板,让学生记录阅读材料的主旨、意义、论证方法等,在熟读文献的基础上提炼思政元素。这样做既可以锻炼学生的阅读能力,也可以提高其写作能力。再次,教师应鼓励学生分享读书笔记,互相借鉴,共同进步。

(三)开展线上线下同步教学

首先,教师应鼓励学生积极通过网络展开交流,如参加网络讲座、与同学线上讨论等。其次,教师要充分利用现代化信息平台开展教学活动,如建立"计量思政"微信公众号,建设网络资源数据库等。最后,虽然如今现代信息技术发达,线上交流也很

方便，但线下教学也是必不可少的。教师可在学生开展线上交流和学习的基础上组织线下教学，增强学生的体验感。

作者简介：

邹小勤，男，1976年生，博士，副教授。主要研究方向：发展经济学、国际经济学和应用计量经济学。

刘晓薇，女，1981年生，博士，副教授。主要研究方向：马克思主义哲学基本原理、城市哲学等。

许劲，女，1974年生，博士，教授。主要研究方向：国际经济与合作以及国际化人才培养及经济学教学改革研究。

"一带一路"背景下重庆市高校"复语+专业"人才培养模式及路径研究
——以四川外国语大学重庆非通用语学院为例*

张幼斌

(四川外国语大学国际合作与交流处 重庆 400031)

摘 要：本文以四川外国语大学重庆非通用语学院为样本，从非通用语的人才需求出发，通过重庆非通用语学院的人才培养目标、专业课程设置及培养特色，探讨"非通用语+英语"复合语种人才及复合专业人才培养路径，提出"复语+专业"人才培养的建议，以期为"一带一路"建设培养更多优秀人才。

关键词：复语+专业；人才培养；模式；路径

一、研究背景

2013年9月和10月，习近平先后出访哈萨克斯坦和印度尼西亚，分别提出共建"丝绸之路经济带"和"21世纪海上丝绸之路"（简称"一带一路"）的倡议，旨在让世界各国深化务实合作，实现共同发展。"一带一路"倡议发出后，得到众多国家和

---

* 本文系重庆市教委综合改革项目"'一带一路'背景下重庆市高校'复语+专业'特色专业人才培养模式及路径研究"（项目号：19JGY50）成果。

国际组织的积极响应。2016年7月，教育部印发《推进共建"一带一路"教育行动》通知，提出与沿线国家开展教育互联互通合作、人才培养培训合作、共建丝路合作机制。其中，开展教育互联互通合作、强调加强教育政策沟通、助力教育合作渠道畅通、促进沿线国家语言互通、推进沿线国家民心相通、推动学历学位认证标准连通等五个方面的内容。而要促进沿线国家语言互通，则需要研究构建语言互通协调机制，逐步将沿线国家语言课程纳入各国教育课程体系，拓展政府间语言学习交换项目，联合培养、相互培养高层次语言人才。

教育为国家富强、民族繁荣、人民幸福之本，在共建"一带一路"中具有基础性和先导性作用。中国倡导沿线各国建立教育共同体，为推动"一带一路"背景下的区域教育大开发、大交流、大融合提供了良好契机。

重庆市作为西部大开发的重要战略支点，处在"一带一路"和长江经济带的联结点上，具有承东启西、连接南北的独特区位优势。2014年11月，重庆市出台《贯彻落实国家"一带一路"战略和建设长江经济带的实施意见》，强调重庆对内要联通沿海地区与内陆省市，对外要积极参与建设中欧班列（重庆）、陆海新通道、国际航空等对外通道。

重庆市作为"一带一路"的核心枢纽城市，在教育层面紧密对接国家总体布局，多措并举打造教育合作交流区域高地。2018年，重庆市教委市财政局布局作为我国高等教育主体的地方高校，发起"重庆市高校国际化人文特色建设项目"立项。四川外国语大学（以下简称"川外"）、西南政法大学、重庆工商大学、重庆师范大学、四川美术学院等五所地方高校依托自身资源与特色获批立项建设。2019年2月，教育部与重庆市等四省市在京签署《推进共建"一带一路"教育行动国际合作备忘录》，进一步推进重庆市积极对接"一带一路"倡议，发挥区位优势，着力提高教育对外开放水平。2021年，重庆市教委市财政局接续开展"重庆市高水平新文科建设高校""重庆市国际化特色高校"立项，川外获批立项。

重庆非通用语学院既是川外建设国际化人文特色高校的立足点，亦是学校新文科及国际化特色高校建设项目的支撑点。本文聚焦重庆非通用语学院，着力共建"一带一路"国家尤其是与中国经济文化往来密切的东盟和中东欧国家的非通用语人才培养研究，探讨非通用语人才培养机制，探究"复语＋专业"特色专业人才培养模式及路径，以期为重庆市高校响应"一带一路"倡议培养输送高素质专业人才建言献策。

二、重庆非通用语学院建设概况

川外重庆非通用语学院的成立是四川外国语大学积极响应"一带一路"倡议，主动服务重庆建设内陆开放高地战略，切实落实学校建设"一流学科、一流本科、高水平应用研究平台'国际化特色、智慧校园'""五大行动计划"的重要举措。该学院于2019年5月19日正式挂牌成立，采用"市校共建"模式，由重庆市人民政府、重庆市教育委员会与川外共建。

该学院践行"外语＋"理念，采用复合语种、复合专业及"非通用语＋国别研究"的人才培养路径，着力打造西部领先的非通用语人才培养、智库研究、语言服务、文献资料、国际交流合作示范基地，架设跨院系、跨校际、跨国界联合培养人才通道，为服务国家"一带一路"倡议和重庆对外开放的大格局培养具有国际视野、中国情怀的非通用语专门人才。

该学院下设东方语言文化学院、西方语言文化学院，现开设15个非通用语专业。学院2016年开设匈牙利语、希伯来语专业，2019年新增波兰语、捷克语、印地语、缅甸语专业，2020年新增罗马尼亚语、土耳其语、乌克兰语、马来语专业，规划未来三年再增专业2—3个,加上学校早前开设的朝鲜语、越南语、泰语等,力争实现东南亚、南亚及中东欧等"一带一路"沿线重要国家语种的基本覆盖。

三、重庆非通用语学院人才培养模式

本文拟从以下四个方面,结合实地调研培养方案的落实,探析非通用语专业"复语+专业"人才培养模式及路径,以期在时效性和现实性上为重庆市地方高校"一带一路"人才培养提供借鉴。

(一)非通用语人才需求

高校人才培养目标是高校提出的关于大学生成长和发展的价值观、知识结构、能力结构、素质结构等方面的目标、标准和要求。大学人才培养目标来源于国家教育目的,反映经济社会发展变化的需要、体现大学办学使命和价值的追求。[1] 重庆非通用语学院的人才培养目标顺应了"一带一路"建设对非通用语人才的新挑战、新要求,满足了当前我国对非通用语人才的数量需求与质量需求。

1. 官方语、通用语共存,推动了对非通用语人才的数量需求

共建"一带一路"国家通常存在官方语言、通用语言共同使用的情况。官方语言与通用语言的关系为,官方语言作为一个相对概念,指一个国家通用的或认定的正式语言,是法定的管理国家事务及国家对外交往的使用语言;而通用语言则是指一个国家或地区民众普遍使用的语言。大多数国家官方语言即通用语言;

---

[1] 张应强,王平祥."双一流"建设背景下我国本科教育人才培养目标的思考[J].湖南科技大学学报(社会科学版),2019(6):148-154.

但少数国家的官方语言与通用语言交叠，如菲律宾的官方语言是英语，通用语言是以他加禄语（Tagalog）为基础的菲律宾语；新加坡的行政用语是英语，而华语、马来语、泰米尔语同为官方语言和通用语言。据统计，"一带一路"沿线65个国家所使用的官方语言多达53种，除英语、俄语、阿拉伯语外，还包含50种非通用语言，涉及汉藏、印欧、乌拉尔、阿尔泰、高加索及达罗毗荼等9种语系。[1] 沿线各国多样化的语言背景对非通用语人才的培养提出了语种类别及人才数量的需求。

2. 跨领域、跨专业合作，衍生出对非通用语人才的质量需求

我国与"一带一路"沿线各国的合作领域十分广泛。从交通、能源基础设施到通信干线网络建设，从煤炭、油气、金属矿产的开发到水、核、风电与太阳能等清洁能源开发的技术协作，从货币联通、贸易投资到金融监管合作，从艺术、文化、旅游到科技等领域的交流，涉及行业众多。丰富的合作形式对非通用语人才培养质量提出要求：一是要培养一批语言基本功扎实，熟知对象国国情与文化的能够从事翻译、文化交流等工作的单一及复合语种类非通用语人才；二是要培养大量具有国际视野兼具某一学科专业知识、能够从事专门行业建设、参与国际事务的复合型非通用语人才。[2]

（二）重庆非通用语学院人才培养目标

重庆非通用语学院人才培养目标为培养德、智、体、美、劳

---

[1] 王辉，王亚蓝."一带一路"沿线国家语言状况［J］.语言战略研究，2016（2）：13－19.

[2] 商务部综合司.《推动共建丝绸之路经济带和21世纪海上丝绸之路的愿景与行动》［EB/OL］.（2015－03－30）［2023－04－02］. http://zhs.mofcom.gov.cn/article/xxfb/201503/20150300926644.shtml.

全面发展，具有良好的思想道德素养和社会责任感，开阔的国际视野、广博的人文素养的复合型人才。在知识储备方面，学生应通过语言学习熟悉语言对象国的政治、经济、社会、文化等方面的知识，另具备外交学、国际法、国际新闻、国际经济与贸易及汉语国际教育等复专业知识。对培养人才的能力要求包括具有非通用语基本功和综合能力、一定的双语应用能力、跨文化交际能力、国情研判能力、较强的创新能力和独立解决问题的能力，以及过硬的实践能力。重庆市非通用语学院各专业的培养目标以非通用语和英语能力培养为基础，强调跨学科和复合型的知识储备，注重对国家国际发展合作信息的实时掌握，为"一带一路"建设输送具有实际应对和解决问题能力的人才。

（三）重庆非通用语学院专业课程设置

重庆非通用语学院培养方案要求学生最低修读180学分，完成2654学时的学习，其专业课程包括通识教育课程、英语课程、专业教育课程、实践课程等四个类别。其中通识教育课程包括通识必修课程与通识选修课程两种。英语课程针对"复语"人才培养目标，共设置了32学分的课程，包括综合英语课程、高级英语课程，以及英语口语、听力、阅读、英语互译等六门课程。与学校其他通用语言类专业（如英语和德语）相比，非通用语专业的英语课程比重大大提高。专业教育课程包含非通用语专业基础课程和专业发展课程。实践课程包括实验实践课程和独立实践环节两种（见表1）。

表 1   重庆非通用语学院专业课程设置

专业类别		匈牙利语	希伯来语	波兰语	捷克语	缅甸语	印地语
课程类别	课程性质	学分比例（%）	学分比例（%）	学分比例（%）	学分比例（%）	学分比例（%）	学分比例（%）
通识教育课程	通识必修课程	17.2	17.2	17.2	17.2	17.2	17.2
	通识选修课程	8.9	8.9	8.9	8.9	8.9	8.9
	英语课程	17.8	17.8	17.8	17.8	17.8	17.8
专业教育课程	专业基础课程	28.9	28.9	35.6	24.4	30	27.8
	专业发展课程	19.4	19.4	12.8	23.9	18.3	20.6
实践课程	实验实践课程	15.6	14.4	14.4	16.7	14.4	17.8
	独立实践环节	7.8	7.8	7.8	7.8	7.8	7.8

从课程设置看，非通用语专业更强调对学生英语能力的培养，英语课程学分占比达 17.8%。而专业教育课程占比约为总学分的 48.3%，明显低于学校英语、德语、日语、西语等通用语专业，有待板块化和精细化。

（四）非通用语专业培养特色

重庆非通用语学院践行"复合语种""复合专业"及"非通用语＋国别研究"人才培养路径，其课程设置坚持"非通用语＋英语"和"专业＋辅修"并举，并在专业发展课程中融入国别研究、社会学及传播学等相关课程，培养契合共建"一带一路"国家需求的复合型、应用型、国际化非通用语人才。

1."非通用语＋英语"复合语种人才培养

（1）重庆非通用语学院的非通用语课程包括专业基础课程和专业发展课程两类。专业基础课成为必修课，涵盖从初级到中级的语言基础课程。专业发展课程根据语种设置高级语言课、写作、翻译、国别文化概况等相关课程。以匈牙利语专业为例，该专业设置52学分12门专业基础课,包括"初级匈牙利语"（1、2）、"中级匈牙利语"（1、2、3、4）、"日常匈牙利语视听说"（1、2、3、4）和"匈牙利语语法"（1、2）。专业发展课程包括"匈牙利语阅读"（1、2）、"高级匈牙利语"等必修课,"匈牙利语写作""时政匈牙利语视听说""匈牙利语翻译"等语言应用课程,"中东欧国情""中匈关系史""匈牙利与中国文学比较研究"等文化类限选课程,以及匈牙利时政、历史、传统民俗相关任选课,其中必修课需修读12学分,限选课33学分中需修读19学分,任选课12学分中需修读4学分。可见,非通用语专业语言课程的设置重视培养学生语言知识的应用性与实务性。

（2）重庆非通用语学院针对学生英语能力的培养机制具有板块清晰、学分占比高、课程体系化的特点。全校非外语专业课程设置中英语课程学分占比为12.2%到17.8%不等。通用语专业（不含英语专业）的英语课程以第二外语设置在通识必修课内,学分占比为6.7%,远低于非通用语专业的英语课程占比。非通用语专业的英语课程均为必修,贯穿第一至第七学期。课程按英语基础和英语应用体系化设置,从综合英语到高级英语,进阶开设英语听力、口语、阅读、英语互译,涵盖对学生英语基础知识和英语听说读写译应用能力的全面培养。从英语课程学分占比、课程设置的体系化和渐进性上,均体现出学院对学生英语综合能力培养的重视（见表2）。

表2　川外各专业英语课程学分占比

专业类别	英语课程学分占比（%）
通用语专业（不含英语）	6.7%
非外语专业	12.2%—17.8%
非通用语专业	17.8%
英语专业	59.4%

2. 复合专业人才培养

重庆非通用语学院通过通识教育课程、专业发展课程以及双学位辅修等三个方面落实其复合专业人才培养要求。

一方面,重庆非通用语学院设置了丰富的人文社科类课程。根据语言对象国别的特色差异,针对性开设符合该国国情民俗文化特色的专业发展课程。如缅甸语专业的"缅甸法律"限选课,希伯来语专业的"圣经希伯来语入门"任选课,印地语专业的"印度社会问题研究""印度宗教与文化"等任选课。此类课程为学生了解语言对象国的文化提供了多元视角。

另一方面,川外设置了辅修双学位项目,如国际经济与贸易、国际经济法、汉语国际教育、新闻学等,供非通用语专业学生选修。辅修双学位项目课程分为学科基础课程、专业基础课程和学科发展课程等三个板块,包括63学分的辅修专业课程及27学分的学位课程(含7学分的学位论文),共计90学分,19门课程,旨在以简约体系化的方式保障学生第二专业基础知识储备,强调"外语＋专业基础"的复合型人才培养。以国际经济与贸易辅修专业为例,该专业开设了"管理学""微观经济学"等学科基础课程,"国际金融""国际贸易"等专业基础课程以及"国际运输与保险""国际商法"等专业发展课程。

四、"复语＋专业"人才培养模式发展路径探讨

笔者研究发现,重庆非通用语学院在人才培养模式和举措落实方面有特色,但当前的人才培养模式现状比照培养目标还存在局限,具体有四:一是固定的总学分下复语与复专业课程设置比例有待考量;二是复合型人才培养专业资源有待开发;三是毕业生对接需求单位的就业渠道有待拓展;四是非通用语人才培养的规模有待扩大。笔者基于研究基础,顺应"新文科""国际化"理念,通过重庆非通用语学院的实操例证,由点及面,就重庆市

高等教育在"一带一路"人才需求下对复合型、应用型、国际型人才的培养路径建议如下。

1. "复语+专业"人才培养需要财政支持

重庆市正处于非通用语人才培养的初级阶段，非通用语的学科专业建设也正在推进，对相关教育教学资源投入也比较大。然而，非通用语人才的社会需求远低于通用语专业人才，高校培养非通用语人才的经费投入和效益产出往往不成正比。这就需要相关部门的资金及资源调配，尤其是财政资金的持续支持，以此保障"复语+专业"人才培养模式的接续实施。

2. "复语+专业"人才培养需要高校合力

重庆非通用语的教育发展需要市内各高校的资源共享和优势互补。笔者建议以重庆非通用语学院为始，一方面整合重庆多所高校的"复语"资源以充实非通用语人才语言覆盖的多样性，倡导重庆非通用语言师资及软硬件资源共享；另一方面整合重庆多所高校与"一带一路"特定地域的理工农医及人文交流的教育教学资源，合力共享共建非通用语言与实用专业的跨专业教育教学资源，共促重庆市的"复语+专业"人才培养。

3. "复语+专业"人才培养需要共建合作平台

人才产出及就业信息的双向互通是优化非通用语人才培养的必要之举。笔者建议重庆市建立"复语+专业"数据库，收录联盟高校库、专家库、师资库、在读生库、毕业生库等，与"一带一路"沿线企事业单位共建合作平台，积极开展双向的实训、实习、就业信息联动，使高校培养的复合型人才资源得到有效务实的配置。

综上，研讨"一带一路"背景下重庆市高校"复语+专业"特色专业人才培养模式是针对当下人才需求的顺应之举，其实现路径需要相关部门持续支持，以及重庆市高校的资源共享。

作者简介：

张幼斌，女，1967年生，硕士，教授。主要研究方向：传播学、国际交流。

四川外国语大学通识教育 3.0 的探索与创建[*]

赵秀芬 张 庆

(四川外国语大学教务处 重庆 400031)

摘 要：在本科教育中，通识教育的重要性已得到教育界人士的普遍认同。通识教育改革已成为新形势下高校人才培养模式创新的重要途径。四川外国语大学全力进行通识教育改革，在通识教育1.0和2.0的基础上，探索与创建四川外国语大学通识教育3.0，不断提高通识教育质量，加快推进高水平外语院校本科教育的发展，实现学校内涵式建设和改革的目标。

关键词：通识教育；四川外国语大学通识教育3.0；探索与创建

《中华人民共和国国民经济和社会发展第十三个五年规划纲要》(简称"《纲要》")明确规定：要实行学术人才和应用人才分类、通识教育和专业教育相结合的培养制度。《纲要》第一次在国家文件层面上明确了现代大学通识教育与专业教育相结合的培

---

[*] 本文是重庆市2021年高等教育教学改革研究重点项目"四川外国语大学通识教育教学质量评价体系研究"（项目号：212078）和四川外国语大学2021年教改立项重点项目"四川外国语大学通识教育教学质量评价体系研究"（项目号：JY2146103）的阶段性成果。

养制度，这对于通识教育扎根中国高等教育起到了里程碑式的作用。通识教育不仅是高等教育的重要组成部分，也是所有大学生都应接受的非专业教育。通识教育是大学之根、育人之魂，重振通识教育，是对通识教育价值和本质的回归。

一、国内外高校的通识教育开展情况

1. 国外高校的通识教育开展情况

在美国，通识教育是所有高校尤其是研究型高校必须实施的教育理念及教学方式。《1828年耶鲁报告》中提到：大学、学院、高等专科学校、专职神学院不能全都是一种模式；而是应当考虑各自的情况，随着需要达到的目的进行改变。研究型大学必须在通识教育和专业教育间取得平衡，用通识教育统领专业教育。通识教育并不是要和专业教育相对立，而是在专业教育之外寻求各个专业、各个学科的共同的根，以强化专业教育。因此，通识教育并不是"全才"教育，而是"全人"教育。哈佛大学、哥伦比亚大学、芝加哥大学等美国高校将通识教育界定为本科的入门教育，旨在为学生以后的专业和职业教育甚至本科毕业后的学习做准备。特别是哈佛大学，其课程设置特别突出学科交叉，体现了博雅教育的特点。[1]

英国高校的通识教育是广义上的，没有设计专门的通识课程，而是秉承通识教育与专业教育相融合的理念，在整个教育教学过程中渗透通识教育的思想。例如，牛津大学在课程目标制定、课程体系构建、课程内容设计与课程实施方面贯穿通识教育精神。通过设置联合专业，将高质量的复合式课程作为实施跨学科通识教育的载体。

---

[1] 柳珏玺. 美国大学通识教育的历史变革对我国高等教育的启示[J]. 西部学刊, 2021 (12): 106-108.

东京大学是日本高等教育的龙头，该校开展通识教育的目标是培养广泛的人文科学态度。这将丰富学生的未来生活，并使他们了解今后所从事的职业及工作怎样在人类社会中发挥作用。"推迟专业化"和施行文理大类培养的方式是东京大学通识教育的典型特征。①

2. 国内高校的通识教育开展情况

2015年11月，由北京大学、清华大学、复旦大学和中山大学共同发起创立"大学通识教育联盟"。此后，包括香港中文大学在内的多所一流高校加入联盟，共同探索和实施通识教育课程。联盟高校在开展通识教育时主要是根据学科类别设置课程类别，对人文社科和理工科学生制定不同的修习方案；根据教育目标设计课程形式，课程形式比较多的如经典研读类课程、问题讨论类课程、审美实践类课程等；发挥学科优势，合理配置课程比例；教学形式上重视知识与问题的结合，强调成"才"教育和成"人"教育的贯通。其中，复旦大学发布了《2020一流本科教育提升行动计划》，形成通识教育的"复旦模式"，出版"复旦通识丛书"，开设小班研讨课程。浙江大学积极推进通识教育，旨在实现"通""专""跨"的联结，完善"知识－能力－素质－人格"四位一体的人才培养体系，成立了通识教育专家委员会和工作组。武汉大学提出通识教育3.0计划，全面实行大班教学、小班讨论制度，建设以"人文社科经典导论"和"自然科学经典导论"为核心的通识教育课程体系。② 书院通识教育是香港中文大学的一大特色，香港中文大学的通识教育有专门的机构（大学通识教育部）、专职的教师和管理人员，坚持以"生"为本、以学

---

① 张成. 美日新大学通识教育课程改革比较研究——以哈佛大学、东京大学、新加坡国立大学为例 [J]. 和田师范专科学校学报，2010 (5)：43-44.

② 孙向晨，刘丽华. 如何让通识教育真正扎根中国大学——中国大学通识教育的挑战与应对 [J]. 中国大学教学，2019 (8)：41-46.

生学习成果为本的通识教育理念。① 中国台湾地区的高校从 20 世纪 80 年代开始推行通识教育，每一所学校都有通识教育中心，而且是由学校的副校长或教务长兼任；通识教育中心有专任教师和专职行政管理人员。台湾地区的高校有悠久的"助教文化"，专业课有助教，通识课更有助教。

二、初探：四川外国语大学通识教育 1.0

四川外国语大学通识教育 1.0（简称"川外通识 1.0"）的课程体系由通识必修课程和通识选修课程组成。通识必修课程是由教育部和市教委规定的必修课程，包括"思想政治理论""大学语文""大学计算机基础""体育""心理健康教育""就业指导"等。通识选修课程由学校自主开设，划分为人文艺术、社会科学、自然科学三个板块，学生须从三个板块中各选择一门课程学习，修满 6 个学分。

川外通识 1.0 的特色如下：一是形成了科学的全校通识课程体系，初步形成通识课程分布选修及学分设计的川外特色；二是对通识课程主讲教师进行了严格的师资认定；三是充分利用网络资源，引进高水平大学的相关通识课程，尤其是自然科学板块的课程资源；四是形成具体的通识课程建设方案，努力探索通识教育改革。

川外通识 1.0 的课程体系中，仅有通识选修课程的 6 学分由学生自由选择。学生更倾向于选择鉴赏类课程，这在一定程度上影响了学生知识结构的拓展和综合素养的提高，较难实现通识教育的育人目标。此外，绝大部分课程由教师根据自身情况、自发向学校申请后开设，开课的随意性比较大，未能形成科学体系，

---

① 谢健."大学＋书院"共生视域下的通识教育研究——以香港中文大学为例[J].甘肃教育研究，2021（6）：34—37.

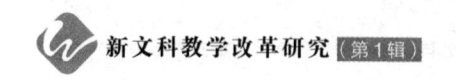

且不能满足专业大类招生与培养以及学校人才培养改革需求。

三、发展：四川外国语大学通识教育 2.0

随着人才培养目标不断更新，川外已经从一所外语类单科院校发展为以外国语言文学学科为主、相关学科协调发展的多科性大学，这为通识教育改革的推动奠定了基础。针对学校长期以来因重视专业教学而导致的人才培养知识结构单一化这一突出问题，学校于 2018 年启动了首次通识教育全面改革，通过积极施行各项创新举措，发展出四川外国语大学通识教育 2.0（简称"川外通识 2.0"）。2019 年 7 月，我校申请加入了大学通识教育联盟，旨在与其他高校通识教育保持同频共振，共商共建共创通识教育新体系。

1. 积极组织和参加通识教育研讨交流会

川外先后邀请复旦大学、四川大学等国内通识教育先行高校的知名教授来校讲座，委派通识课程教师参加国内大型通识教育会议及培训，学习通识教育理念，研习通识教育课程教学方法，开展通识教育讲座与师资培训，让通识教育理念深入人心。2019 年 6 月，学校组织召开了通识教育教学交流研讨会；7 月，选派教师赴北京大学参加第十一届通识教育核心课程暑期讲习班；12 月，组织召开了通识教育核心课程建设与教学研讨会，并选派教师赴复旦大学参加大学通识课程模式创新研讨会。2020 年 9 月，学校教务处组织召开了重庆市高校通识教育改革交流会，以通识教育改革为主题，就创新人才培养模式、打造通识课程体系、建设高质量的通识课程、开展"以学为中心"的教学改革、提高学生的学习成效等内容组织交流，与重庆市其他高校共享通识教育实践经验，共谋发展，服务社会。

2. 重建通识教育课程体系

川外的通识教育改革主要着力于通识教育课程体系的建设。

科学的通识教育课程体系是保证通识课程顺利实施的良好基础。2018年在修订2019版本科生培养方案时,川外将通识选修课程由6学分调整为16学分。根据学校人文社会科学专业和学生知识结构与综合能力培养需求的实际,教务处联合各学院进行总体设计,整合各学院教学资源,推出16门通识核心选修课程,学生须从中选择5门课程修读,共计10学分。通识选修课程三个板块选修6学分不变,在学分上对通识教育予以保证。

3. 健全通识教育管理体系

为健全学校通识教育管理体系,川外教务处下设通识教育科,负责通识教育日常管理运行工作。通识教育科协助制定《四川外国语大学通识教育课程管理办法》《四川外国语大学通识教育核心选修课程建设及评估要求》《四川外国语大学通识教育核心课程考试管理规定》等文件,对通识课程管理运行制定制度规范。

4. 重点建设通识教育核心选修课程

为明确通识教育核心课程培养目标,规范教学内容与方法,制定评估办法,川外采取激励措施,给予每门通识教育核心选修课程5万元/年的建设经费,以3年为一个建设周期。打造教师团队,规定每门通识教育核心选修课程必须有不少于5人的教学团队,实行课程负责人制。组织开展通识核心选修课程中期和结项验收。

5. 开展通识教育课堂教学改革创新

川外鼓励通识教育课程采取"大班教学、小班研讨"的授课模式,充分调动学生学习的积极性和主动性。促进混合式教学,通过"学生网络自主学习+课堂讨论答疑"的线上线下相结合的课程教学模式,引导和督促学生自主学习,充分发挥教师和学生的自主性。提倡团队授课,除通识教育核心课程之外,鼓励不同学科教师联合开设跨学科通识选修课程,满足学生知识结构的需要。丰富网络教学资源，引进外部优质慕课，以应对学校理工科相关专业师资不足的挑战。

相较于"川外通识1.0"而言，"川外通识2.0"的成功之处，不仅在于核心课程的设置、学分的增加等，还有以下三点：一是将原培养方案中的"公共基础课程"统一纳入"通识课程"。二是加大激励力度，给予每门通识教育核心选修课程建设经费5万元/年，以3年为一个建设周期。三是完善机构设置。2018年学校教务处成立通识教育科，川外从此有了设计、推行并管理通识教育的专门机构。

四、完善：四川外国语大学通识教育3.0

川外顺应新文科发展战略，深化本科通识教育，构建面向通识教育和复合型人才培养的跨学科通识教育课程体系，建设3个通识课程群；建设新文科新兴交叉课程，计划未来3年建成学术理论型、问题导向型、学科交叉型的新文科课程群15—20个；强化创新创业课程，坚持以课堂教学为主渠道推进创新创业教育，开设创新创业通识课；教务处牵头建设13个微专业，每个专业开5门课，共计开设60多门交叉微专业课。在新文科理念指引下，学校在2021年将大学外语部升级转型为通识教育学院，同时启动了歌乐书院的建设。歌乐书院和通识教育学院相互配合，共同致力通识教育改革。同时，川外通过通识教育推动学校新文科建设，以满足科学和社会发展对人才以及研究的需求。学校采取了一系列措施推动通识教育由2.0升级为3.0（简称"川外通识3.0"）。

1. 营造通识教育校园文化

川外通过建立通识教育宣传和宣讲常态化机制，促进全校师生对通识教育的认知和重视。定期开展通识教育论坛、讲座、沙龙、示范课堂、经验交流会等活动，充分利用新媒体网络平台，向全校师生宣传通识教育的现代理念，阐释通识教育与专业教育的内在关联，揭示通识教育对于"养成人格"的重要意义和价值。推动教师开展通识教育教学研究、创新通识教育教学实践，营造关心通识教育、参与通识教育的浓厚氛围。加大通识教育先进集体和个人的表彰力度，增强通识教育的荣誉感和获得感，充分激发广大教师参与通识教育的积极性。

2. 对新入职的教师和大一新生进行通识教育

川外将新教师的通识教育纳入既有的教师培训体系，鼓励青年教师讲授通识课程，从而使他们在教学实践中体会通识教育的重要性。此外，将大一新生的通识教育也纳入入学教育体系，其内容包括向新生宣讲川外的本科教学文化及通识教育理念，着重介绍学校的通识课程体系及选课方法，组织学生参观校史展览、参加通识沙龙等。

3. 坚决践行"核心课程+"的课程建设理念

通识课程的建设需要"点""面"结合。通识核心课程必须有课程团队，课程负责人必须是资深教授。相较于一般通识课程所强调的"面"（覆盖面、延伸面或宽广面），通识核心课程强调的是"点"（重点、关键点或核心点）。核心课程和一般课程，均由教务处统一审批；但在具体管理上分为两个层面，即核心课程由学校教务处管理，一般课程由主讲教师所在学院管理，从而形成一种"分级建设，点面结合"的管理模式。

以川外"管理学原理"为例，该课程属于通识核心课程，旨在从深度学习理论出发，探寻高阶思维培养的具体路径。课程组以习近平总书记提出的"六种思维"方法为引领，对"管理学原理"的课程目标、课程内容、教学模式、课程考核以及课程反馈等方面进行再设计，取得了显著效果（见表1）。注重教学过程中"中国情怀、中国故事、中国大管理"思想与理念的引导与运用，实现"合作学习和问题探究式学习"的教学模式，达到了

"以学生为中心的教学模式"。2021—2022学年第一学期,课程组承办了由学校教务处主办的"学管理学,讲中国管理故事"微视频大赛。活动主旨是通过对中国管理故事的发掘与展示,培养理论与实践并重的跨文化应用型人才。活动收到34份作品,通识课学生响应积极,参与率为86%。

表1 管理学原理课程设置

版块	思维方法	知识点	课程主题活动
基本原理	历史思维	管理历史演变	画一张管理学史脉络图
基本原理	辩证思维	管理的基本原理	读经典文献写读书心得
决策	战略思维	理性决策	绘制决策树
决策	底线思维	决策的影响因素	决策模拟游戏
组织	法治思维	组织设计	学生组织结构图设计
领导	底线思维	领导权力的来源	案例分析
领导	法治思维	激励基础	角色扮演
控制	战略思维	控制的系统	案例分析
创新	创新思维	创新过程及其管理	填报大创赛申报书
创新	创新思维	创新过程及其管理	创新项目或者创业项目

4. 完善通识教育制度建设

学校对通识教育的顶层设计和制度建设非常重要。"川外通识3.0"的创建,其关键之处在于管理机制、激励机制、培训机制等的设计、建立和执行。

在川外通识教育委员会的指导下,教务处于2018年成立通识教育科,负责校内通识教育课程教师资格的认定、遴选与备案,课程准入与退出,教学运行与质量监控,通识课教师培训和通识核心课程的管理等。同时,学校出台了推进通识教育改革的若干措施,如对长期从事通识课程教学且课程质量高的优秀通识课教师在职称评定上给予倾斜；学校设置的各种教学类奖项或荣誉均应包括通识教育，且应该提高通识课教师所占比例；提高通识课程的课酬；等等。此外，学校还建立了通识教育培训和进修机制。培训对象分为三种类型：针对全校通识课程主讲教师的培训、新入职的青年教师的培训、参加通识教育联盟举办的通识教育培训。培训内容包括通识文化、通识课程和通识课堂三个层面。培训方式为名家讲座与专题研讨相结合，课堂观摩与经验交流相结合。

5. 构建通识教育课程评价体系

川外学习借鉴了复旦大学通识核心课程质量评价体系，努力构建一套以学习为中心的通识教育教学评价指标体系。将通识课程纳入全新的教学质量监控体系，建立有效的、适用于通识教育质量评价的教学质量检测系统。通识教育课程与传统课程的评价框架是基本一致的，包括课程设计评价、课程实施评价、课程结果评价。为完善现有教学质量评价体系，应该从评价方式、评价指标、评价主体等方面加以改进。针对学生网上评教，设立适用于通识教育质量评价的指标体系，强调以"学"为中心，注重测量其学习收获。支持教师自我诊断，分析自身教学投入与学生学习投入的效果，提倡课程教学质量由教师和学生共同负责，有效教学应当成为所有课程的质量标准。总之，通识教育教学质量评价体系的建立是从设计指标方法、实施到结果考核的一系列动态过程。

6. 通识教育课程全程质量监控

为了及时掌握课堂教学中存在的问题，学校特别注意加强与主讲教师、与学生的沟通。采取听课、定期和学生交流座谈、定期发放学生调查表、定期听取主讲教师和助教意见及建议的方式，全程跟踪通识核心课程教学质量。同时，为了保证课程的顺利开展，学校除定期开展各种形式的教学研讨会外，还会在其他方面给予通识核心政策支持,如改革课堂教学评价方式,进行课堂教学调查,从内部(核心课程团队内部互评)和外部(校领导听课、教学督导听课、通识教育管理人员听课和学生评教)完善听评课机制。

五、通识教育改革永远在路上

通识教育改革是应对现有教育体制下高等教育所面临的挑战的必然选择,它彰显着一所高校本科教育的底色。川外举全校之力推进通识教育改革,已初具成效。目前,改革已经重构通识教育课程体系,不断健全通识教育管理运行机制,并持续壮大通识教育师资队伍。但改革是一项系统性工程,涉及培养目标、课程体系、教学模式、教学评价等诸多方面。现有的通识教育改革还不够深入,通识人才培养体系还不够完善,这些问题在改革的过程逐步显现出来,因此需要在新文科理念的指引下不断总结经验、调整方向。[①] 唯有如此,才能深化通识教育改革,切实提升通识教育质量,从而实现新形势下外语院校国际化复合型的人才培养的目标,为新时期国家对外开放和"一带一路"倡议培养更多高素质人才。

作者简介:

赵秀芬,女,1980年生,硕士,科长。主要研究方向:通识教育。

张庆,男,1979年生,博士,教授。主要研究方向:国际政治、通识教育、创新创业。

---

① 冯惠敏. 践行通识教育理念 提升通识教育品质 [J]. 中国大学教学,2016(2):24—28.

混合式教学模式在"基础俄语+俄语语法"课程教学中的应用研究

陈俐好

(四川外国语大学俄语学院 重庆 400031)

摘 要：混合式教学模式是在"互联网+"背景下应运而生的新型教学模式，是深化教学改革、贯彻落实国家教育信息化战略的重要举措之一。本文针对四川外国语大学俄语专业教学现状，探讨混合式教学模式在大学俄语教学中的实施路径，以期为俄语专业教学改革提供参考。

关键词：混合式教学；基础俄语；俄语语法；教学设计

互联网的飞速发展为教育现代化提供了新的技术背景和前提。信息技术的发展对教育的内涵、过程和产出影响巨大。目前，教育技术全面融入了外语教学全过程。技术与课程的融合必然会引发一场"静悄悄的教学革命"[1]。混合式教学模式正是在时代变革背景下应运而生的新型教学模式。

---

[1] 胡加圣，靳琰. 教育技术与外语课程融合的理论与实践研究［J］，中国电化教育，2015（4）：114—120.

一、混合式教学模式

教育部《关于加强网络学习空间建设与应用的指导意见》明确指出：要利用空间突破课堂时空界限，实施项目式教学、探究式教学、混合式教学等新模式，利用空间进行学习评价和问题诊断，开展差异性和个性化教学与指导；要引导学生利用空间参与课内外教学活动、研学活动，伴随性记录成长过程，管理和展现学习成果，记录综合素质评价过程性数据。根据自身学习需要，通过空间选择网络课程、在线测试、智力资源服务等进行自主学习，强化应用空间解决问题的意识。利用空间组建学习共同体，跨班级、跨学校、跨区域开展交互活动，提升学习兴趣和学习效果。利用空间集成的丰富多元的资源与服务进行探究学习，培养解决问题的能力、创新意识和创新能力。该文件无疑为混合式教学模式提供了有力的政策支撑，证明混合式教学模式是深化教学改革、贯彻落实国家教育信息化战略的重要举措之一。

（一）混合式教学的内涵

混合式教学，就是把传统的课堂教学和在线教学进行有机融合，借助现代信息化技术，优化和整合教学资源，最大限度地增强学生的学习效果，即结合传统教学和数字化学习（E-leaning）两者的优势，在教师的启发与引导下充分发挥学生的主观能动性。从本质上来说，基于混合式的翻转课堂并非对传统课堂的颠覆，而是对教与学理念的重构：既要发挥教师启发、引导、监控教学过程的主导作用，又要充分体现学生作为学习过程主体的主动性、积极性与创造性，"主导—主体相结合"[①]。

---

① 何克抗. 从"翻转课堂"的本质，看"翻转课堂"在我国的未来发展［J］. 电化教育研究，2014（7）：5—16.

（二）"线上 + 线下"教学模式

翻转课堂有利于实现深度学习，可以帮助学生变被动为主动，加大学习反思力度，提高活动参与度，从而实现知识内化[①]，其实施路径是"线上 + 线下"教学模式："线上"以学生自学为主，利用课外时间进行知识记忆和理解，隐性拉长学生的学习时间，有助于提升课堂教学效果；"线下"包括教师讲授、课堂讨论、答疑互动，有助于深化对知识点的理解、内化与应用。该模式将课前、课中、课后有机结合，借助网络平台构建"线上"和"线下"无缝对接的智慧教学空间（见表1）。

表1 "线上 + 线下"教学模式

	课前	课中	课后
学生（主体）	在线学习课前任务、在线提问、互动交流	讨论、思考、实践、总结	线上作业、测验，提问，讨论，知识拓展
老师（主导）	发布资源、布置任务、在线答疑、学情分析	组织、指导、点评、总结	在线答疑、批阅作业、反思、调整

二、课程基本情况

作为专业核心课程，"基础俄语"和"俄语语法"对于学生掌握语法体系、提高语言能力、通过俄语专业国家四级水平测试具有举足轻重的作用。在新文科建设和强化本科通识教育背景下，俄语专业课程的课时被缩减。参照《普通高等学校本科俄语专业教学指南》（2020），学校"俄语语法"的课时由每周4学时缩减为2学时，与所用教材《大学俄语》课时设计（每周4学

[①] 祝智庭，管珏琪，邱慧娴. 翻转课堂国内应用实践与反思 [J]. 电化教育研究，2015（6）：66—72.

时）不一致；"基础俄语"的总课时也较以前有所缩减。如何在教材内容不变、课时缩减、保证教学进度和保障教学质量的条件下处理好通识教育与专业教育、语言技能训练与语法知识教学的关系，突出能力培养和专业知识构建，培养语言基础扎实、具有跨文化交际能力、思辨能力和创新能力的复合型俄语人才，是授课教师面临的难题和挑战。

认知负荷理论（Cognitive Load Theory，CLT）认为，影响认知负荷的基本因素是学习材料的组织呈现方式、学习材料的复杂性和个体的专长水平（即先前知识经验）。课时缩减后的俄语专业核心课程，因教学内容艰涩、知识点繁多导致教师迫于教学进度而一味灌输，传统单一的"满堂灌"模式使学生认知负荷过高，接受度低，难以内化知识，更欠缺创新和跨文化交际能力。因此，要转换教学模式，保障和提升教学质量，突出能力培养和专业知识构建。俄语微课将教材内容进行碎片化、情景化、重组整合，把复杂的教学内容制作成可融合于课堂、可移动地服务于开放教育和终身教育的视频单元，以实现泛在学习（U-Learning），在减少外部认知负荷、促进学生有效学习方面具有的实践意义。

三、教学模式的设计及实施

学校以俄语学院 2022 级学生为教学对象，在"基础俄语"和"俄语语法"两门核心课程的教学实践中采用微课、翻转课堂、传统授课相结合的教学模式。通过学生课前自主学习、课堂师生互动研讨、课后实训和创新完成"教－学"流程，引导学生夯实专业基础、拓展综合素质、实现知识的内化和外化。借助"超星学习通"平台整合数字资源、优化教学内容、丰富和完善评价体系和监控体系、接收信息反馈，将人工智能和外语教学深度融合，逐步推进核心课程的精品化和数字化建设。

（一）教学内容设计

根据教学目标精选和优化教学内容。教学所用教材为外语教学与研究出版社出版的《大学俄语》（1－4册）。参照教材梳理知识点，从适用性、选用标准、利用形式等角度整合线上已有教学资源；归纳整理线上教学资源尚未涉及的知识点，以及教学大纲指定的重点难点，制作微课视频和课件；重构和精选部分习题，根据学生需求和教学目标补充拓展学习资料，自建教学资源库。

（二）教学过程设计

1. 课前

利用线上资源，完善线下教学准备：

（1）在"超星学习通"平台发布预习任务单，要求学生预习生词和短语，掌握本课基本句型；引导学生预习本课重难点语法知识，背熟语法规则，尝试将新的语法知识转化为语言技能。

（2）针对本课重难点制作微课课件，发布在相应章节的任务点中，要求学生在规定时间内完成学习，并将整理好的学习笔记上传至"超星学习通"平台讨论区。

（3）通过"超星学习通"平台统计和分析学生自学效果，接收信息反馈，掌握学生课前线上学情，及时优化线下课堂教学设计。

2. 课中

结合线上学习板块，创新线下教学环节：

（1）对课前学生的预习情况进行反馈，对练习题的完成情况进行评价，提出意见和建议。

（2）结合课前线上学情，对重难点和共性问题进行讲解、讨论，并通过分组任务、演练对话等课堂活动的实施，引导学生在互动交流中完成知识内化和能力提升。

（3）完成教材相关俄语专业国家四级水平测试高频考点的讲解，通过课堂练习及时掌握学情动态。

3. 课后

延伸线上考核，巩固线下教学效果：

（1）在"超星学习通"平台建立俄语专业国家四级水平测试练习题库，实现课程学习与专业考级的有效衔接。

（2）通过"超星学习通"平台发布课后作业和拓展学习资料，引导学生通过课后实训和创新完成知识外化。

（3）鼓励学生上传本人制作的相关主题音频、视频作品供在线观摩、点评和学习。

（4）引导学生在"超星学习通"平台上整理归纳学过的知识点，并通过主题讨论功能随时进行在线补充，建成主题知识库，便于查阅、学习和巩固。

（三）教学效果评价设计

两门课程主要采取过程性评价与终结性评价相结合的方式进行教学效果评价，其中过程性评价占 30%，终结性评价占 70%（见表2）。

表 2　教学效果评价

实施阶段	评价方式	占比
教学过程	过程性评价	30%
期中考试	终结性评价	30%
期末考试	终结性评价	40%

在教学过程中采用基于大数据分析的多元化、多维度、多主体的过程性评价。通过平台上学生课前任务点的学习情况、课前

作业完成情况、课堂参与度、课后作业提交情况等相关数据对学生的学习过程进行实时监督与评价，有针对性地干预与指导，实现整体评价与个性化评价相结合。在线上线下教学过程中通过教师评价、生生互评、组内互评、组际互评、学生自评等方式开展多主体评价，促进学生对自身能力的认知和反思。

结　语

四川外国语大学俄语学院借助"超星学习通"平台开展混合式教学实践已一年有余。教学数据表明，大部分学生能适应该教学模式，并且认为线上教学是对线下教学的有效补充。该教学模式有助于提高学生的言语交际能力，实现语言技能转变为言语技能。教师利用数字化的学习工具，如学习通平台实现师生的高效互动，从而提高了教学效率。通过"超星学习通"平台，学生可以获取丰富的学习资源和信息动态，促进知识内化与外化，满足其个性化需求。同时，多元化的考核方式也使教学评价更加客观公平。混合式教学模式对教师专业技能的提升和教学思维的转变亦提出了更高的要求，促使教师多渠道、全方面地主动进行自我提升。

综上所述，混合式教学模式必将成为深度融合人工智能和外语教学、推进课程精品化和数字化建设的有效途径。

作者简介：

陈俐妤，女，1979年生，博士，讲师。主要研究方向：俄罗斯文学、俄语教育教学。